本书出版受国家自然科学基金青年科学基金项目"主体差异性对产学研知识转移的影响机理研究：基于合作主体动机与能力视角"（批准号：71904074）、江西省教育科学"十三五"规划2020年度重点课题"产学研合作对大学创新绩效的影响机理和作用路径研究——以'双一流'大学为例"（批准号：20ZD005）、江西省高校人文社会科学研究项目"非可控外部知识共享、意外知识泄漏对突破性创新绩效的影响研究"（批准号：GL18201）的资助

产学研合作主体差异性对知识转移的影响机制研究

李梓涵昕　著

中国财经出版传媒集团

经济科学出版社

Economic Science Press

图书在版编目（CIP）数据

产学研合作主体差异性对知识转移的影响机制研究/李梓涵昕著. —北京：经济科学出版社，2020.8
ISBN 978-7-5218-1783-6

Ⅰ.①产… Ⅱ.①李… Ⅲ.①产学研一体化-影响-知识管理-研究 Ⅳ.①G640

中国版本图书馆 CIP 数据核字（2020）第 148495 号

责任编辑：宋　涛
责任校对：王肖楠
责任印制：李　鹏　范　艳

产学研合作主体差异性对知识转移的影响机制研究
李梓涵昕　著
经济科学出版社出版、发行　新华书店经销
社址：北京市海淀区阜成路甲 28 号　邮编：100142
总编部电话：010-88191217　发行部电话：010-88191522
网址：www.esp.com.cn
电子邮箱：esp@esp.com.cn
天猫网店：经济科学出版社旗舰店
网址：http://jjkxcbs.tmall.com
北京季蜂印刷有限公司印装
710×1000　16 开　17.75 印张　230000 字
2020 年 10 月第 1 版　2020 年 10 月第 1 次印刷
ISBN 978-7-5218-1783-6　定价：62.00 元
(图书出现印装问题，本社负责调换。电话：010-88191510)
(版权所有　侵权必究　打击盗版　举报热线：010-88191661
　QQ：2242791300　营销中心电话：010-88191537
　电子邮箱：dbts@esp.com.cn)

前　言

经过 20 多年的发展，我国产学研得到了长足发展，并且取得了丰硕的成果，然而从企业技术能力角度来看，产学研的贡献则略显不足。究其原因主要在于大学和科研院所的知识未能很好地通过产学研合作向企业转移，或者转移后企业无法消化、吸收和利用新知识，所以产学研没能显著提升企业自主创新能力。阻碍产学研知识转移的因素既有企业方面的因素，例如学习意愿和吸收能力，也有大学方面的因素，而且产学研合作两大参与主体之间的差异性和匹配性对其效果也具有重要的影响。企业与大学和科研院所之间的主体差异性主要体现在知识技术差异和合作目标差异。从企业角度出发，短期内提升知识转移效果，最行之有效的方式是根据自身实际情况和发展战略，选择合适的合作伙伴，使之与自身实践相匹配，换言之，保证合作主体差异性在适当的范围内。所以，研究产学研合作中企业学习意愿、吸收能力以及合作主体差异性与知识转移之间的关系，对于提升产学研知识转移效率，增强企业自主创新能力具有重要的意义。

本书对产学研合作、知识转移以及合作主体差异性等相关领域的研究文献展开了全面系统的分析及总结。并以此为基础，通过对三家企业的六组产学研合作进行了多案例探索性研究，探讨了学习意愿和吸收能力以及知识特征对于产学研知识转移的直接影响，同时还分析了知识技术差异和合作目标差异以及关系强度在此直接影响中的调节作用。基于多案例探索性研究的初始命题，进一步进行了理论模型的推导以及研究假设的提出。在此基础上，对相关变量进行测度，并在广东省、浙江省、辽宁省、江西省、湖南省以及四川省六个省份进行问卷调查，共得到 211 份有效样本数据。分析结果显示各变量均表现出良好的信度和效度，理论假设检验过程中，本研究所提出的 8 个研究假设均得到样本数据的验证。结果表明：(1) 合作主体知识技术差异对吸收能力与知识转移的关系具有显著的倒"U"型影响，高程度的知识技术差异减弱吸收能力对知识转移的影响，而知识技术差异程度过低也将负向调节吸收能力对知识转移的影响。(2) 产学研合作伙伴目标差异对于学习意愿、吸收能力与知识转移之间的关系存在负向调节效应。合作目标差异程度越大，企业学习意愿对于知识转移的促进作用越低，吸收能力对于知识转移的促进作用也将降低。(3) 产学研合作主体关系强度对于学习意愿与知识转移之间的关系存在正向调节效应。

  本书在已有的理论基础上进行进一步的拓展，提出了一些新的分析角度和观点，丰富与完善了现有研究，本研究主要贡献在于：(1) 从合作主体差异性的角度解释产学研知识转移与其他跨组织知识转移的区别，弥补了以往以一般跨组织知识转移的观点来认识产学研这一特殊的知识转移的缺陷，进一步丰富了知识管理理论。(2) 深入分析了知识技术差异对于学习意愿、吸收能力与知识转移的关系的调节效应，为现有的知识距离对产学研合作的影响的争论提供了恰当的解释。(3) 论证了产学研合作主体差异性对于产学研知识转移的影响机制，为企业选择外部合作机构提供了方向性指导，并非合作大学知识技术水平越高越好，而应该注重其与企业自身知识存量、知识结构以及合作目标间的相互匹配。(4) 丰富了现有知识转移影响因素模型，现有研究大部分认为知识转移因素为知识源特征、知识接收方特征、转移情景以及知识特征，而忽略了参与主体之间的相互匹配性的问题。

李梓涵昕
2020. 6

目 录

第一章 绪论 ·· 1
 第一节 研究背景 ··· 1
 第二节 问题的提出 ··· 13
 第三节 研究方法、路线和章节安排 ······························ 16
 第四节 主要贡献 ··· 21

第二章 文献综述 ·· 24
 第一节 产学研合作的相关研究 ···································· 24
 第二节 知识转移的相关研究 ······································· 33
 第三节 产学研知识转移影响因素的相关研究 ············· 45
 第四节 合作主体差异性的相关研究 ··························· 50
 第五节 文献述评 ··· 66

第三章 探索性案例研究 ··· 72
 第一节 案例研究方法 ··· 72
 第二节 案例研究设计 ··· 74
 第三节 KF 公司案例描述与分析 ································· 78
 第四节 KS 公司案例描述与分析 ································· 94

第五节　MC公司案例描述与分析 …………………… 106
第六节　跨案例分析及命题提出 …………………… 120
第七节　本章小结 …………………………………… 127

第四章　研究假设与概念模型构建 …………………… 128

第一节　企业学习意愿与知识转移 ………………… 128
第二节　企业吸收能力与知识转移 ………………… 131
第三节　合作主体差异性调节作用 ………………… 134
第四节　关系强度的调节作用 ……………………… 141
第五节　知识特征与知识转移 ……………………… 143
第六节　概念模型及研究假设汇总 ………………… 145

第五章　问卷设计和小样本测试 ……………………… 148

第一节　问卷设计 …………………………………… 148
第二节　变量测量 …………………………………… 149
第三节　小样本测试 ………………………………… 159

第六章　假设检验与结果讨论 ………………………… 174

第一节　数据收集与描述性统计 …………………… 174
第二节　信度与效度分析 …………………………… 181
第三节　假设检验 …………………………………… 205
第四节　稳健性检验 ………………………………… 210
第五节　结果讨论 …………………………………… 212
第六节　本章小结 …………………………………… 221

第七章　结论与展望 …………………………………… 222

第一节　研究结论 …………………………………… 222

第二节　研究创新点 …………………………………… 225
第三节　管理实践启示 …………………………………… 228
第四节　研究局限性与未来展望 ………………………… 230

附录 ……………………………………………………… 232
参考文献 ………………………………………………… 241
涉及本书内容的相关学术论文 ………………………… 274

第一章 绪 论

第一节 研究背景

一、现实背景

早在1996年,世界经合组织(OECD)就指出,"知识逐渐成为推动社会生产的重要因素,对经济稳步发展以及进步起到至关重要的作用"(OECD,1996)。以此为标志,世界经济开始进入知识经济时代。知识经济时代企业所面临的竞争与传统经济时代相比存在巨大的差异,传统经济中,企业竞争优势主要来源于对稀有资源的占有,占有稀缺资源越多的企业,越能够在竞争中赢得先机(Nonaka,1991)。如今的知识经济时代,知识因其可无限使用的特征以及投资收益不断增长等特性,日趋成为经济发展最受瞩目的驱动因素,传统生产要素(例如,土地资源、劳动力资源等)的重要性正在逐渐被知识所取代。知识不仅能够为企业创新以及内部运作改进提供支撑,进而提升企业绩效,还能够通过构筑核心竞争力防御竞争对手,进而达成战略目标(Drucker,1993)。以知识为载体进行的竞争已然成为企业竞争的基本形态（Lane and Lubatkin，1998），企业核心竞争力的构筑及维系很大程度上依赖于企业内部生产、外部获取、消化、吸收和利用新知识的能力。在此背景下，学界也越来越关注知识对于企业的战略意义，而如何促进组织知识管理也日趋成为公司运作的重要议题（Argote，MeEvily and Reagans，2003a）。

中国企业作为全球市场的迟到者，面临知识经济时代全球化竞争压力更大，中国企业如何通过知识的外部获取、消化、吸收及共享等活动，为其创新能力的提升提供支撑性知识资源，进而提升企业竞争优势已经成为中国管理学界亟待解决的问题。2012年，中共十八大报告明确将创新驱动发展作为国家根本发展战略。根据科学发展观要求，中国经济发展应该逐渐从要素驱动向创新驱动转型，以创新作为驱动经济发展的新动力，使国民经济发展更多依赖于科学和技术的进步、人力资源的素养提升（朱桂龙、钟自然，2014）。而作为创新的基石，知识的重要性就更加得到凸显。从某种意义而言，提升企业生产和运用知识的能力已然成为决定中国创新驱动发展战略实行的关键因素。

随着电子计算机、互联网以及通信的发展，新产品开发时间及产品周期越来越短，产品技术整合特征越来越明显（Allen，1977）。而在此种竞争环境下，由于企业知识认知特征，其存储的知识不可能适应市场需求的不断变化，换言之，所有的企业在生存与发展过程之中都将受限于知识稀缺性制约。另外，技术不断更新换代以及全球化竞争的加剧，使得"不确定"成为复杂环境下唯一能够确定的特征（Nonaka，1991）。而左右企业竞争能力的知识也是一个动态的过程，企业单独依赖其内部不断更新的知识完成竞争优势的维持已经成为不可能的事实，所以其必须经常通过外部搜寻获取知识技术的支持，从而在规避单独面对创新所带来的巨大风险的前提下，快速巩固和发展企业竞争能力。宝文（Powen，1998）指出，企业核心竞争能力的构建和维系对知识的获取与生产的依赖度越来越高。知识转移行为成为

第一章 绪　论

企业快速响应市场变化、技术创新的重要保障（Cohen and Lvinihal, 1990）对企业、产业乃至于国家而言具有重要的意义，作用不亚于新知识的创造（Lundvall, 1998）。1990年以来，中国企业联盟以及跨国联盟增长速度接近25%（Inkpen, 1996; Inkpen and Dinur, 1998）。组织间知识转移已经成为知识经济情境下企业"基业长青"的重要手段，企业越来越依赖相互间的合作、知识与技术的共享实现自身发展（张毅，2003）。

（一）提升企业自主创新能力，实现创新驱动发展国家战略的重点

我国1978年施行改革开放以来，已历40余年，经济体量得到了高速增长，2014年GDP总量为10.4万亿美元，已然成为仅次于美国（2014年GDP总量为17.4万亿美元）的全球第二大经济体，制造业规模自2010年以来，一直以总量的20%占比保持世界第一（新华网，2015）。经济繁荣仍无法掩盖我国制造业对经济增长促进作用的不断放缓，一方面，"中国制造"低端化已成为公认的事实，竞争优势主要来源于廉价劳动力资源，主要以消耗资源和破坏环境为代价。时至今日，此种模式已然造成产能的严重过剩，经济发达地区也成为环境污染的代名词。而且，随着我国资源（例如，劳动力、环境污染成本）价格的不断上扬，这种优势正在逐渐减弱，粗放式发展模式已经不适合我国可持续发展的国策。另一方面，从全球产业链的角度来看，我们处于被控制的产业链低端，往往无法获得核心技术利益，难以实现技术赶超（Arrunada and Vazquez, 2006），沦为生产局部零部件或者产品模块的场所（张建忠、刘志彪，2011）。也从某种程度上使我国企业希望通过承接发达国家技术外包业务获取发达国家先进核心技术，以实现"中国制造"向"中国创造"跃迁的路径越来越困难。

破解上述困局的出路在哪里？提升企业自主创新能力，增加产品服务的科技含金量，完成产业优化、转型升级已经成为可持续的科学

发展的唯一出路。从众多世界级企业成长之路来看，其赖以生存和发展的就是科技创新，例如，苹果公司（Apple Inc.）从1997年至今股票价格已经从5美元（1997）上涨至130美元（2015），最高达700多美元，以6374亿美元市值问鼎IT企业之冠，苹果公司辉煌的根本原因就在于其层出不穷的创新，从iPhone到iPhone 7，支撑其产品不断更新换代的核心动力就是企业创新精神和雄厚的技术创新能力。同理，华为的强大并步入世界五百强也得益于其自身不断增强的自主创新能力，华为先后在印度和美国等IT技术基础较好的市场，以及国内的京、沪等地成立多家研究所，其从事R&D工作的员工比例接近50%，在中国市场专利申请数连续多年蝉联第一，浓厚的创新文化和雄厚的科技创新研发实力助力华为2013年超越爱立信成为全球最大电信设备制造商和第三大智能手机制造商，2014年华为营业收入465亿美元，遥遥领先第二位的爱立信（293亿美元）。正如任正非所言，高科技企业的生存与发展与创新息息相关，创新的缺失，哪怕间断都将是企业坠入万劫不复的深渊（华锦阳，2007）。另外，创新不仅仅是企业立足之本，更是国家发展的基石，创新的缺乏是一个企业乃至民族的最大危机。企业作为社会经济的基本细胞，其自身创新能力的不断提升恰是对我国创新驱动发展国策的最好注解。

（二）知识转移和组织学习是提升企业自主创新能力的核心路径

国家统计局数据显示，近年来我国科研经费投入增长率都维持在2位数水平，2008年为4616亿元，而到2019年已增长至21737亿元[①]，增长幅度高达370.91%，投入总量仅次于美国，而且近年来，专利数量也居世界前列。这从某种程度上而言，为知识转移提供了重要的前提条件。

---

① 国家统计局：《中华人民共和国2019年国民经济和社会发展统计公报》，http://www.stats.gov.cn/tjsj/zxfb/202002/t20200228_1728913.html。

第一章 绪　论

技术创新属于一系列过程的总和，从新创意的产生，到研发、中试、批量化生产，及产品的市场化（华锦阳，2007）。其本质在于对新知识和技术的搜索、锁定、消化、吸收、整合和创造。企业创新能力不仅取决于知识资源存量，也取决于知识资源整合运用能力，而从根源上看，知识资源存量似乎更具决定性作用。知识资源从何处获得？一方面来源于企业通过对自有知识的整合和探索所创造的新知识，该路径必须以企业拥有丰富的知识存量、雄厚的知识挖掘能力为前提条件；另一方面则是跨界搜索。然而，现实情况却不容乐观，我国企业知识和技术存量普遍比较缺乏，故而内部的知识创新不具备可行性，或者实现的企业少之又少，综上分析，跨界获取和学习知识成为企业破局自主创新能力薄弱、产业链低端化的必由之路（Chesbrough，2003）。

（三）产学研合作是跨界知识转移和学习的重要途径

纵观世界各国经济发展脉络，针对企业外部知识源，产学研合作是其学习和获取的重要方式。高校及科研院所聚集了各国顶端科学技术人才，是最具科技含量的智囊机构，产学研合作方式能够将高校及科研院所的大量先进技术和知识转移至生产一线的企业之中，进而实现技术与生产部门的高度契合，加速新技术生产力化的步伐，进而快速实现社会经济的发展目标。曼斯费尔德（Mansfield，1991）通过调查研究发现，对于美国经济而言，缺乏高校及科研院所支持的情况下，接近10%的新产品和生产工艺将无法顺利的实现或者推出的时间将延长很久。

1992年以来，我国借鉴美国、日本、韩国产学研发展经验，不断摸索中国情境下的合理的合作模式、机制和方法，以期扭转我国企业技术薄弱、开发能力不足的局面。截至2015年，全国共创立了近百个产学研协调机构，成立了上千个联合开发机构。党的十八大也再次肯定了产学研模式的正确性。

全球化的不断深化也加剧了企业之间的竞争，以创新性知识和先进技术为代表的核心竞争力对其存活和发展的决定作用越来越强，但就知识和技术的专业性、前瞻性而言，高校和科研院所无疑是最佳的知识源。1970～2015 年，斯坦福大学向企业转让的专利共计 2780 件，硅谷的发展很大程度上来自于各高校的大力支持。从发达国家的发展路径来看，要实现我国创新驱动发展战略，仅凭企业的力量是不够的，结合我国企业技术开发能力薄弱的情境，开展产学研合作，向高校及科研院所借"脑"已经成为必由之路。

（四）产学研知识转移虽有发展，却问题丛生

我国产学研工作发轫于 20 世纪末期，至今已历 20 多年，整体而言取得了丰硕的成果。这些成绩的取得离不开学研方的参与激情，同样，市场竞争的不断加剧升级也让企业认识到产学研合作的意义，另外，在政府的引导下企业与高校和科研院所开展了广泛的合作，完成了众多技术的研发及推广。为企业的发展壮大提供充足的动力，也为高校培养人才提供舞台。但是，在大好合作形势下，也存在很多严重的问题制约了产学研知识转移的进行。

第一，产学研合作主体之间因为组织性质的不同，导致双方利益所求不一致，甚至发生冲突；第二，企业与高校之间组织目标的巨大鸿沟，导致双方侧重的发展方向不同，就技术研究方面而言，企业强调技术的应用性及可创造价值的程度，尤其是作为后起国家的我们，首先需要生存，所以必定追求技术的快速转化能力。但是，高校则更多地注重科学研究及基础性探索，而对于技术的实际商业化和产业化关注度不够，所以产学研合作主体差异性对于产学研知识转移具有重要的影响作用。

第一章 绪 论

二、理论背景

(一) 知识转移与组织学习成为产学研合作研究的趋势

"硅谷模式"的成功引起了世界范围的产学研合作模式模仿的浪潮,并造就了若干成功的产学研合作区域,例如,印度班加罗尔和中国台湾新竹等。这也致使产学研合作作为一种高效的技术创新模式被世界各国认可,并逐渐成为国家乃至区域技术创新的核心组件。同时也引起学术界的广泛关注。

从动机视角来看,学者们主要通过交易成本理论、资源依赖理论、战略网络理论和组织学习理论探讨产学研合作创新的动机。交易成本理论认为产学研合作能够减少企业在技术创新过程中因为不确定性所带来的诸如R&D风险等交易成本(Mowery,1998);资源依赖理论认为产学研合作能够很好地帮助企业打破其内部资源的局限性,有助于企业获得外部具有互补效应的资源(Peters and Fusfeld,1982);1990年,学术界开始盛行战略网络理论视角下探讨企业合作动机,大量的学者通过实证研究发现企业网络关系及其在网络中所处位置对于其技术创新绩效存在显著的影响效应,而产学研合作对于企业拓宽其网络具有重要的推动作用,企业往往能够通过与高校以及科研院所的合作,获得有利的网络关系和网络位置,进而为企业捕获更加充足的社会资源(赵常华,2004);随着人们对于经济发展认识的不断深化,越来越深刻了解到企业的发展壮大应该不断地从传统的要素获取加工和整合向以知识和学习为中心进行转移,这也导致学术界和企业界对于产学研合作的理解不再局限于交易费用的降低,而是更多地从增强企业技术创新能力的视角重新理解产学研合作对企业的重要作用。高校和科研院所拥有丰富的知识存量以及创造知识的能力,企业已经不能够仅仅为了短期利益为只注重技术和产品工艺问题，更加值得关注的是如何通过产学研合作不断吸收和学习来源于知识源的新知识，从而为企业自身的知识创造打下坚实的基础（刁丽琳，2011）。组织学习理论充分彰显了知识转移在产学研中的重要性。

学者们大量的实证研究也很好地验证了产学研合作的组织学习观的现实意义，乔治、扎哈拉和伍德（Georgea, Zahra and Wood, 2002）通过研究发现，参与了产学研合作的企业往往能够逐渐掌握创新活动的相关知识，进而提升其对于类似问题的响应速度，最终增加企业专利数量，这一发现也不断被学者们所验证和肯定（Eom and Lee, 2010；周国红、陆立军，2005）。换言之，向高校和科研院所学习，并转移其知识已经成为企业构筑和提升其自主创新能力的关键路径（Cara et al., 2009）。而随着产学研对于我国创新驱动战略意义的不断凸显，知识转移在产学研合作中的作用和影响因素也得到越来越多的关注。

（二）知识转移的影响因素

对于知识转移的影响因素研究，国内外学者已经进行了大量的探索，从目前的文献情况来看，主要集中于从知识源、知识接受者、所转移的知识以及知识转移情境四个方面进行（Szulanski, 1996；Albino et al., 1999）。

所转移知识方面，知识的内隐性和复杂性等特征对于知识转移效果具有重要影响作用（Zander, 1991；Szulanski, 1996），西蒙宁（Simonin, 1999）通过研究知识模型性及其影响因素对于知识转移的影响作用，例如，知识默会性、组织间文化距离和组织距离等，发现知识的模糊特征对于知识转移绩效存在负向的影响作用（Simonin, 1999；Birkinshaw et al., 2002；Levin and Cross, 2004）；卡明斯和滕炳生（Cummings and Teng, 2003）也将知识的可表述性和嵌入性作为知识特征进行研究，并用实证研究方法验证了其对知识转移的影响，并指出知识转移过程中，知识的内隐性越强，表明所转移知识更加复杂，且难以可视化和编码化，进而直接影响知识转移的成功率。

知识源方面，其对知识转移的影响主要来自知识转移动机、意愿以及知识的可解释能力。一方面，知识源出于对所有知识的保护及优势维持，或者因为担心转移知识的报酬不够充分，可能致使其不愿意共享知识，或者说不愿意对知识转移进行时间和精力的投入（Szulanski，1996）；另一方面，在知识源具备知识转移意愿的前提条件下，由于知识源知识存量及对知识编码和解释能力的不足，使其无法准确地表述其内部知识，进而导致知识转移的失败（Hamel，1991）。学者们普遍认为知识源对知识转移激励感知程度越强，其参与知识转移的动机及意愿也将更加强烈，进而影响知识转移的速度和效果；同样道理，知识源将其内部知识采用外部所能够接受的语言进行编码化和可视化的能力也对知识转移有积极的促进作用。

知识接受者方面，其在知识转移过程中主要扮演着吸收和内化知识的角色，换言之，运用知识。但是正如知识源一样，其知识接受的动机和意愿以及对于知识的理解和解码能力也会影响知识转移绩效（Hamel，1991），目前学术界基本认为知识接收方对于所转移知识的消化吸收和内化的能力对于知识转移速度以及效果具有显著的促进作用。

转移情境方面，目前的文献主要涉及转移双方的信任（徐海波，高祥宇，2006；Becerra et al.，2008；李梓涵昕等，2015）、关系强度（Easterby-Smith，2008；李梓涵昕等，2015）、组织距离（Park，2011；Patriotta et al.，2012）、知识距离（Park，2011；Patriotta et al.，2012）、文化距离（Park，2011；Patriotta et al.，2012）等因素。其中信任（关系质量）对知识转移的影响作用研究受到的关注最为广泛，研究者们通过实证研究发现信任水平对知识转移绩效存在显著的正相关关系（徐海波，2006；Becerra et al.，2008）。一般来说，物理距离、组织距离越大，组织间知识转移绩效越差，知识源与知识接受者之间的知识距离较小的情况下，其双方的认知则较为相近，进而有利于知识转移的顺利完成（Dixon，2000）。

（三）产学研知识转移的特殊性

知识转移概念的外延十分宽泛，知识转移的一般特征对于产学研知识转移相关的研究具有指导作用，但是对产学研知识转移的特殊性的把握才能更深刻地剖析产学研领域的知识转移问题。本研究的核心是产学研知识转移，故而，有必要了解其特殊性。首先，产学研知识转移过程中企业作为知识接收方，而大学和科研院所则为知识源，主体定位明确。企业属于营利性组织，对市场信息反应灵敏，需要技术不断革新自身产品，而大学和科研院所则肩负科学研究的重要任务，是知识创造的主要力量，其卓越的基础研究使得大学和科研院所成为科技进步的重要推手，所以产学研知识转移具备更加明确的边界和功能。其次，产学研知识转移目的明确。企业作为知识接收方，接收大学和科研院所的知识用于增强自身技术领先性，以应对市场环境的不确定性和竞争性，而大学和科研院所作为知识源参与产学研合作在于实现服务社会的功能以及从企业获得必要的科研经费和科学问题，所以产学研知识转移有利于企业与大学和科研院所实现双赢。最后，产学研知识转移具有明确的制约环境，因为企业与大学和科研院所特征明确，所以知识转移也存在明确的特殊环境。一般而言，大学和科研院所注重基础性共性技术研究，而企业往往更加注重于产品技术和应用技术的开发，所以产学研合作主体间存在较大的差异性；另外，学研方主要以社会发展的后备人才培养、科研和社会服务为主要侧重点，而企业追逐利润，所以双方在组织特征上差异也较大。上述差异要求产学研知识转移过程中需要控制和克服不利因素。

跨组织知识转移的研究目前主要涉及企业联盟内部知识转移（包括产业联盟、知识联盟等形式）以及产学研之间的知识转移。产学研知识转移作为跨组织知识转移的重要组成部分，既有跨组织知识转移的共性，也有其显著的特征。明确产学研知识转移与其他形式的跨组织知识转移的差异，对于更好地研究产学研知识转移具有重要的意义。

产学研知识转移与其他形式的跨组织知识转移之间的差异，首先基于大学和科研院所的特点，大学和科研院所强调科学研究，并以理论、基础性研究为主，而这些基础性、理论性的研究却成为技术创新的基石。虽然我国也有部分企业成立了自己的研发中心，甚至部分企业拥有十分强大的技术研发能力，但是从基本面上而言，我国企业所具备的知识储备大部分仍然以产品技术性质的知识为主，这种情况使得企业缺乏原创能力。虽然企业联盟间的知识转移有助于促进企业技术水平的提升，但是其更类似于企业间技术转移，所以产学研知识转移很好地弥补了这一不足，能够为企业提供基础性知识。

（四）产学研主体间差异对知识转移绩效的影响研究比较缺乏

自主创新能力提升依赖于企业内外部资源的配合，企业可通过产学研合作获取外部创新知识（Chesbrough，2003b；Van De Vrande et al.，2006），然而现实情况却令人费解：大量的企业积极开展产学研合作，例如金发科技、嘉宝莉、温氏集团等，但是仍然有为数众多的自主创新能力不强的企业并未通过产学研进行创新知识转移，或者知识转移未取得预期绩效。其最关键的原因在于企业对于如何在不确定环境下开展产学研知识转移，与何种合作伙伴进行知识转移缺乏清晰的认识，换言之，对于如何顺利进行知识转移缺乏系统性理解。由于自主创新需要内部与外部创新知识的配合，所以组织外部伙伴是企业知识转移的主要选择对象（Cassiman and Veugelers，2006），而大学和科研院所作为知识供给方具备丰富的知识储备，但是大学和科研院所与企业的组织差异往往也预示着需要承担更多的外部搜寻成本和风险，一方面能够提供互补性知识和技术；另一方面伴随着高风险和高成本，合作伙伴间技术知识差异究竟对产学研知识转移存在什么样的影响，已然成为企业通过产学研知识转移提升自主创新能力过程中亟须解决的首要问题（党兴华、李雅丽、张魏，2010），这也是本书希望解决的核心问题之一。

在知识转移之外，学者们还对合作主体差异性与企业创新绩效的关系进行了探讨。有些学者从资源基础观和知识观的角度发现合作主体差异性对于企业创新绩效的提升存在直接效应（Sampson，2007；Sammarra，Biggiero，2008；Jiang et al.，2010；Cui and O'Connor，2012；Lin，2012）；还有学者基于交易成本理论探讨合作主体差异性对企业创新绩效的消极影响（Goerzen and Beamish，2005；Sampson，2007；Cui and O'Connor，2012）；另外，也有学者从组织学习理论的视角分析了合作主体差异性对企业创新绩效的正向促进效应（Powell et al.，1996；Duysters et al.，2012；Lin，2012；Wuyts and Dutta，2012）以及社会资本理论（Phelps，2010）、动态能力理论（Jiang et al.，2010）、社会网络理论（Powell et al.，1996；Goerzen and Beainish，2005；Sammarra and Biggiero，2008）等视角探讨此问题。虽然上述研究有助于理解合作主体差异性对知识转移的影响，但是仍然缺乏系统性，要想清晰地解释合作主体差异性如何影响产学研合作知识转移这一重要问题仍然略显不足。

总之，在产学研合作和知识转移的研究中，合作主体差异性对于知识转移的影响机制的理解和研究还存在不足之处。整合资源基础理论、组织学习理论以及交易成本理论，基于产学研知识转移情景，将能够更加深刻地理解产学研合作主体差异性对企业知识转移的影响，为企业更好地进行知识转移提供更加深入的认识。

第一章 绪 论

第二节 问题的提出

从 1992 年明确提出产学研合作以来，我国的产学研合作得到了明显的进步，不论从参与方投入力度来看，还是合作模式的不断创新都得到了长足的发展。涌现出 38 个国家级协同创新中心，以及以武汉"光谷"、浙江大学湖州产学研联盟和广东"省部产学研"为代表的较为成功的产学研合作实践。根据世界经济论坛发布的 2014 年度《全球竞争力报告》的相关数据来看，我国合作研发水平排名 35 位/144 个国家（WEF，2014）。然而，繁荣的产学研合作背后却并未彻底破局企业自主创新能力不足的局面（何郁冰，2012）。国家统计局相关科技统计数据显示，2014 年我国高新技术产业生产总值中外资企业占据 60%的份额（《中国统计年鉴》，2014），高校以及科研院所的先进技术和新知识并未对产业发展提供其应有的促进作用。造成上述经济与科技"两张皮"的重要原因在于，高校和科研院所等知识源的知识无法顺利地向相关企业转移，产学研在企业获取新知识，提升自主创新能力方面未能发挥应有的作用。结合上述现实背景分析能够发现，产学研合作已经成为我国企业自主创新能力提升、国家创新驱动发展战略的重要途径。然而，企业如何选择产学研合作伙伴才能够最大限度地实现知识互补效应？对于走在提升自主创新能力道路上的中国企业而言，这一问题的回答显得尤为迫切。而从已有研究现状来看，产学研知识转移已然成为创新管理研究领域的重要研究课题，但是对于在我国当前情境下，合作伙伴组织差异对产学研知识转移是否存在影响、存在何种影响以及如何影响知识转移还缺乏深入的探讨。有鉴于我国现实背景以及理论背景的分析，本书将整合资源基础观理论和交易成本理论，探究产学研合作知识转移中合作主体差异性对知识转移的影响机制。具体而言，本研究紧扣"合作主体差异性对产学研合作知识转移的影响机制"这一基本理论问题开展研究，分解为以下几个逻辑紧密的子问题。

（一）合作主体差异性的内涵是什么及维度如何划分

产学研知识转移的重要性虽然已经得到学术界的广泛认可，而当前关于合作主体差异性的研究大部分关注于联盟领域，对于产学研合作中的校企合作主体差异性的概念内涵及其构念并未形成统一的共识。所以，合作主体差异性这一关键变量构念的解析成为本研究的基础，对于后续影响路径的研究和大样本实证研究存在重要的先决作用。故而，基于理论推导和案例分析，本书将首先明确合作主体差异性的理论基础和构念，并通过案例解构不同维度的合作主体差异性的具体内容，为后续研究提供支撑。

（二）知识转移如何测量

当前学者对于知识转移的评价主要有两种分歧，首先，部分学者采用"客观指标"，认为知识转移的评估应该尽可能通过有形、可计量的财务或者非财务指标来度量，财务指标可能包含利润增量、节约成本量以及市场占有率的增量等（Rhodes et al., 2008），非财务指标则主要涉及专利增量、学术论文产量（吴洁、施琴芬，2008）、生产流程改进、创新产品速度等，主要通过 DEA、SFE 等工具度量（廖述梅、徐升华，2009；雷永、徐飞，2007）。还有一部分学者主要采用"主观判断指标"评估知识转移，例如新产品开发速度（Carbonell et al., 2009）、知识转移满意度（Szulanski, 1996）等。

然而，迄今为止仍未形成知识转移测度指标体系的共识，这已经成为后续研究的重要阻碍因素（邓颖翔、朱桂龙，2009）。一方面，产学研知识转移评估的客观指标大部分涉及企业商业和技术机密，数据具有不可获得性或者虚假性，而且，隐性知识因其已嵌入企业员工的技能、工具和工作流程之中，所以可能难以获得此类数据；另一方面，主观判断的评价体系目前指标较为单一，大部分是从满意度入手，缺乏其他细节的度量。有鉴于此，本研究将在梳理现有关于产学研合作知识转移测度研究基础之上，构建一个比较全面的产学研知识转移构念模型，并以此构念为指导设计一份体系相对完整的产学研知识转移测度量表。

（三）合作主体差异性与产学研知识转移之间存在怎样的关系

准确回答合作主体差异性与产学研知识转移间的关系，对于产学研合作的决策者而言，非常重要。但现有研究仍未对此给出明确的解答。本书将基于前人的研究，结合本研究对合作主体差异性构念的解析，深入分析不同维度的合作主体差异性如何通过学习意愿和吸收能力影响产学研知识转移。

（四）合作主体差异性对产学研知识转移有怎样的影响机制

有学者认为合作主体差异性有助于企业在产学研合作中获得互补知识（Sampson，2007；Sammarra and Biggiero，2008；Cui and O'Connor，2012），提升企业学习能力（Duysters et al.，2012；Wuyts and Dutta，2012），进而达到促进企业产学研知识转移的效果。同时，还有学者坚持合作主体差异性将导致企业交易成本增加，风险也将更大（Goerzen and Beamish，2005；Sampson，2007），因此认为合作主体差异性可能对产学研知识转移产生负向的影响。为协调当前完全相左的观点，本研究拟结合资源基础观理论和交易成本理论进行分析，并以开展产学研合作的企业为样本，采用结构方程模型分析方法，检验合作主体差异性的不同维度对产学研知识转移的影响机制。

（五）合作主体差异性对知识转移的影响受到什么因素的补充

合作主体差异性在一定时期内具有客观存在性，换言之，在一个时间段内，大学和科研院所与企业之间的知识技术差异和目标差异是一个客观存在的现实条件。而企业管理实践往往无法考虑上述问题，经常需要在主体差异性客观存在且可能较大的情况下，结合市场实际需要开展产学研合作。有鉴于此，如何在合作主体差异性较大的情况下开展卓有成效的产学研知识转移成为企业界和学术界需要解决的难题。国内有大量学者将合作主体间关系强度作为主体差异性的重要补充（姜翰、金占明、焦捷、白涛，2009；陈剑平、盛亚，2013；汤超颖、叶琳娜、王菲、周寄中，2015）。本研究拟在主体差异性对知识转移的影响模型中引入关系强度，以弥补差异性的负向作用。

第三节　研究方法、路线和章节安排

一、研究方法

本书基于前人研究，进一步拓展和丰富已有理论。在研究过程中不仅需要以现有的研究情境为理论基石，还需要通过对企业实践的访谈提出新的发现，并对涉及的因素间的作用机理进行深入的剖析，从而从理论上论证了研究模型构建的科学合理性。另外，为了更加科学严谨地验证理论模型和研究假设，还需要进行科学规范的问卷调研和实证分析，为了实现上述研究目的，本书主要采用以下几种研究方法。

（一）文献研究法

任何管理学研究成果都是"站在巨人肩膀上"（李怀祖，2004）。为了全面把握合作伙伴组织差异与产学研知识转移之间的关系，需要广泛的阅读和梳理相关的文献资料，特别是创新管理领域的顶级期刊（如 *Research Policy* 等）、知识管理领域的顶级期刊（如 *Journal of Knowledge Management*）、组织理论研究领域的顶级期刊（如 *Organization Science* 等）以及 EBSCO、Science Direct、Web of Science 等数据库论文和相关领域的经典论述。而为了研究更加贴合中国管理实践情境，本研究还长期跟踪和检索梳理中国知网（CNKI）数据库的相关期刊文献。通过阅读、分类、归纳和总结相关领域研究的研究脉络，以对合作伙伴组织差异与产学研知识转移之间的关系及其作用机制进行深入的理论探讨，基于此，为本研究模型的构建提供概念模型基础。

（二）案例研究法

本研究的核心问题在于"合作主体差异性对产学研知识转移的作用及其影响机制"，在文献研究基础上，对三家企业六对产学研合作进行纵向分析及多案例对比分析，得出产学研合作主体差异性与知识转移间关系的初步结果，并就合作主体差异性对产学研知识转移影响机制进行探索，为后续的调查统计分析提供现实依据。

（三）实证研究法

通过前期的文献梳理和案例研究探索之后构建本书研究模型和研究假设，围绕产学研知识转移、合作主体差异性、知识特征等核心概念设计相应的问卷，对样本企业进行调研访谈获取研究所需的样本数据；并通过探索性和验证性因子分析对调查问卷信度和效度进行检验。运用 SPSS 23.0 和 AMOS 23.0 软件进行层次线性回归分析和结构方程模型分析，从实证的角度检验研究假设的正确性。

二、研究路线

本研究以产学研合作为研究对象，以清晰合作主体差异性对产学研知识转移的影响为研究目标，从资源基础观理论和交易成本理论视角，探索知识源、知识接收方和知识特征以及合作主体差异性对产学研知识转移的影响机制。

首先基于中国产学研合作与企业自主创新能力提升的现实困境，尝试性地提出从知识转移入手，提升产学研合作效果，并借此引出本书的研究问题"合作主体差异性对产学研知识转移的影响机制"。并根据研究问题，对三家企业的六对产学研合作进行了探索性案例分析，详细分析案例中的合作主体差异性内容、知识转移评估指标以及合作主体差异性、关系强度、学习意愿、吸收能力、知识特征对产学研知识转移的影响关系和作用机理，并推导出本书的初始命题。其次，从资源基础观理论和交易成本理论视角探讨初始命题的理论基础，推导出现实和理论研究。本研究对相关变量之间的影响机制和作用机理进行了科学的分析和论证，并提出本研究的概念模型和研究假设；根据文献研究基础和现实情境需要设计变量测量工具，进行小样本测验，修正量表；随后针对样本企业展开大样本实地调研，并通过 SPSS 软件对所回收数据进行检验，从而保障数据的科学与合理。最后进行线性回归分析和结构方程模型分析等方法验证研究假设，根据实证分析结果，开展进一步的理论分析与讨论，并从中归纳本研究得出的结论。

本书的技术路线如图 1-1 所示。

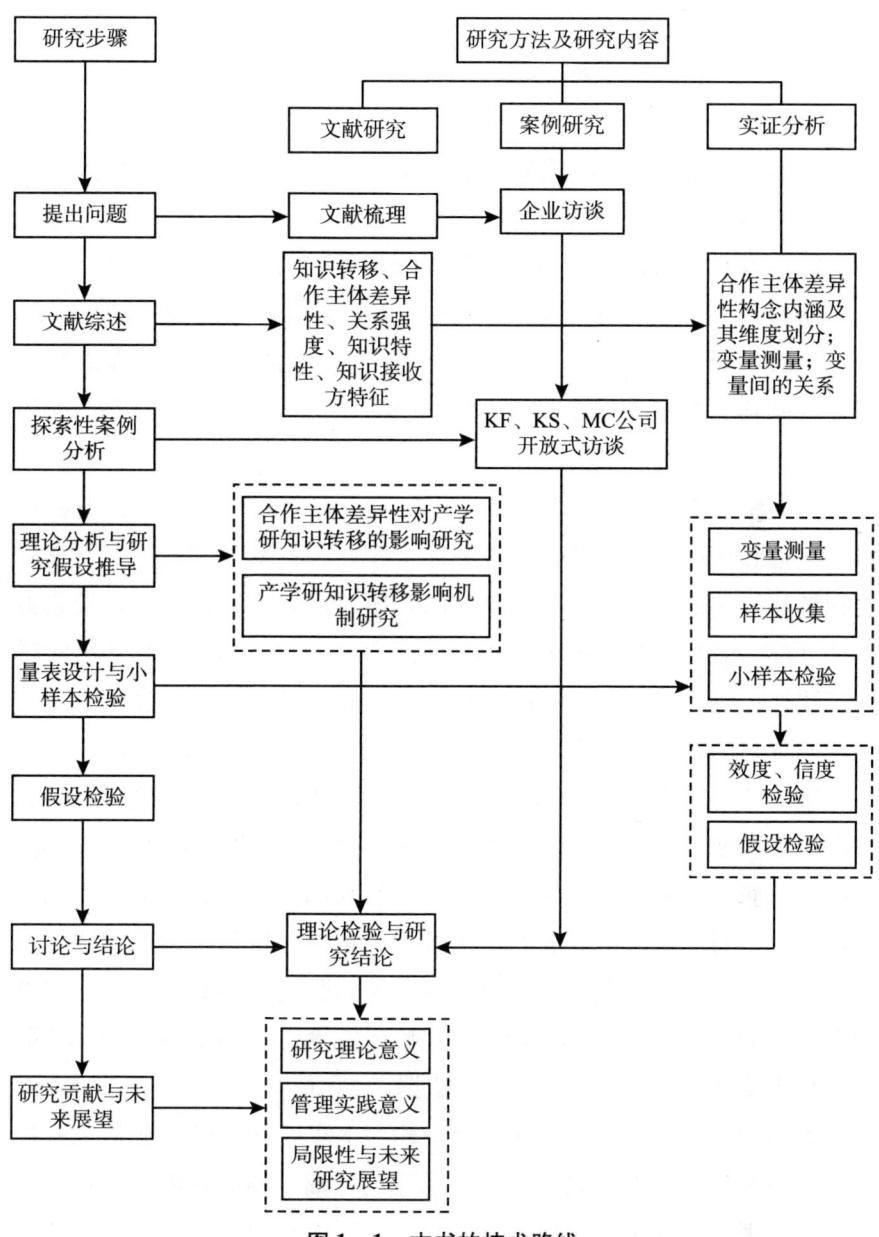

图 1-1 本书的技术路线

三、本书章节安排

根据上述研究技术路线图的逻辑思路，本书内容共可划分为七个章节，具体章节安排和内容如下：

第一章：绪论。本章节首先从现实背景和理论背景入手，针对产学研合作知识转移中的合作主体差异性提出本书的研究问题，随后，也对本研究所使用的研究方法、研究技术路线图等内容进行了必要的阐述，为后续内容进行整体框架性介绍。最后论述了本书的主要创新点。

第二章：文献综述。本部分首先对产学研知识转移的理论基础进行了梳理和评述；然后针对合作主体差异性、关系强度及其对产学研知识转移的实证研究进行了述评，同时还通过知识特征和知识接收方特征（学习意愿、吸收能力）等其他因素对产学研知识转移的影响进行了述评；最后对现有研究的不足进行了必要的总结，通过文献的评述明确本书的切入点，为后续的研究提供理论支撑和依据。

第三章：探索性案例研究。基于第二章的文献综述，从实践出发，选取三家企业的六对产学研合作展开深入的探索性案例研究。首先，说明案例研究的方法和步骤，以及案例研究的方案设计；其次，以此方法为准，对本研究所选取的案例进行单案例分析和跨案例对比分析研究，推导出产学研合作主体差异性、关系强度、知识特征、学习意愿和吸收能力与产学研知识转移的初始研究命题，为本研究的实证研究部分中研究假设的提出提供实践依据。

第四章：研究假设与概念模型构建。本章在探索性案例研究基础上，进一步阐述案例研究的初始命题理论基础，例如资源基础理论和交易成本理论，并对上述理论进行细致的回顾和评述。基于案例研究的初始命题和理论基础，构建产学研合作主体差异性和关系强度、学习意愿、吸收能力和知识特征对产学研知识转移影响的概念模型，并通过理论推演的方式提出本书相关的研究假设。

第五章：问卷设计和小样本测试。本章对研究假设中所涉及的变量进行量表设计，详细论述各个变量测量指标的形成基础和设计思路，构成本研究的初始量表；其后，对初始量表进行小样本检验，将信度和效度未达到标准的题项删除，以完成量表的修订工作，形成最终的正式量表。

第六章：假设检验与结果讨论。以第五章节所修订的最终量表为工具，进行大样本的数据调查。数据回收之后首先进行描述性统计分析工作，在保证数据的峰度（Kurtosis）和偏度（Skewness）没有问题的前提下，对各个测量变量进行信度分析和效度检验和共线性检验，最终确保数据符合研究需要。并在此基础上，运用 SPSS 23.0 和 AMOS 23.0 对相关理论假设进行跨层次线性回归分析和结构方程模型分析，最后对分析结果进行详细的分析和讨论。

第七章：结论与展望。结合之前的探索性案例分析、理论分析和假设推导以及实证分析的结果，讨论与探讨实证研究所得出的研究结论，阐述本书所得出的理论意义和实践意义，最后对本研究的贡献及其不足进行必要的论述，以此为基础，指出未来研究展望。

第四节 主要贡献

本书紧扣"合作主体差异性如何影响产学研知识转移"这一研究问题，基于已有的研究，深入剖析产学研合作过程中合作主体差异性对于知识转移的影响机制。并通过探索性案例研究、大样本调查统计分析对理论模型的科学有效性进行了严谨地验证。在已有研究成果基础上，本书的创新点主要涵盖如下几点。

(一) 进一步凝练合作主体差异性构念的内涵和维度

产学研知识转移研究兴起至今,学者们已经取得了比较丰富的成果。然而需要指出的是:现有的研究主要从合作机制等方面为切入点,而忽视了对合作主体差异性与互补选择方面的研究和探讨。本书以前人研究为基础,参考帕克(Park,2011)和帕特里奥塔等(Patriotta et al.,2012)学者的建议,将合作主体差异性归纳提炼为知识技术差异、目标差异两个维度。以此为契机克服合作主体差异性研究中构念不清晰和难以测度等难题,并为后续研究的理论模型构建和定量实证研究奠定基础,也为产学研中合作主体差异性的相关后续研究进行了有力的探索。

(二) 清晰了知识转移的测量

本书结合圣托罗等(Santoro et al.,2000)开发的测量产学研知识转移活动的量表以及知识转移效率测量指标,并以中国情境为根基,初步设计了一套适用于我国产学研合作情境的知识转移量表。

(三) 分析了合作主体差异性对产学研知识转移的调节作用,丰富了产学研知识转移影响因素的相关研究

在现有关于产学研知识转移影响因素研究中,除了知识特征、知识源特征和知识接收方特征之外,还有众多学者认为知识转移情境对于知识转移绩效也存在重要的影响,情境因素大部分以社会网络理论为视角,其中信任和关系质量得到了一致的认可(徐海波、高祥宇,2006;Becerra et al.,2008;Easterby-Smith,2008;李梓涵昕等,2015)。但是产学研知识转移所涉及的主体——"产""学研"具有很大的差异性,此种差异显然不能通过转移情境进行概括。本书在迪克森(Dixon,2000)、帕克(Park,2011)和帕特里奥塔等(Patriotta et al., 2012) 的研究基础之上, 结合合作主体差异性的剖析, 详细分析了合作主体差异性对知识转移的影响路径, 丰富了学术界对于产学研知识转移影响因素的研究, 帮助企业认识产学研主体的差异性, 进而有助于其针对企业实际情况选择产学研合作伙伴, 并提高产学研合作效果。

第二章 文献综述

第一节 产学研合作的相关研究

一、产学研合作内涵

产学研合作最早由费曼（Feeman，1987）提出，得到了学术界普遍的认可与关注。在国外学术论文数据库中产学研一般被表述为"Industry-University Collaboration（IUC）"或者"Industry-University Links（IULs）"，而日本和韩国，包括中国台湾地区则称之为"Government-University-Industry Relationship（GUI）"；国内方面提法五花八门。而关于产学研合作的内涵以及外延，海内外学者也进行了大量的研究。但是，由于产学研合作涉及范围较为广泛，既包括"产""学""研"等不同属性的参与者主体，也涵盖了合作内容以及合作治理机制和模式等，致使学者们对于产学研合作的概念仍未产生共识。

原山优子（Yuko，2002）指出产学研合作是不同性质的参与主体通过相互作用达到提升双方能力的过程。德巴克和维格勒（Debackere and Veugelers，2005）认为产学研合作是参与主体以交流知识和技术为目标的过程，并指出知识的供需是产学研合作开展的前提。显然，上述研究者就产学研合作局限于参与主体间的知识与技术的流通，而并未涉及其他合作内容。

朱桂龙和彭有福（2003）以及王文岩等（2008）以中国情境为依据，进一步拓宽了产学研合作的内涵，认为产学研合作是参与主体在市场经济条件下资源互补和利益共享的联合体，以技术研发、新产品生产销售、管理咨询服务为活动的过程。仲伟俊等（2009）也认为产学研合作是"产""学""研"等参与者以资源互补和利益共享为基本准则，按照既定的机制和制度展开合作的机构。此外，杨东升和张永安（2007）认为产学研合作是企业、高校和科研院所等参与主体间在共同目标导向下，默契配合，通过技术聚焦—成果化—产品化—商业化等过程开展技术创新活动。从上述学者对产学研合作的界定来看，其本质在于优化组合各种促进技术创新发展的生产要素。虽然已经将产学研合作所涵盖的内容从知识技术的互动延伸至产品生产、销售和专业人才的培养和训练，但是技术层面的合作已经远远无法满足不断变化的市场环境，基于企业创新能力提升的产学研合作迫在眉睫。

刘力（2002）在充分考虑政府作用的情境下，指出产学研合作是由企业界发起，学术界与企业界联合研发为开端，再由企业界完成商业化的一整套链条，在此创新链条中，企业界和学术界以实现创新为目标，形成合作关系。毫无疑问，刘力（2002）提出的产学研合作活动中一共涉及三大既相互联系又相互制约的不同的部门，而该系统又与政府乃至社会环境存在紧密的联系。同时，刘力（2002）还指出产学研合作具有三大本质特征：（1）政府及中介机构是保障，促进创新产生；（2）R&D作为前提条件起到推动作用；（3）生产与销售是关键，实现创新。

还有一些学者从其他角度对产学研合作进行了界定，例如，社会网络方面，朱桂龙和彭有福（2003）借鉴加拿大"卓越网络计划（Networks of Centres of Excellence program，NCE）"，认为产学研合作是通过网络组织形式运作的机构。其目标在于构建资源优化的创新链条，同时具备产学研与网络等两类组织的优势。王宏起、王雪原和王珊珊（2006）认为产学研合作是一个战略联盟组织，其主要是在政府引导之下，"产""学""研"等参与者以各自的目标为基础，为更好地把握市场机会和提升自身自主创新能力，而形成的合作关系。另外，知识管理视角方面，姚威（2009）指出，产学研合作是"产"（企业）、"学"（高校）、"研"（科研院所）为主要参与者，政府等其他中介机构为相关参与者，共同从事技术研发、产品开发和商业化的活动，其间以知识的传递—消化—吸收—创造为链条。

综合上述观点，本研究将以知识的转移为视角，剖析产学研合作的内在核心机理。本研究中产学研合作的定义主要是指政府引导下，参与主体以自身的目标为出发点，以"利益共享、风险共担、资源互补、互利双赢"为准则，合作进行研发和商业化活动的创新行为，从而实现知识的传递—消化—吸收—整合—利用—创造链条的流转。其中，"产"主要是指具备创造价值的生产者，包括经济结构中三大产业及其延伸产业；"学"是指具备人才培养、科研研究等功能的公立或私立的高等院校；"研"则代表科研机构，独立或者非独立的研究所、院，设计机构等。广义的可以划分为大学和科研院所与企业，前者作为技术等创新要素的供给方，后者为需求方。

二、企业参与产学研合作的动因

产学研合作能够显著降低企业技术和产品研发成本，弥补创新能力的不足（Okamuro，2007；Perkmann et al.，2011）。威尔荷（Velho，2005）通过研发已经证实了产学研合作对美、日、欧等国和地区的企业技术创新的巨大贡献。而对于企业参与产学研合作的动机分析，现有的研究主要从路径依赖理论、动态能力理论、交易成本理论和社会网络理论等视角入手进行剖析。

从交易成本理论视角看，哈里斯（Harris et al., 2009）和伊欧姆和李（Eom and Lee, 2010）认为，由于创新属于高风险、高不确定性行为，企业希望通过产学研合作降低技术研发不确定所带来的风险以及实现超额的经济收益。并指出只有当产学研合作的成本低于其内部技术开发成本时，企业才会选择参与产学研合作。赵兰香（1996）将产学研合作的本质认为是一种能够降低交易成本的制度方面的创新，并指出由于共同研发相比于独立研发而言具有更加节俭的交易成本，进而产生合作联盟的经济效应。莫尔里（Mowery, 1998）则从交易成本理论角度将企业参与产学研合作的动机归纳为形成知识溢出效应、减少技术研发成本和取得技术研发的规模效应。柳卸林和怀特（Liu and White, 2001）以中国企业为样本，通过实证研究发现企业已经取代政府，成为大学和科研院所资助的主要来源，而正是因为相比于内部研发，企业更加愿意选择成本和投入较少的产学研合作来进行技术和产品开发。

从资源基础理论视角看，当企业无法通过市场或者购并获得技术研发资源时，产学研合作是企业破解技术资源困境的重要方式（陈劲、邱嘉铭、沈海华，2007）。曼斯菲尔德和波林斯（Mansfield and Pollins, 2001）认为企业参与产学研合作主要动机在于获取生产要素和资源。这些要素和资源可能包括人力资源和培训资源（Wiklund and Shepherd, 2008）、技术及设备等（Santoro and Chakrabarti, 2002）。彼得斯和福斯菲尔德（Peters and Fusfeld, 1982）则认为企业参与产学研合作的目的在于从大学和科研院所获得促进其生产工艺和产品开发的科研成果；专业娴熟的毕业生以及科研人员等人力资源；由专业人员制定的针对企业特定问题的解决方案；培训员工的场所和资源，另外，还能够通过产学研合作增加企业的声誉和知名度,并通过大学和科研院所迅速融入其社会关系网络。类似的,李正元和温宁(Lee and Win, 2004)也对企业参与产学研合作的收益进行了归纳总结。

动态技术能力视角方面,蒂斯等(Teece et al., 1997)指出相较于资源本身,企业消化、整合并利用组织内外部资源的能力对于企业的发展更加重要。知识经济时代,如何通过学习发展自身获取、消化吸收和整合利用外部知识和技术的能力已然成为动态技术能力研究领域的重要课题。而赛尔特和古德曼(Cyert and Goodman, 1997)的观点就充分说明企业与大学和科研院所的合作实际上就是企业向外部寻找知识学习机会的过程。进而达到提升企业自身成长能力并促进其可持续发展(Wood, 2009)。蒂斯(Teece, 2007)和蒂瓦纳(Tiwana, 2008)认为企业的产学研合作动机主要是希望通过合作研发提升企业自主创新能力。

社会网络理论视角方面,伯特(Burt, 1992)和赵常华(2004)认为网络组织有利于企业整合内外部资源以服务技术创新需要,并指出融洽的网络关系、优越的网络位置以及合适的网络伙伴都将利于企业获取发展壮大的资本。

三、产学研合作影响因素

众所周知,产学研合作对于学研方和产方而言,都存在极大的收益,但是从现实情况来看,欧盟国家仅有不到一成的创新型企业参与了产学研合作,反观国内,虽然产学研活动大行其道,但是成效却微乎其微。那么究竟是什么因素影响了产学研合作间的知识转移?这成为产学研合作相关研究者密切关注的问题。国内外学者从产学研参与主体特征的内部因素和外部因素两方面展开了大量的分析。

学研方面,大学和科研院所在产学研合作中扮演着技术供给方的角色,毫无疑问其社会职能属性和成员的属性对于产学研合作具有重要的影响作用。其影响作用主要表现在初期合作伙伴的选择。汝鹏和苏竣(2010)认为高层次的高校以及科研院所因为拥有企业在选择合作伙伴时比较关注的优秀科研工作人员和高端前沿的科研成果,因此此类高校和科研院所相较于其他高校而言,往往与企业界联系更为密切。曼斯菲尔德和李贞妍(Mansfield and Lee,1996)通过对半导体产业的实地调查发现半导体企业产学研合作往往以 MIT、UC Berkeley、Stanford、Harvard、Yale 五所最顶尖的学院为核心展开;德斯特和帕特尔(D'Este and Patel,2007)以英国企业为样本的实证研究也表明低水平大学与企业的产学研合作一般聚焦于应用性技术层面;乔万尼(Giovanni,2003)对意大利高校的研究则发现高校的科研成果质量相比于企业具体需求更能够对高校能否得到企业经费支持产生影响。相反,马卫华等(2011)却认为由于低水平大学和科研院所难以获得政府资助的科研经费,为弥补经费的不足,只能够通过产学研途径解决,并且这类大学和科研院所比较倾向于进行应用性技术层面的研发,对基础性研究的能力及意向不强。另外,大学和科研院所研究人员的个体层面因素也会对产学研合作产生一定的影响效应,这些个人因素可能包括个人工作经历、职业规划等。阿萨格拉卡罗(Azagra-Caro,2007)通过对个体层面因素对产学研倾向影响的研究发现,大学和科研院所科研人员的工作经验以及知识结构显著影响产学研合作倾向,并指出就企业而言,其自身的技术研发能力与所选择合作的大学和科研院所水平间存在正相关关系,换言之,其与研究型大学和科研院所的合作主要目的在于技术的转移和咨询,而与应用型大学和科研院所之间的合作主要以人才培养为主导。朱利亚尼等(Giuliani et al.,2010)以南非、智利和意大利的葡萄酒产业为研究对象,发现研究人员的性别、年龄、教育背景等个人特征相比于其学术著作发表等因素而言对产学研合作具有更加显著的影响,并且大学和科研院所科研评价体系以及科研经费管理等相关规章制度也对产学研合作倾向存在影响作用。德斯特和珀克曼（D'Este and Perkmann，2011）通过对英国高校科研人员参与产学研合作动机的研究，发现参与合作的主要出发点在于深化其研究层次，而非知识和技术的市场化，并且形式多样（例如，专利转让，联合申请基金项目等），并建议以增加产学研合作项目的资助力度替代企业盲目的研发投入，从而达到提高研究经费使用效率。

企业方面，谢园园等（2011）认为产学研合作倾向的影响因素中企业规模、组织开放度、吸收能力以及技术研发能力都是影响较为显著的因素。马莹莹和朱桂龙（2011）通过对我国产学研合作创新绩效的研究也发现企业规模以及政府资助对产学研合作倾向具有重要的推动作用。莱伯宁（Leiponen，2001）以芬兰企业为样本，通过创新调查发现产学研合作具有正向的规模效应，并且产学研合作对于企业技术研发能力具有正向促进作用，无独有偶，朱桂龙和李奎艳（2008）在中国展开的研究也得出了类似的结论。丰塔纳等（Fontana et al.，2006）对500多家企业的研发行为进行调查研究，并得出企业的开放程度与其产学研合作倾向存在显著的关联性。劳森和索尔特（Laursen and Salter，2004）则通过研究证明存在跨界搜索的企业相较于其他企业更易于完成知识转移，而公开创新研究成果意愿越高的企业往往参与产学研合作的概率也越高，换言之，企业开放度对产学研倾向具有显著的影响效应。科恩与莱文塔尔（Cohen and Levinthal，1990）认为企业自身技术研发能力对于企业获取外部知识和技术存在重要作用。反观我国现实情境，大学和科研院所作为国家公共机构，长期承担着共性技术的供给方，致使企业存在极强的依赖性，也进一步限制了企业自身技术研发能力的发展，并且这种限制还不断向技术链条的下游延伸，换言之，产品开发技术的依赖度也居高不下，吴家喜，吴贵生（2009）和陈劲等（2011）认为在这种情境下，我国企业的吸收能力更加成为影响产学研合作倾向的关键因素。然而，有意思的是，莫嫩和霍劳（Mohnen and Hoareau，2002）却认为企业规模、政府资助、专利保护意识及其行业特征能够诠释产学研合作倾向，但是企业自身的研发强度却并没有显著影响效应。

上述内部因素和外部因素之外，霍尔和麦莱斯（Hall and Mairesse，1995）认为技术特征及社会环境等因素也对产学研合作倾向存在影响。技术特征方面，江旭、高山行和李垣（2009）认为因为应用性共性技术更加贴近产品技术，具有较强的独占性，并且商业化更加便捷，所以，合作方的相互信任对于合作倾向的影响就更加凸显。西格尔等（Siegel et al.，2003）指出大学和科研院所与企业之间的文化冲突，利益分配机制的不合理以及大学和科研院所技术转移和知识转移管理体系的混乱也是影响产学研合作倾向的因素之一。然而，维格勒和卡西曼（Veugelers and Cassiman，2005）通过对比利时企业的实证研究过程中，发现文化冲突的负向影响并不显著，其给出的解释认为大学和科研院所与企业因为性质不同，并不存在竞争关系，故而没有明显的利益和文化冲突。

此外，还有学者从大学和科研院所与企业的差异性入手，剖析产学研合作的影响因素，这些差异包括技术差异、文化差异、利益诉求、经费供需差异等。

技术差异方面，大学和科研院所与企业的技术差异包括技术内容以及技术水平两方面。从技术内容角度来看，大学和科研院所追求科学研究的高端前沿以及创造性，成果一般以创新知识为主，且大都属于技术发展的初期阶段，詹森和瑟斯比（Jensen and Thursby，1998）通过对美62所高校的专利调查研究，发现高校中被授予的专利大多停留在初期阶段，甚至有半数还仅仅是概念的证明，另一半也是实验室雏形而已。而企业所需要的是能够商业化生产的成熟的产品技术。吕海萍等（2004）认为大学和科研院所与企业技术内容的差异致使企业认为高校的科研成果市场化量产化比较困难，技术不大成熟，进而对其技术的开放性和转让比较谨慎。并指出排除一些成果因社会和市场环境不成熟暂时无法商业化之外，企业的消化吸收再创新能力不足也是重要影响因素。严雄（2007）和赛尔特和古德曼（Cyert and Goodman，1997）也认为企业因自身技术能力的不足，与大学和科研院所形成巨大的技术落差，进而致使其无法认清大学和科研院所发明中的隐性知识，更进一步希望大学和科研院所将技术研发直接从原始发明延伸至产品技术，并且承担技术支持和技术人员培训等"一揽子"的工作，这样无形之中将增加技术转让的交易成本，并一定程度上导致大学和科研院所风险增加。一般来说，技术的兼容水平（樊霞、赵丹萍、何悦，2012）以及产学研合作双方的契合程度（徐静等，2012）对于产学研合作的成效呈正向关系。

文化差异方面，大学和科研院所属于非营利性组织，而企业则是营利性组织，故而引起双方的诉求不同，追求和价值观念也不一致。胡恩华（2002）指出，受评价体系的影响，大学和科研院所往往以"名利价值观"为主导，以国家资助经费量、学术论文量、获奖数量与级别以及学术地位为指标对科研成果进行价值评估，对科研成果的先进性比较重视，而忽视其商业化价值。但是，企业往往对项目和技术的市场化前景比较感兴趣。大学和科研院所与企业就文化价值上存在的差异致使科学技术研究成果的有效市场供给不足，先进的科研成果不能够迅速地转化为市场的领先性（游文明等，2004）。西耶拉等（Siegela et al.，2003）在一项调查中发现90%的企业与75%的大学和科研院所都认为合作伙伴间就对方价值观及其环境理解的缺乏是影响产学研合作成功开展的重要影响因素。

利益诉求方面的差异，大学和科研院所与企业就技术的价值认知方面经常存在不同。西耶拉等（Siegela et al.，2003）在调查过程中发现半数以上的企业认为学研机构对于自身技术估值偏高，且对知识产权的侵占性太强；而学研机构则普遍认为企业对于产学研合作行为的激励有待提升。胡恩华（2002）通过对学研机构和企业间的矛盾分析入手，指出在中国情境下，产学研合作初期往往因为技术的市场化前景不明朗更容易可能形成产学研合作关系，而随着合作的加深，技术的市场化前景也不断清晰化，双方对于利益的分歧也不断加深，最终合作关系僵化，甚至破裂。吕海萍、龚建立等（2004）甚至得出利益诉求的差异是产学研合作的最大影响因素。胡恩华（2002）还指出大学和科研院所与企业间因为承担风险以及资金投入的选择也存在差异，学校缺乏商业化技术的资金和能力，而对于企业而言却不愿意承担技术研发的高风险，双面的差异也致使产学研合作成为一种可能。产学研合作过程中所产生的额外收益，例如经济利润和科研成果的归属问题也对大学和科研院所与企业的合作关系存在影响（孙雷，2011）。另外，大学和科研院所与企业合作管理能力不足；政府、金融中介机构服务意识薄弱以及合作双方沟通不顺畅也一定程度上影响产学研合作（胡恩华，2002；吕海萍等，2004）。

第二节 知识转移的相关研究

一、知识转移的概念

蒂斯（Teece，1977）通过研究跨国技术转移，提出了知识转移构想，他通过研究发现，技术的跨国界转移能够促进企业积累大量的可应用的知识。至此，知识转移逐渐为知识管理研究者所关注。苏兰斯基（Szulanski，1996）借鉴信息传递模型正式提出知识转移概念，认为知识转移就是知识从知识源向知识接收方的流动过程。

达文波特和普鲁萨克（Davenport and Prusak，1998）从作用的角度界定知识转移,将之划分为知识传递与吸收。并指出知识的传递不能够说明知识转移的成功,只有当知识被传递之后并为知识接收者所吸收才能够称之为成功的知识转移。也有学者从知识接收方知识获取与利用的角度界定知识转移,安德森(Andesrson,1989)从个体的层面入手,将知识转移界定为知识的运用如何从当下的情境向其他情境迁移;达尔与库兹伯格(Darr and Kurtzberg,2000)的观点认为只有当知识源所共享的知识被知识接收方运用时,知识转移才真正完成;东吉尔等(Dong-Gil et al.,2005)通过对 ERP 项目的施行方和咨询方间知识流动的研究,将知识转移定义为知识源与知识接收方间的知识流动,以及知识为接收方所学习和应用;阿尔戈特和英格拉姆(Argote and Ingram,2000)认为知识转移是一个个体或者组织被其他个体或者组织的知识影响的过程,而该定义为后来众多学者所接纳(Argote et al.,2003;Inkpen and Tsang,2005;Kane et al.,2005)。另外,还有一部分学者基于知识转移的过程定义知识转移,亨德里克斯(Hendriks,1999)和霍尔瑟姆(Holtham,2001)等认为知识转移并非线性的知识传递过程,其还应该涵盖知识接收方对于知识的整合过程。吉尔伯特和科德海斯(Gilbert and Cordey-Hayes,1996)认为知识转移是组织学习的组成部分,其具体应该包括知识的消化、吸收、应用等链条。从知识转移的本质来看,廖树贤和胡大千(Shu-Hsien and Ta-Chien,2007)指出知识转移是知识接收者获得知识源提供的知识,并消化、吸收和再造的过程,换言之,知识转移就是知识源将知识传递给知识接收方,并被其消化、吸收、整合、创新再造,进而形成知识增量。国内学者对于知识转移的界定也展开了大量的研究,其中,张莉、齐中英、田也壮(2005)就将知识转移作为知识接收方与知识源双方间的互动,知识源进行知识供给和扩散,知识接收方通过各种方式获取组织内部所需知识,并进行消化、吸收、创新。而唐炎华和石金涛(2006)通过对国外知识转移研究的分析,指出知识转移是组织内部以及跨组织间的知识共享行为，具体而言，知识通过不同的方式在个体之间，组织之间进行传递与转移。

从上述众多学者对于知识转移的界定来看，虽然表述不同，但大部分从参与者主体和转移过程等两个角度展开，其中，参与主体角度，知识转移一共涉及知识源和知识接收方两个主体，知识由知识源发出，向知识接收方单向流动（Szulanzki，1996）；转移过程角度，知识转移包括知识传递、消化、吸收、整合和利用等环节，而不仅仅是接触新知识。另外，知识转移层次角度，纽维尔（Newell，2002）指出知识转移是组织中个体与团队的新知识的再次利用的过程。野中郁次郎（Nonaka，1995）认为知识转移是组织内外部知识创造互动的过程。

根据上述分析，并结合本研究需要，本书将知识转移界定为：知识从知识源发出向知识接收方流动，并被知识接收方消化、吸收、整合、利用的过程。

二、知识转移过程模型

正如知识转移内涵所述，知识转移是主体间关于知识流动的复杂过程，而对于知识转移过程的研究也是众彩纷呈，其中比较具有代表性的有吉尔伯特和科德海斯（Gilbert and Corder-Hayes）知识转移五阶段模型、王开明和万君康知识转移过程模型、野中郁次郎的 SECI 知识螺旋模型。

（一）知识转移五阶段模型

吉尔伯特和科德海斯（1996）为研究跨组织知识转移行为，提出知识转移五阶段概念框架：知识获取阶段、知识交流阶段、知识应用阶段、知识接受阶段以及知识同化阶段，如图 2-1 所示。其中，知识获取（acquisition）阶段，组织能够通过跨界搜索和内部经验总结获得新知识；知识交流（communication）阶段，用书面或者语言等形式将知识获取阶段所获取的知识在组织内部扩散，并通过建立和健全组织机制保障知识的有效交流；知识应用（application）阶段，将所获取知识通过交流提升成员的能力，并将新知识应用至业务处理之中，进而提高组织的学习能力；知识接受（acceptance）阶段，知识成员通过知识应用逐渐认可和接受新知识；知识同化（assimilation）阶段，将获取的知识通过时间内化为组织惯例，进而嵌入织运作。

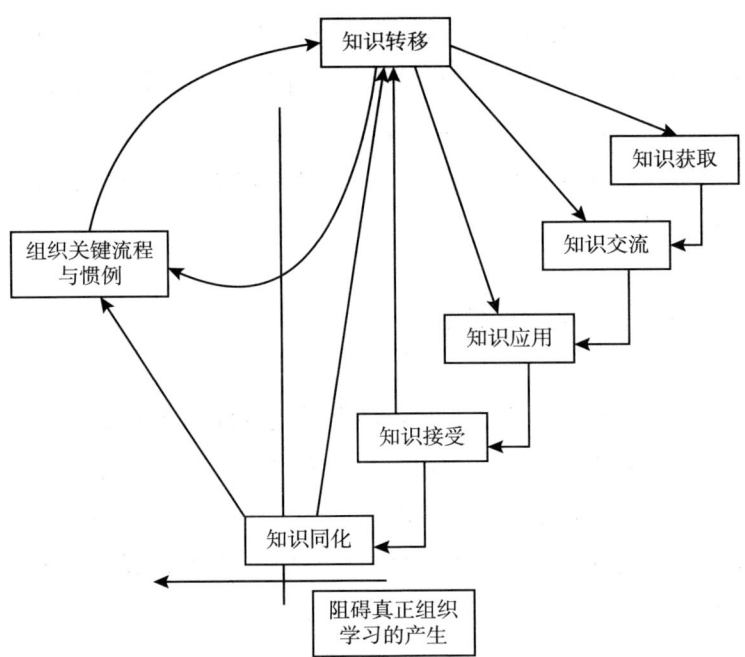

图2-1 吉尔伯特和科德海斯（Gilbert and Corder-Hayes）知识转移五阶段模型

（二）拉姆（Lam）知识转移情境模型

苏兰斯基（Szulanski，1996）认为知识转移是一个过程，为了更好地研究组织内部转移,他提出了知识转移情境模型,该模型共包含四个阶段:初始阶段、执行、蔓延和整合阶段。拉姆(1997)基于苏兰斯基所提出的知识转移过程模型,指出知识嵌套于组织文化及其业务流程之中,并且难以割裂而独立进行转移。并将知识转移概括为四大阶段,具体如图2-2所示。开始阶段,主要在于识别能够应对对方要求的嵌套于特定情境的知识;执行阶段主要是指知识源(源单元)和知识接收方(接受单元)双方之间适合知识转移渠道的构建;蔓延阶段则是知识接收方接受知识源的新知识并将所接受的新知识加以改进以适应自身的实际情境;而整合阶段,则是接受单元(知识接收方)对有效的知识进行内化以形成组织新惯例。

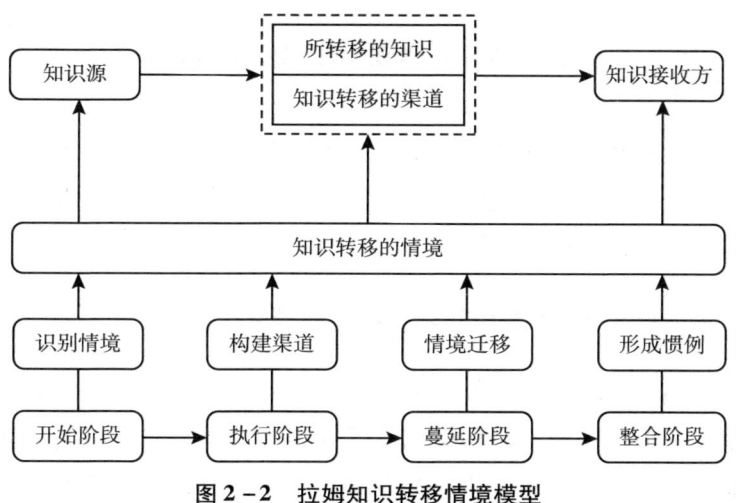

图2-2 拉姆知识转移情境模型

(三) 苏兰斯基知识转移过程模型

苏兰斯基(2000)在研究组织内部知识转移过程中,将知识转移过程划分为四个阶段:初始阶段、实施、提升和整合四个阶段(见图2-3):(1)初始阶段。组织成员个体察觉自身知识缺陷,积极搜索和识别能够弥补缺陷的外部知识,通过对比确定是否进行知识转移。(2)实施阶段。建立特定的关系和渠道,以适当的方式进行知识的流动。(3)提升阶段。共同努力解决可能出现的问题,从而使知识接收方的知识转移绩效达到其预期目标。(4)整合阶段。转移效果得到知识接收方的认可下,逐渐将其内化为自身的知识,使之成为知识储备的一部分。

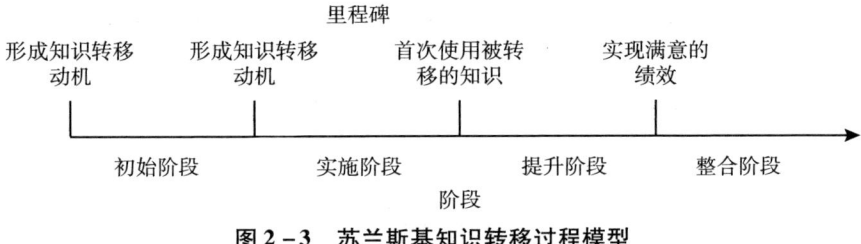

图 2-3　苏兰斯基知识转移过程模型

苏兰斯基知识转移过程模型以标志性事件为里程碑对知识转移过程进行划分,然而,现实情境远比理论构建复杂,所以,很多时候难以对每一阶段进行精确的识别。

(四) 王开明和万君康知识转移过程模型

王开明和万君康 (2000) 通过对国外知识转移文献的研究,结合中国实际情境认为知识转移应该包括知识源编码解释并传播知识以及知识接收方消化吸收和内化等两个基本组成部分,而知识的发送及接收还需要中介参与,具体如图 2-4 所示。知识源发送的知识包括一些不需要的噪声,并且知识通过中介向知识接收方转移的过程中还将进一步吸入环境中的各种噪声,换言之,知识接收方所接收的知识将伴有大量的噪声,必须通过必要的选择以及过滤才能够成为知识接收方所需要的知识,而知识的过滤过程需要结合接收方的以往经验和认识。

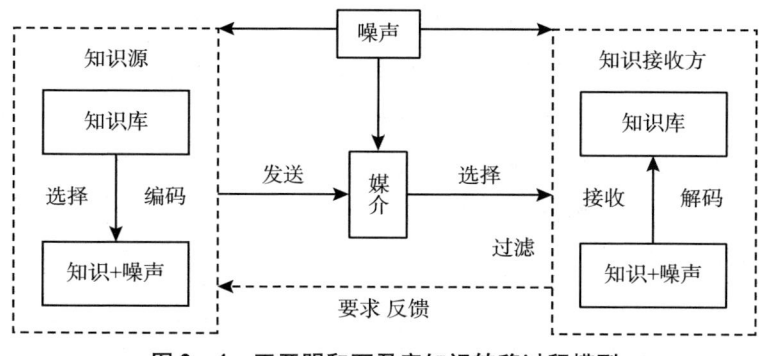

图 2-4 王开明和万君康知识转移过程模型

(五) 野中郁次郎的 SECI 知识螺旋模型

野中郁次郎等 (1995) 为了描述显性知识和隐性知识如何通过社会化 (socialization)、外部化 (externalization)、组合化 (combination) 和内部化 (internalization) 等模式持续循环转换,从而达到在个人、团队、组织以及跨组织等层面知识的交互转移和再造,提出了 SECI 知识螺旋模型,具体的模型如图 2-5 所示。

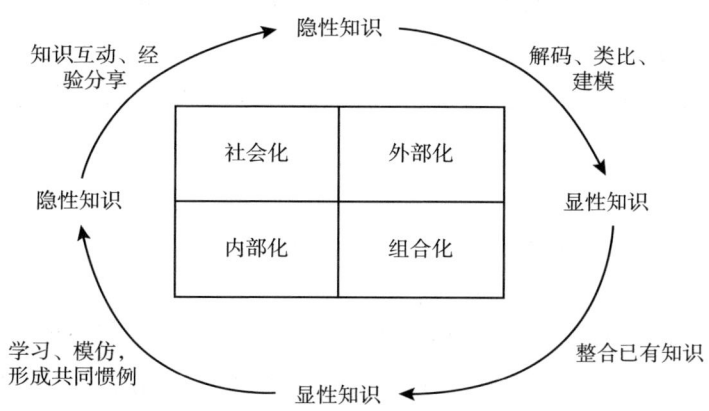

图 2-5 野中郁次郎的 SECI 知识螺旋模型

其中，社会化是指个体间的知识互动与经验共享，是将个体的隐性知识转变为组织中其他个体的隐性知识；外部化是指通过解码、类比和构建模型等方式将隐性知识转变为显性知识；组合化是指将自身已有的显性知识进行整合，从而使之系统化；最后的内部化是指通过学习和模仿等方式将显性知识转变为组织的共同惯例等类型的隐性知识。整个螺旋模型中以个体的隐性知识为新知识创造的起点和基础，通过社会化个人隐性知识，将其扩散至组织其他成员，并通过外部化将其转化为显性知识，经由组合化过程，进一步上升为团队的系统性知识，随后，通过组织称的不断消化，将其与自身以往知识相结合，内化为自身的隐性知识，以此循环往复。野中郁次郎的 SECI 知识螺旋模型重点在于揭示隐性知识和显性知识在不同层面间的转化和螺旋上升，进而完成知识的转移以及新知识的创造。

以上五个知识转移模型都是从知识转移过程的视角构建的，但是上述模型之中也存在一些差异。从知识流程角度来看，苏兰斯基（2000）、吉尔伯特和科德海斯（1996）和拉姆（1997）都是将知识转移过程划分为不同阶段，而王开明和万君康（2000）、野中郁次郎（1995）并未对知识转移流程做明确的阶段划分；从知识转移层次角度来看，苏兰斯基（2000）侧重于组织内部成员间知识的转移，野中郁次郎（1995）、吉尔伯特和科德海斯（1996）则更加侧重组织间知识转移。

三、知识转移的层次

从上述分析来看，首先知识是一个多层次、多含义的概念，所以知识转移必然存在不同的层面。根据知识的个体、团队和组织三层面划分，根据知识转移情况概括为六种可能（Singley et al., 1989; Karlsen et al., 2004）。对于不同层面的知识转移，有学者对单一层面的知识转移进行了研究（Hamel，1991；Szulanski，2000；Cummings and Teng，2003；Joshi et al.，2004）；也有学者对跨层面知识转移开展了探讨（Singley et al.，1989；Nonaka，1991；1994；Hedlund，1994；Karlsen et al.，2004；魏江，2006）。

  赫德伦德（Hedlund，1994）以知识特征、知识载体以及空间结构三个方面对知识的跨层次转移模式进行了探索，并提出知识（显性知识以及隐性知识）个体、团队、组织以及跨组织之间主要通过外部化、内部化以及传播等形式进行知识转移。内部化主要是指显性知识转化为个体隐性知识的过程，而知识的扩散就是显性知识与隐性知识在不同层面的知识载体之间相互转化的过程；外部化是指隐性知识向显性知识转化的过程，以便于知识描述的清晰化，从而使知识的流转更加简洁；传播指的是知识的输入及输出，知识载体将获得于外部的知识通过转化向外部输出的过程，整个过程之中涉及显性知识和隐性知识的认知、利用等。野中郁次郎（1991）建立的知识螺旋模型（SECI）主要在于解释个体隐性知识社会化为组织其他成员的隐性知识，隐性知识外部化为便于理解的显性知识，显性知识组合化为新的显性知识，显性知识内部化为指导个体行为的惯例的循环过程。并在随后的研究中，将知识螺旋模型从个体层面拓宽至团队、组织层面，甚至跨组织层面（Nonaka，1994）。野中郁次郎和野升诺波诺（Nonaka and Konno，1998）将知识创造过程中形成的共享空间界定为"Ba"，并指出"Ba"的表现形式既包括有形的办公场所，也包括无形的电话交流、E-mail交流，还包括精神层面的个人经验以及创意的共享。并以此为基础对SECI模型进行了调整。

  组织内部知识转移大部分落脚于个体与团队两个层面，现有的研究主要集中于知识转移参与者特征的研究，转移情境研究，知识转移网络特征对知识转移的影响等方面。组织内部影响知识转移绩效的变量中，大部分研究都是从知识特征、知识源特征、知识接收方以及转移情境等四个构面展开。其中，苏兰斯基（2000）认为内部黏滞性（internal stickiness）对知识转移存在阻碍作用，所谓内部黏滞性是指组织内部知识转移过程中发生的特殊方案、费用超支以及转移结果未达预期目标所形成的阻碍作用。舒尔茨（Schulz，2001）研究发现知识载体的知识存量、知识创造都对组织内部的知识转移形式存在显著的影响效应。蔡文彬（Tsai，2001）从知识转移网络的中心性以及知识接收方吸收能力的角度研究了组织内部知识转移的问题，并指出网络中心度以及吸收能力对知识转移具有正向的促进作用。卡明斯和滕炳生（2003）基于以往的研究整合知识转移影响因素，将知识转移载体以知识转移影响因素进行结合，并将转移情境纳入研究模型之中，通过实证研究发现组织内部的知识转移行为不仅仅能够直接影响知识转移绩效，还对其他因素具有调节效应，而知识特征、转移情境中的制度差异以及知识转移机制都对知识转移绩效也存在显著的影响效应。

跨组织间的知识转移已然成为知识管理研究领域的热点话题，本研究也重点在于产学研跨组织的知识转移，目前，学者们从多个视角对知识转移展开了探讨，并形成了不同的见解。有些学者从组织的角度提出，由于组织自身并不具备对外部感知的能力。故而组织间的知识转移依赖于组织成员完成；也有学者指出，虽然组织的知识转移有赖于组织成员完成，但是个体对于知识的学习和吸收并不代表组织间的知识转移，因为个体吸收外部知识之后，仍然需要通过组织成员的学习，将个人的隐性知识转化为其他成员的隐性知识，并进一步组合化形成组织的共有惯例。阿尔戈特（Argote，1999）整合上述两种观点，提出跨组织知识转移既能够通过组织成员个体完成，同时也能够通过组织的产出（例如，产品、出版物等）进行转移。

跨组织知识转移一般是指组织间的知识转移，换言之，知识转移的过程涉及不同的主体，而主体可能是企业，也可能是高校、科研院所等非营利性组织，此种知识转移的形式主要包括项目合作、共同研发、模仿、知识溢出以及正式的交流。以往研究主要关注校企间的技术研发、人才培养以及技术转让等，而企业间的知识转移主要涉及企业战略联盟、购并、共同出资组建新企业等（Hamel，1991；Baum and Ingram，1998；Pak and Park，2004）。巴达拉科与约瑟夫（Badaracco and Joseph，1991）指出企业之间的战略联盟为其双方的知识转移提供了必要的条件基础。实证研究也表明企业联盟形成的重要原因就是为企业提供知识资源充足的知识源，并有助于知识转移的完成（Argote and Ingram，2000）。杨素克和杨瑞尔（Young-Suhk and Young-Ryeol，2004）以韩国的制造业为样本进行研究发现影响企业跨组织知识转移的因素能够归纳为知识特征因素和关系因素两方面。肖小勇（2009）从网络视角对企业跨组织知识转移进行了实证研究，并发现以组织学习为动机的企业合作关系网络中，网络聚合程度对知识源知识转移动机具有正向促进作用，知识接收方的合作范围对其自身的知识吸收能够存在正向影响效应。

四、知识转移测量

知识转移的测度方式多种多样，管理人员、组织成员以及组织合作者都能够成为评估知识转移绩效的指标（Smith，2001）。阿迪奇维利（Ardichvili，2003）认为知识转移能够通过行为的正向结果进行测度，测度主要通过如下几个方面进行：能否有助于新员工高效地融入组织；能否有助于不同的团队之间的交流；以及能否为组织提供更多的经过检验的经验。

定性研究方面，史密斯（Smith，2001）曾指出隐性知识的转移需要通过绩效表征，而显性的知识转移的测度有赖于有形的工作成果。赫歇尔等（Herschel et al.，2001）则认为不论显性知识还是隐性知识，其转移的最核心测度因子应该是"理解"，换言之，被转移的知识的解码应该发生于知识接收方所熟悉和了解的情境下。奥德尔等（O'Dell et al., 1999）认为知识应该产品化，并指出知识转移的测度可以以收入增长，产品研发周期减短，以及知识的二次整合利用为表征。

  定量研究方面，伊利·伦科等（Yli-Renko et al., 2001）从社会资本的角度用4个指标测度知识转移，能够从关键客户处得到市场知识、需求趋势、技术知识等。卡明斯和滕炳生（2003）认为知识转移以知识成功地从知识源向知识接收方传递为目标，并以成功知识转移为结果变量。而且还从技术的角度对知识转移测度进行了维度划分：规定时间知识转移完成量；知识接收方是否满意知识转移；知识转移能否促进知识接收方新知识的创造；知识接收方是否满意知识源承诺的知识转移。罗斯（Roth, 2003）认为新知识的创造应该通过完善组织共享文化，以知识的共享推动知识创造。奥特森（Otterson, 2005）则介绍了如何以目标为导向测量知识转移。如何检验知识转移是否成功？组织成员学习知识的主动性如何评估？应该以知识转移发生前的知识为基准，对知识转移发生的增量进行测量。拉马萨米（Ramasamy, 2006）在研究关系与知识转移的关系过程中，将知识转移的测量按照如下5个题项进行：对方愿意与我们分享知识；对方不对我们设防；我们能够与对方在任何地方进行自由讨论；我们能够很容易地对对方行为活动进行观察和参观；对方能够像我们提供大量的信息。毛雷尔等（Maurer et al., 2011）以知识转移为中介变量，对社会资本对企业绩效的影响进行了研究，在研究中将所转移的知识划分为市场知识和技术知识两类，其中，对市场知识的测度使用了如下两个指标：与团队外的同事进行了市场方面的讨论；团队外同事通过本团队获得了大量的关于市场方面的信息。而对于技术知识则采用了3个指标测度：与团队外的同事进行了项目中新思想的讨论；与团队外的同事进行了新技术和新产品方面的探讨；所参与的项目积极推动了新产品和技术的发展。张志勇等（2007）认为可以以知识转移过程中转移的范围和知识富裕程度来度量知识量以及知识转移效果。彭伟、邹晓（2009），曾凯、彭伟（2010）也认为知识转移涉及所转移知识的范畴、所转移知识的深度极其宽泛程度三个维度，其中知识宽度是指所转移知识的丰富程度，知识深度是指单一领域中所包含的知识量。

从上述研究视角发现，对于知识转移的界定主要涉及以下几个方面：（1）知识源发送知识的容易度；（2）知识转移对于知识接收方的有用性；（3）知识转移对于知识接收方的满意程度；（4）知识转移过程的成本与速度。

第三节　产学研知识转移影响因素的相关研究

知识转移研究已然成为知识管理领域和创新管理领域的热点研究问题，众多国内外学者以知识转移过程为出发点，对其个体层面、团队层面以及跨组织层面转移的情境以及影响要素开展了大量的研究。而影响因素相关研究方面，最初的研究者将注意力聚焦于所转移知识的特征方面，认为知识特征对知识转移存在重要的影响作用。其中，科古特和赞德（Kogut and Zander，1992）研究发现所转移知识的内隐性和可表达性对于知识转移存在影响作用，内隐性的强弱直接影响了知识的可编码性和可视程度，最后将对知识转移产生相应的作用效果。苏兰斯基（1996，2000）以知识特征、知识源、知识接收方以及知识转移情境为自变量，对知识转移进行了研究，得出知识的模糊性对知识转移存在消极的影响作用；知识源的"转移激励"和"可靠性"与知识转移正相关；知识接收方的"知识接收激励""知识吸收能力"等因素也正向影响知识转移；另外，知识转移的情境也对知识转移存在影响效果。西蒙宁（1999）着重强调导致知识模糊性的因素，例如知识缄默、知识复杂性、组织惯例以及双方间的文化和组织差异性如何影响技术知识转移进行了探索。阿尔戈特（1999）也进一步证实了知识源与知识接收方的自身特征及其关系、知识特征和转移情境对知识转移存在影响作用。知识转移影响因素研究方面，更多的学者从要素观的角度入手。苏兰斯基（1996）将知识转移基本要素归纳为知识源、知识、知识接收方以及情境四个方面，并指出四类要素通过相互间的作用影响知识转移。

一、知识特征

赞德（Zander，1991，1995）对知识特征进行了细致的剖析，并指出知识的内隐性以及其他一些特征对知识转移过程存在影响作用，苏兰斯基（1996）也持相同观点。阿拉维和莱德纳（Alavi and Leidner，2001）对所转移知识的隐性、复杂性和可传递性以及系统依赖程度等特征进行了研究。野中郁次郎和竹内弘高（Nonaka and Takeuchi，1995）认为隐性知识属于个人化程度比较高的知识类型，规范化程度不高，所以也难以传递。

国内学者针对知识特征对知识转移的影响展开了大量的探索。其中，陈菲琼（2001）则以跨国企业为样本，指出知识的模糊性是影响知识转移的重要原因；肖小勇和文亚青（2005）针对跨组织间知识转移影响因素的剖析，进一步指出知识模糊性通过作用于知识利用影响知识转移，而知识的有效性则通过影响转移动机对知识转移产生影响；吴勇慧（2004）将影响因素归纳为知识的内隐性、知识源与知识接收方间的知识距离以及知识源对于知识的保护程度；胡汉辉和潘安成（2006）指出知识因为分散以及信息的不对称特性，所以知识转移成为企业竞争优势的核心。

综合上述学者的研究，不难发现，以是否具有可编码性，可以将知识划分为可编码知识和不可编码知识。显然可编码化的知识对于知识的扩散和传播更加有力，知识的广度和深度等结构性属性对知识转移的速度和效果也具有比较显著的影响效应。

二、知识转移主体能力

转移主体既包括知识源，也涵盖知识接收方。而转移主体方面的影响因素主要包括参与转移的动机、知识的编码和解码能力、知识源的可信度以及双方的沟通能力等。根据凯利（Kelley，1972）的归因理论（attribution theory），知识接收方一般而言会积极评判知识源的知识表述是否准确以及知识源的诚信水平。阿罗（Arrow，1971）构建的知识源可信任性以及知识接收方解码信息的能力对知识转移起到重要的作用。阿拉德瓦尼（Aladwani，2002）通过实证研究进一步证实了知识接收方吸收能力与知识转移显著正相关。

苏兰斯基（1996）指出只有转移的知识能够存储下来，才能够成为有效的知识转移，并以实证研究的方法验证了知识源转移动机缺乏对知识转移具有显著影响，并显示知识接收方吸收能力以及双方之间的关系都对知识转移有影响。东吉尔等（Dong-Gil et al.，2005）认为知识转移动机应该区分为外部动机和内部动机两方面，进一步，奥斯特洛和弗雷（Osterloh and Frey，2000）发现隐性知识的转移更加依赖于内部动机的推动。王毅和吴贵生（2001）分析了产学研合作知识转移的知识源转移动机、知识保护意识以及对知识接收方的信任程度以及知识接收方的动机及其吸收能力对产学研知识转移的影响，并以清华大学某科技成果转化为事例，对模型的可靠性进行了验证。苏延云（2006）也认为知识转移过程的参与者的知识释放能力和知识吸收能力、双方的关系紧密程度以及认知结构差异都是影响知识转移的主要原因。

综上所述，知识源的转移意愿以及释放能力（编码能力）和知识接收方的学习意愿、知识吸收能力是目前学术界公认的知识转移主要影响因素。另外，知识源与知识接收方的知识存量某种程度上对知识源的信息编码能力和知识接收方的信息解码和吸收能力存在影响，以及双方间的关系紧密程度也对知识转移有影响。

三、知识转移媒介与转移情境

知识转移媒介的研究相对于转移参与主体而言，学者们涉略不多，大部分学者还主要集中于知识转移的手段上。普遍认为面对面的知识转移方式最佳。阿尔比诺等（Albino et al.，1999）认为知识转移媒介是指能够传输和转移信息、数据的方法。从结构视角来看，知识转移媒介包含两个组件，信息编码以及转移通道，而知识转移媒介主要取决于该两个组件的结合程度，知识转移媒介的评价主要从深度和广度来考虑。当知识转移媒介具有良好的广度与深度时，能够很好地降低知识转移的不确定性以及模糊性，从而保障知识在"量"和"质"上完成高水平转移。金（Kim，2000）从交易的角度将识转移媒介划分为市场媒介和非市场媒介两类，并以知识源态度为抓手，基于知识转移媒介以及知识源特征两个维度对知识转移机制进行了研究。霍尔瑟姆和考特尼（Holtham and Courtney，2001）对知识转移渠道进行了研究，并将其划分为个体与非个体渠道，正式与非正式渠道。汪应洛和李勖（2002）认为知识转移存在两种途径，即语言调制方式以及知识转移联结学习。徐占忱和何明升（2005）也指出转移媒介对于知识转移具有阻碍作用。

知识转移另一个备受学者关注的影响因素就是情境。知识源与知识接收方双方具有不同的组织文化，甚至可能处于不同的社会文化背景下（比如，跨国知识转移），同时，认知结构和技术特长方面的匹配性和差异性也会直接影响知识转移。另外，组织内部过往经验和惯例以及高层的态度也对知识转移有显著影响。表 2-1 中详细展示了国外学者对于转移情境研究的情况。

表 2-1　　　　　　　　国外学者情境因素研究情况

情境因素	知识转移的情境研究焦点
文化	社会文化性和制度性距离（Adler, 1995；Kostova, 1999）； 文化距离（O'Dell and Grayson, 1998；Simonin, 1999）； 知识与组织文化的匹配性（Kostova, 1999）
组织结构与组织技能	组织结构（Davidson, 1983）； 组织单元之间的关系和交流（Hansen, 1990；Appleyard, 1996）； 知识传播渠道（Gupta and Govindarajan, 2000）； 组织激励（Szulanski, 1996；Gupta and Govindarajan, 2000）； 企业转移知识的经历（Teece, 1977；Simonin, 1999）； 员工技能（Buckley and Carter, 1999）
外部环境	产业特性（Zander, 1991；Si and Bruton, 1990；Appleyard, 1996；Barkema and Vermeulen, 1998）； 企业所处的社会文化环境（Hofstede, 1984）

资料来源：笔者根据文献整理。

表 2-1 显示文化是知识转移情境的重要因素构成，企业内部文化是否激励创新、重视人才与知识的作用以及对成员发展个人网络关系的支持程度在某种程度上都对知识转移绩效存在重要的影响。阿布·泽伊德（Abou-Zeid, 2002）根据以往的研究，构建了组织文化差异影响知识转移的分析框架。徐占忱和何明升（2005）指出知识转移中，参与主体由于存在明显的组织文化、知识结构体系等方面的差异，导致双方存在匹配的问题，一般而言，文化背景、知识结构和认知结构相似度越高，知识转移则越高。徐笑君和王园园（2008）基于 Hofstede 民族文化观点对文化与跨国企业内部知识转移影响进行了分析，发现子公司与母公司所处国家的文化特征对于跨国公司知识转移具有重要影响作用。东成町等（Cho et al., 1998）认为组织间的合作有利

于组织隐性知识转移，而影响隐性知识转移的重要因素是合作双方间的组织文化，以及国家社会文化之间的差异。换言之，合作联盟内知识转移有效性的提升必须依赖于双方合作协议中关于争议和文化冲突的解决机制。

综上所述，知识特征、知识转移主体以及转移情境构成了影响知识转移的重要因素。知识具有内隐性、嵌入性、复杂性以及作用的不可证明性等特征，从而使得知识源的转移意愿称成为动知识转移完成的原动力，但是参与主体对于知识的释放能力和吸收能力的不匹配导致了知识转移过程中存在"噪音"，进而使知识转移的有效性有所下降。企业以吸收所转移的知识为基础进行知识创造，并应用于企业生产经营活动。但是，知识转移也存在风险和交易成本，风险即来自市场，同时知识流转过程中的风险也不容忽视。知识的拥有者违约中断知识转移协议而单方面停止知识的转移，另外，知识转移还可能导致知识源知识的流逝。基于此，本书提炼出知识转移的影响因素包括如下几个部分：知识特征（内隐性、复杂性）、知识源知识转移意愿以及知识释放能力、知识接收方解码能力（学习意愿、吸收能力）以及知识转移情境（关系强度）。

第四节 合作主体差异性的相关研究

一、合作主体差异性内涵

合作主体差异性最早见于派克（Parkhe，1991）关于战略联盟的研究。战略联盟作为重要的合作创新模式，能够有效地促进组织间知识转移，尤其对于管理经验、企业文化以及技术诀窍等隐性知识的转移更加具有推动力。派克（1991）指出战略联盟企业之间在某些方面的差异容易影响联盟成员间的交流，进而对整个战略联盟的持续与发展造成至关重要的影响。派克（1991）将此种差异定义为"Interorganizational Difference（组织差异）"，并按照参与联盟的动机以及伙伴特征将合作主体差异性划分为两种：一种是能够阻挠联盟成员间交流、知识转移的合作伙伴特征差异；另一种是有利于联盟形成、持续和发展的差异化互补性资源。虽然对合作主体差异性进行了定义，但是对于合作主体差异性所包含的内涵却并未有清晰的认识。

组织间合作相关研究者基于派克（1991）提出的合作主体差异性对组织间合作影响进行大量的探索，并从不同的角度对此概念进行了研究。布兰奇（Branzei，2004）指出异质创新网络是跨组织、跨制度和跨边界的不同的知识体系间的联结。该定义虽然以网络异质为标的，但是也从某个角度说明了伙伴间组织形态、所处制度环境等方面的差异，而且还特别强调网络异质的根源是知识体系的差异。布鲁雅卡（Bruyaka，2008）以产业链的角度考虑，认为联盟成员可能来源于整个产业链的上游、中游及下游，换言之，企业与产业链中不同位置的企业展开合作时，合作主体差异性就将对其合作产生影响效应。菲尔普斯（Phelps，2010）认为联盟中的合作主体差异性主要来源于主体间技术的差异化，并从技术差异化的角度，对企业联盟网络结构及其网络构成要素对于探索性创新的影响进行了实证研究，发现联盟间技术差异化对于企业探索性创新具有显著的影响效应。而林海英（Lin，2012）则从互补性的角度研究联盟成员的合作，认为联盟形成的动机主要在于通过合作获得互补性资源，因此将主体差异性聚焦于联盟成员的互补性能力，并以此认识为基础，将联盟中广泛多样的互补性能力和资源纳入主体差异性概念之中。而崔安娜和奥康纳（Cui and O'Connor，2012）参照菲尔普斯（2010）的观点，通过对联盟组合的研究，指出合作主体差异性的根源在于资源的差异性，并在研究中着重强调企业能够从不同的伙伴之间通过学习和转移进行资源的获取和整合，进而提升企业自主创新能力。同样，江瑞华等（Jiang et al., 2010）则将合作主体差异性界定为伙伴间在资源、能力、知识结构和技术等方面的差异。

综合上述研究者对于合作主体差异性的定义，能够发现虽然学术界普遍认可合作主体差异性这一概念并进行了积极有益的探索，但是对于概念的界定仍然存在不准确、不清晰的问题。理论方面的共识尚未形成，概念的解构和测度也未形成统一的标准。但是也不可否认，在众多研究中仍然形成了许多基本的一致性认识：

（1）以合作创新中存在知识和资源转移行为的组织间的关系为描述对象。从现有研究来看，合作主体差异性主要以创新网络、联盟为视角。概念模糊，共同认识也未形成，所以有必要从更好的视角对合作主体差异性概念进行探索。虽然现有的研究视角有所差异，但是都强调主体差异性来源于主体间的交互，本质都属于知识、技术以及资源的跨组织转移范畴，所以本研究基于合作创新的视角重新审视主体间的差异化。

（2）存在双边关系和网络关系两种研究层次。网络以双边关系为基本单元，所以双边关系也成为研究者研究和分析组织关系的基础研究层次。同样，合作主体差异性研究以双边关系为发端，重点聚焦于研究对象与某一伙伴之间的差异。伴随着创新网络以及合作联盟研究的繁荣，众多研究者开始关注以中心企业为核心，其他联盟成员为节点的网络结构，在网络中中心企业往往拥有多个合作伙伴，存在多边关系，至此研究从双边关系发展延伸到网络关系（Wuyts, Dutta, 2014）。

（3）合作主体差异性的核心本质是主体间资源的差异。合作主体差异性多体现于主体的属性及其维度方面，例如，组织知识存量差异、技术领域差异、文化背景和制度环境差异、能力差异等。显然，上述关于组织属性及其维度均为其内部资源的表现形式，而跨组织合作以获取所需的知识、技术和能力等稀缺资源。因而从资源基础理论视角界定伙伴异质性，可能促使概念更加清晰，且其可操作性可能更强。

有鉴于此，本研究参考派克（1991）的定义，借鉴林海英（2012）的想法，认为合作主体差异性是指合作创新之中多个主体之间知识技术能力、目标等组织资源和特征方面的差异。

二、合作主体差异性维度

上述学者对于合作主体差异性的界定既有从能力差异、知识存量差异和知识结构差异等抽象角度考虑，也有通过技术领域差异性等较为具体内容进行定义。定义的不同，必然导致对于概念的解构不同，而概念的构念解构不同，同时也深深制约了该研究领域的推进。本研究试图以目前已有的合作主体差异性维度与测度为基础，期望对合作主体差异性概念进行比较科学的划分。

派克（1991）从能否促进绩效的提升角度将合作主体差异性划分为两个维度，毫无疑问，此种划分为合作伙伴研究提供了一个全新的视角，也为后续研究打下了坚实的理论基础。经过20多年的发展，国内外对于合作主体差异性的维度划分已经取得了丰硕的成果（见表2-2），从表2-2中能够看出，关于合作主体差异性维度划分呈现两种发展趋势。

表2-2　以往学者对合作主体差异性维度划分

作者	维度划分
Parkhe（1991）	有益的差异；有害的差异
Tijssen（1998）；Teijesen（2011）	组织属性差异

续表

作者	维度划分
Goerzen and Beamish（2005）	国家差异、地区差异、产业差异
Bruyaka（2008）	基于产业链视角的组织属性差异
Sammarra and Biggiero（2008）	知识差异
Jiang et al.（2010）	组织属性差异、产业差异、国家差异
Duysters and Lokshin（2011）	国家差异、组织属性差异
Duysters et al.（2012）	市场差异、产品差异、产业差异、组织属性差异、合作伙伴数量差异
Corsaro et al.（2012）	目标差异、知识基础差异、能力差异、洞察力差异、网络位置差异、文化差异
Lin（2012）	组织属性差异、文化差异
Raesfeld（2012）	价值链互补性（基于组织类型）、技术差异（基于产业类型）
Cui and O'Connor（2012）	资源差异（基于产业类型）

资料来源：笔者通过文献整理所得。

（1）基于合作目标，将合作主体间的转移的知识、技术、资源的差异性囊括到合作主体差异性维度之中，形成单一维度或者多维度构念（Sampson，2007；Sammarra and Biggiero，2008；Phelps，2010；Corsaro，Cantu and Tunisini，2012；Cui and O'Connor，2012；Wuyts and Dutta，2014）。

（2）基于合作主体的具体特征，聚焦于伙伴的组织类型、行业背景、地理位置、文化背景以及市场定位等因素，并且认为上述特征能够对合作主体之间的差异进行区分，进而形成单一维度或者多维度划分，其中，主要包括行业差异（Goerzen and Beamish，2005；Lin，2012）；主体属性差异（Tijssen，1998；Bruyaka，2008；Teijesen，Patel and Covin，2011；Duysters and Lokshin，2011；Lin，2012）；文化差异

(Corsaro et al.,2012);国家差异(Goerzen and Beamish,2005;Lavie and Miller,2008;Zhang,Li,Li,Zhou,2010;Duysters and Lokshin,2011);市场差异(Duysters et al.,2012)等。

而本书研究认为产学研合作的目的在于主体获取互补性资源(既包括知识和技术方面,也包括能力及其他方面),从某种程度而言,与第一种趋势有异曲同工之妙,但是第一种趋势也仅仅是如派克(1991)一般只关注了主体差异的有利方面,而忽视了影响产学研合作的有害的主体差异。因此,本书研究更加专注于第二种趋势,也既是从主体间的特征。因为对于产学研知识转移而言,重点需要解决的问题就是合作主体差异性对其的阻碍作用。既关注主体间的差异性,也关注合作主体差异性对知识转移的正向以及反向作用。然而,按照第二种趋势进行的合作主体差异性维度划分也并非完全准确,从已有的研究情况来看,这类维度划分标准仍然有欠统一性,这必然使得合作主体差异性构念深度研究造成阻碍,因此有必要对目前的维度进行分析与总结。通过深入分析之后,本研究发现目前的维度划分主要存在如下三个方面:(1)合作主体类型异质性。针对伙伴组织类型的划分,已有的研究存在若干种标准,布鲁雅卡(2008)以产业生态链所处的位置为依据将伙伴划分为原材料供应商、产品生产制造商以及商品经销商;蒂森(Tijssen,1998)和江瑞华等(2010)按照组织所有制性质将伙伴划分为公有性和私营性。按照布鲁雅卡(2008)的思想,众多学者又进一步将合作伙伴细分为用户、经销零售商、制造商、原材料供应商、高等学校、科研院所、政府部门以及中介机构等(Duysters and Lokshin,2011;Terjesen et al.,2011;Lin,2012;Duysters et al.,2012;Cui and O'Connor,2012)。(2)知识技术差异。产学研合作主要目的在于完成高校与企业组织间的知识和技术转移,因此,许多学者认为合作主体差异性的维度应该密切关注知识和技术方面。桑普森(Sampson,2007)和菲尔普斯(2010)以及威兹与杜塔

(Wuyts and Dutta，2012）从专利的视角界定伙伴技术领域，并以此为判断依据进行技术差异分析。而萨特纳玛拉和比吉耶罗（Satnmarra and Biggiero，2008）则认为合作过程中，组织间进行的知识转移不仅仅包括技术型知识，还应该包括市场知识以及管理方面的知识，所以他们认为知识差异体现为技术、市场和管理等三种类型的知识差异。（3）地理差异。地域文化和经济水平的差异导致不同地理环境下的组织之间也存在比较大的差异性，以至于对其合作产生影响效应。戈尔岑和比米什（Goerzen and Beamish，2005）认为地理差异包括地区差异和国家差异等两种类型，地区异质性主要是指同一国家之中属于不同地区的组织之间的差异，例如，华南地区的企业与华北地区高校之间的合作，显然其差异程度相较于跨国家合作而言，微不足道，故而，学者们大多数选择聚焦于国家之间的差异（Goerzen and Beamish，2005；Lavie and Miller，2008；Jiang et al.，2010；Zhang et al.，2010；Duysters and Lokshin，2011）。

另外，从战略管理研究视角来看，戈尔岑和比米什（2005）认为产品多样性、地理多样性、企业规模、文化资本以及营利能力等都具有主体差异属性，并且都能够对企业绩效产生影响作用。铂尔曼等（Bohlmann et al.，2010）对不同的网络连接产生的结构性异质和人际交流的差异形成的关系差异进行了区分。同样，巴洛等（Barlow et al.，2006）发现创新网络中存在七个要素能够对创新产出形成影响：明确的用户群体、组织和政策环境、本地支持框架、项目管理方法、项目复杂程度、提出创新的证据以及组织文化。一般来说，创新网络研究者们认为不同参与者之间的相互作用主要通过价值观、角色期望、激励机制和目标（Siegel，Waldman and Link，2003）的差异；语言、理解能力和文化的差异（Barnes，Pashby and Gibbons，2002）；以及实践的差异（Carlile，2002）来标示。然而，即使学者们都认为创新网络的多样性对创新过程具有重要作用，但是对于具体的影响方向却无法达成一致性认识。有学者认为通过诱发冲突，沟通问题，稀有的社会融合以及降低信任，差异能够对企业产生负面的影响，并对个体、团队和企业绩效产生阻碍作用（Hambrick，Cho and Chen，1996；Miller et al.，1998）。合作主体差异性其实会引起成员间的沟通和协调冲突，"搭便车"行为以及路径依赖导致失败。由此可见，企业应该选择与其相类似的伙伴展开合作（Goerzen and Beamish，2005）。另外，也有学者认为合作主体差异性对于合作具有正向的影响（Beckman and Haunschild，2002），并认为合作主体差异性有助于创造力的培育，从而使创新网络内部的互动更加具有成效（Amabile，1996）。

国内方面，姚威（2009）在研究产学研合作中知识创造的过程中，将企业与学研机构之间的主体差异性界定为组织距离，指出企业与学研机构的组织距离是影响知识创造的重要因素，并且将组织距离划分为战略目标相似性、文化距离、知识距离、物理距离四个维度进行刻画。王涛（2012）将合作主体差异性划分为组织距离、关系距离和知识距离三个方面研究其对知识转移的影响。

通过对创新合作主体差异性相关文献的深度分析，发现创新合作主体差异性划分方式众多，但是归结起来大概包括如下6类：参与者目标、知识基础、能力、观念、网络位置以及组织文化等，关于上述6类的现有研究详细如表2-3所示。

表2-3　　　　　　　　合作主体差异性及其属性

作者	组织差异特征	影响
Ruekert and Orville（1987）	目标	相同的目标利于增强关系的效率
Perks and Jeffery（2006）	目标	共同分享创新目标
Nieto and Santamaria（2007）	目标	合作伙伴多样性对于产品创新具有积极影响

续表

作者	组织差异特征	影响
Medlin (2003)	目标和认知	组织差异影响关系绩效
Westerlund and Rajala (2010)	学习导向：探索性和利用性	不同的学习导向对于创新网络存在不同的影响
Rycroft (2007)	知识和经验	组织差异不能提高全球化创新和全球化进度
(Hargadon and Sutton, 1997; Pelled, Eisenhardt and Xin, 1999; Rodan and Galunic, 2004)	知识基础	组织差异对于绩效具有促进作用
Stuart (1998)	知识基础	较高的相似性导致更高的合作倾向
Samarra and Biggiero (2008)	知识基础	组织差异促进合作创新
Amabile (1996)	知识基础	组织差异促进创新
(Hargadon, 1998; Hoppe and Ozdenoren, 2005; Howells, 2006; Winch and Courtney, 2007)	信息	组织差异导致中介机构和经纪人的出现
Rycroft and Kash (2002)	核心能力	组织差异导致冲突和不确定性
Frenken (2000)	能力	合作伙伴间的互补性能力促进创新的成功
Baum, Calabrese, and Silverman (2000)	能力	联盟网络成员多样性带来更好的初始绩效
Lee (2010)	执行既定任务的能力	组织绩效差异影响位置不对称和创新绩效
Beckman and Haunschild (2002)	并购经验	组织差异导致更高的战略联盟效率

续表

作者	组织差异特征	影响
Darr and Kurtzberg（2000）	商业战略相似性；战略认知差异；客户相似性	商业战略相似性有利于知识转移；组织倾向于与潜在知识转移体结盟
Nieto and Santamaría（2010）	企业规模；产出类型；权力	多样性对于小企业和产品创新更重要
Rampersad et al.（2010）	权力	组织差异影响创新网络的和谐与协调
De Propris（2002）	议价能力；胜任力	组织差异影响收益以及供应商的可置换性
Dhanaraj and Parkhe（2006）	位置与权力	组织差异影响价值实现策略
Carlile（2002）	Syntactic boundaries, semantic boundaries, pragmatic boundaries	多样性影响沟通和创新
Siegel et al.（2003）	产学研合作的认知	多样性影响生产技术转移
Kaplan and Tripsas（2008）	技术框架	多样性可能导致交互影响问题和冲突的产生
（Brown and Duguid, 1991; Powell et al., 1996）	问题和解决方案的认知	同质性促进交流与进一步的学习
Corsaro and Snehota（2011）	问题和解决方案的认知	组织差异在特定情况下具有积极作用
Chen, Tsou, and Ching（2011）	文化	文化差异影响创新
Emden, Calantone, and Droge（2006）	文化	组织差异容易引起冲突
Burt（1992）	合作伙伴背景和经验	组织差异能够提供多样化样本信息

续表

作者	组织差异特征	影响
(Human and Provan, 1997; Ostgaard and Birley, 1994)	个人网络	组织差异导致不同的经济关系和战略选择
Bucklin and Sengupta (1993)	先期的业务关系	多样性影响创新扩散
Bohlmann et al. (2010)	结构异质和关系差异	组织差异影响专利扩散
Barlow et al. (2006)	明确的用户群体、组织和政策环境、本地支持框架、项目管理方法、项目复杂程度、提出创新的证据以及组织文化	利益相关者的多样性有利于计划和创新的实现；多样性可用于战略和运营两个层面
Goerzen and Beamish (2005)	联盟网络；组织关系公平性	同质性导致更高的绩效

资料来源：笔者通过文献整理所得。

第一个类型：合作目标差异。组织管理人员根据其组织特定的影响创新产出的目标配置战略网络（Kash and Rycroft, 2002; Madhavan, Koka, and Prescott, 1998; Storbacka and Nenonen, 2011）。涅托和圣玛丽亚（Nieto and Santamaria, 2007）表明合作伙伴特征及目标的不同将产生不同的绩效。不同的利益相关者往往存在相互矛盾的目标、战略重点和需求（Harrison and John, 1996）。在具有集体主义倾向的创新网络中，网络成员都在为共同的网络目标而努力（Perks and Jeffery, 2006），相反，存在中心点的创新网络中，核心成员为实现自身的目标而对整个网络进行协调（Dhanaraj and Parkhe, 2006; Perks and Jeffery, 2006）。但是由于合作伙伴间目标的差异而产生冲突。有时此种目标的差异可能导致较大的误解和分歧，并使合作关系紧张，进而进一步使情况恶化（Baraldi and Strömsten, 2009）。领域的相似性以及目标的兼容性均被认为对于组织间的关系效率具有强化作用（Ruekert and Orville, 1987）。

第二个类型：知识技术差异。有学者认为创新网络中主体知识差异对于创新绩效具有正向影响作用（Hargadon and Sutton, 1997; Pelled et al., 1999; Rodan and Galunic, 2004）。事实上，多样性确实有利于认知资源的增加，拓宽视角的广度以及解决问题的能力（Hambrick et al., 1996），并且，还指出不同的学习取向能够刺激创新网络的进程（Westerlund and Rajala, 2010）。也有学者认为具有类似知识技术的合作伙伴往往具有更高的合作意向（Stuart, 1998），并且更加倾向于相互信任和理解，从而减少其组织间合作的搜索和交易成本。知识技术差异容易形成信息的不对称，而信息的不对称也意味着需要中介机构参与创新网络（Hargadon, 1998; Howells, 2006）。

第三个类型：能力差异。合作伙伴间创新与学习方面的能力也存在差异（Cohen and Levinthal, 1990）。换言之，执行特定任务的能力之间存在差异（Lee, 2010），在相关的领域中，高品质的合作伙伴能够达成更高水平的绩效。研究者们已经证实合作伙伴（高校、科研院所、竞争对手等）能力的多样性有利于促进联盟的初始绩效（Baum et al., 2000）。根据弗伦肯（Frenken, 2000）的研究，成功的创新有赖于生产商、用户和政府机构等网络成员能力的互补性。对于创新的成功，网络成员的能力应该相辅相成，以弥补其知识基础的不足。

第四个类型：观念差异。创新网络层面的观念应该包括不同网络参与者的观念（Rampersad et al., 2010）。创新与联盟的相关实际的描述及其解释息息相关（Hakansson and Olsen, 2011），即使发生错位也不一定总是对关系发展形成消极影响（Corsaro and Snehota, 2011）。不同的网络参与者（例如，职业经理人和企业家，高校管理者，科学家等）对于产学研合作的技术转让输出方面存在不同的看法（Siegel et al., 2003）。观念的差异可能涉及成功的转移中的技术转移网络、组织管理阻碍的关系，以及技术创新过程中可能的改进。观念差异也可能存在于其他网络成员相关业务所涉及的参与者（Baum et al.,

2005；Henneberg, Mouzas and Naude, 2006）。卡普兰和特里帕斯（Kaplan and Tripsas, 2008）认为创新网络中参与者认知视角各不相同，并且阐明这些不同的认知视角如何影响预期技术产出。特别地，他们证明了制造商、用户和机构间的相互作用促进了新技术的共同框架下的发展。制造商、用户和机构参与者的技术框架都期望其对技术演进的理解得到尊重，因为他们的技术框架很可能是多种多样的，这些参与者之间的相互作用可能存在冲突和矛盾。故而，参与者可以有目的性地采取行动在其优势领域塑造技术框架（Kaplan and Tripsas, 2008：791）。合作目的主要在于建立超越任何单独个体的共同的愿景（Chrislip and Larson, 1994），作为理解问题和解决问题的共识极大地促进参与者之间的交流和进一步学习（Brown and Duguid, 1991；Powell et al., 1996）。

第五个类型：网络位置差异。创新网络能够通过信息流通与共享，以及引起权力与控制失衡的网络成员位置差异影响其内部成员的行为。位于中介位置的参与者能够优先获得信息来源，因此能够控制信息的流入（Burt, 1992）。网络成员权力分布差异对创新网络的战略和谐性、协调性都存在影响（Rampersad et al., 2010）。根据德普里普里斯（De Propris, 2002）的观点，由于买方议价能力强于卖方及其胜任力方面的不对称性，增长了创新网络中买方与卖方的不对称性。在创新网络中，存在某个参与者主导其他参与者的风险，尤其是在创新过程中某个参与者的贡献超过了其他成员的情况下（Håkansson and Snehota, 1995）。例如，达纳拉吉和派克（Dhanaraj and Parkhe, 2006）探索了创新网络中协调性参与者的作用，认为处于网络结构中心位置的参与者往往能够利用其优势地位，保障价值的公平分配，通过聚焦信任、程序公平以及联合资产所有权调节专有性关注点。

第六个类型：文化差异。具有兼容性的文化以及积极分享的经验往往有利于促进合作并强化其影响作用（Chen et al., 2011）。联盟内部的关系主要体现于文化的兼容性,因为兼容性文化让他们更加容易克服双方间的冲突,从而提高彼此理解的可能性以及朝着共同目标努力的倾向性(Emden et al., 2006)。巴克林和圣古塔(Bucklin and Sengupta, 1993)提出合作伙伴匹配的基础是组织间的兼容性以及先期业务关系基础,组织兼容性方面包括合作伙伴互补性理念和文化,而先期业务关系基础则主要指某个时期的潜在合作伙伴评估兼容性和辨析一般性相似。与文化因素息息相关的是网络中合作伙伴背景与经验的多样性,因为能够为组织学习提供多样性的样本信息(Burt, 1992),正如战略选择一样,不同的网络带来不同的经济关系(Ostgaard and Birley, 1994)。

三、合作主体差异性实证研究

(一)合作主体差异性前因变量研究

关于合作主体差异性的影响因素研究相对较少,已有的研究主要从以往合作经验以及组织战略导向等视角展开。鲍威尔等(Powell et al., 1996)从组织学习的视角入手,研究发现企业以往合作经验对于合作伙伴的选择具有重要的影响作用。而达克斯和洛辛(Duysters and Lokshin, 2011)则认为企业的战略导向是影响合作主体差异性的重要因子。林海英(2012)总结上述两种看法,将以往合作经验和组织战略导向作为影响合作主体差异性的前因变量。

在创新网络中,网络成员对于合作伙伴的选择往往受到以往合作经验的影响,比较倾向于同有合作历史的组织展开合作创新。鲍威尔等(1996)对生物技术行业的创新网络中组织学习对跨组织合作创新的影响展开了详细的探讨,以创新网络中关系的多样化指标衡量伙伴异质性,并以255家生物技术企业为样本,发现在创新网络中网络成员之间不仅仅存在技术知识的合作，同时还涉及管理知识的转移。而这种被转移的知识对于缓解合作主体差异性带来的冲突具有显著的作用，所以以往合作经验比较丰富的网络成员更加倾向于具有主体差异性的合作创新伙伴。达克斯和洛辛（2011）认为创新网络的复杂性主要体现在伙伴的主体差异上，并将合作伙伴根据是否属于国外机构，以及机构的属性（企业、顾客、高校）将合作主体差异性划分为国家差异和组织类型差异两个维度。突破性创新型企业和模仿创新型企业的差异也导致其对合作伙伴的不同选择标准。并通过1800多家荷兰企业的纵向数据的研究发现，突破性创新企业往往更加倾向于差异性的伙伴。林海英（2012）聚焦于跨部门和产业的合作创新主体差异性研究，通过对美国146个创新网络的研究，发现具有丰富合作创新经验的突破性创新企业对于企业选择差异性伙伴具有促进作用。首先，合作创新经验能够降低企业合作创新的交易成本，其作用原理主要来自减少跨界搜索成本和管理成本；其次，不同的战略导向通过影响其从创新网络中的资源获取影响主体差异性伙伴选择，热衷于突破性创新的企业愿意选择侧重于产业基础研究的高校与科研院所为合作伙伴。

（二）合作主体差异性结果变量研究

学术界对于合作主体差异性的结果变量主要可以包括绩效类变量和非绩效类变量。除了少数学者研究合作主体差异性对创新网络中心度（Powell et al.，1996）以及企业退出机制（Bruyaka，2008）等非绩效类变量的影响之外，主流学者都将注意力集中于企业财务绩效（Jiang et al.，2010；Zhang et al.，2010）、创新绩效（Phelps，2010；Duysters and Lokshin，2011；Cui and O'Connor，2012；Wuyts and Dutta，2012）、R&D绩效（Raesfeld et al.，2012）以及创新联盟网络绩效（Sampson，2007；Duysters et al.，2012；Lin，2012）等绩效变量。

合作主体差异性对企业财务绩效影响方面。戈尔岑和比米什

(2005）基于交易成本理论和网络理论等视角，指出创新联盟网络中伙伴国家差异、地区差异和产业差异与企业财务绩效存在倒"U"型的关系，但是在实证研究之后发现合作主体差异性与财务绩效之间却呈现正"U"型的关系，无独有偶，江瑞华等（2010）以汽车产业为样本，也发现伙伴产业差异与企业财务绩效之间呈现正"U"型关系。拉维与米勒（Lavie and Miller，2008）在研究创新联盟国际化程度与网络核心成员财务绩效的关系过程中发现，适度的国家差异有利于核心成员有效地资源获取。并以美国软件行业的330家企业创新联盟为样本，证实合作主体差异程度与企业财务绩效之间存在"S"型曲线关系，换言之，只有当国际伙伴达到一定程度的时候，其组织差异才表现出促进作用，而当国际伙伴超过一定数量时，其促进作用又转化为阻碍作用。

合作主体差异性对企业创新绩效影响方面。从目前研究来看，对于创新绩效的测度主要通过专利引用数据衡量。菲尔普斯（2010）通过对创新网络中伙伴技术距离与探索性创新关系的研究提出，双方之间的关系并不是线性的，而是呈现负二次函数的关系（或倒"U"型）。但是却并未得到实证研究的证实，结果表明伙伴知识技术差异正向影响探索性创新，并且创新网络的网络密度正向调节上述关系。同样，威兹与杜塔（Wuyts and Dutta，2012）在生物制药行业中也发现技术差异与企业创新绩效之间呈现正"U"型关系。而达克斯和洛辛（2011）以新产品市场占有率为指标衡量创新绩效，证实创新网络中合作主体差异性与企业创新绩效之间为倒"U"型关系。在此基础上，崔安娜和奥康纳（Cui and O'Connor，2012）却认为专利和新产品数量及市场占有率不足以完整的衡量企业创新绩效，并指出创新网络合作主体差异性对创新绩效的影响还受到诸多变量的调节作用，例如创新网络构成、环境不确定性等。

(三) 合作主体差异性调节作用

特耶森等 (Terjesen et al., 2011) 在研究企业制造能力与其财务绩效的关系中,认为合作主体差异性对此影响作用具有重要的调节作用。通过对英国高新技术制造业的167家样本企业的研究,发现合作主体差异性对企业运作成本与财务绩效之间存在显著的正向调节作用,而对于产品质量与财务绩效之间也存在显著的正向调节作用;地区多样化对企业运作成本与财务绩效之间存在显著的正向调节作用。

第五节 文献述评

综观已有研究,国内外学者对合作的创新网络合作主体差异性、知识转移等研究领域进行了比较丰富的探索,并且得到许多突破性进展,但是成果与问题并存,在取得成果的同时也存在许多局限性。

一、现有研究的贡献

(一) 归纳了产学研知识转移影响因素

学术界对知识转移影响因素方面的研究,主要集中于知识特征、转移主体(知识源与知识接收方)、转移情境。知识的可编码性、传导性以及复杂性对于知识转移存在着重要的作用 (Zander and Kogut, 1995; Szulanski, 1996), 而且知识的内隐性及其结构化程度亦对知识转移存在影响效应 (Nonaka and Takeuchi, 1995; Leonard, 1997; Alavi and Leidner, 2001; 陈菲琼, 2001; 肖小勇、文亚青, 2005; 左美云, 2004; 胡汉辉、潘安成, 2006), 总体而言,知识可编码性越强,知识转移将越便捷,而所转移知识的广度及其深度等结构性特征对于知识转移的效率也具有显著影响作用。知识转移主体方面,知识源的转移动机(Szulanski,1996;Osterloh and Frey,2000;Dong-Gil et al.,2005;王毅、吴贵生,2001)、可信程度以及释放能力(Arrow,1971;Szulanski,1996;王毅、吴贵生,2001;苏延云,2006)和知识接收方的接受动机(王毅、吴贵生,2001)、知识吸收能力以及知识保持能力(Arrow,1971;Aladwani,2002;苏延云,2006)是目前学术界公认的知识转移主要影响因素。另外,知识源与知识接收方的知识存量某种程度上对知识源的信息编码能力和知识接收方的信息解码和吸收能力存在影响,以及双方间的关系紧密程度也对知识转移有影响。知识转移情境方面。知识源与知识接收方双方具有不同的组织文化(Cho et al.,1998;Abou-Zeid,2002;徐占忱、何明升,2005),甚至可能处于不同的社会文化背景下(Cho et al.,1998;徐笑君、王园园,2008),同时,认知结构和技术特长方面的匹配性和差异性(徐占忱、何明升,2005)也会直接影响知识转移。另外,组织内部过往经验和惯例以及高层的态度也对知识转移有显著影响。

(二) 剖析了合作主体差异性本质和类型

现有的研究主要从组织类型和资源基础等两方面揭示合作主体差异性产生的根源。产学研合作涉及两种不同类型的组织形式,必然导致其存在不同的利益诉求,对于高校而言,参与产学研合作的动机主要在于增加科研成果产出(专利);拓宽科学研究的实践价值;获得高校科研(包括基础研究和应用研究)所需要的必要资源;了解市场需求,促使高校科学研究更加适合时代的需求;节约技术开发成本;通过产学研合作孵化衍生企业(Lee and Win,2004)。对于企业而言,参与产学研合作能够显著降低企业技术和产品研发成本以及风险,弥补创新能力的不足(Okamuro,2007;Eom and Lee,2010;Perkmann et al., 2011)。一方面组织类型以及资源和能力结构的差异导致双方之间的合作产生不匹配,进而影响合作绩效;另一方面,资源基础的互补性也从某个侧面论证了合作的必要性,在某种意义上对其合作具有推动作用(樊霞等,2011;徐二明、徐凯,2012;任宗强、吴志岩,2012;曹霞、于娟,2015)。

以往研究一直将合作主体差异性解构为多维度构念,对于合作主体差异性维度的划分,现有的文献并未产生统一的标准。总结起来,大部分从以下几个方面进行划分,首先,根据伙伴的产业生态链所处位置(Bruyaka, 2008; Duysters and Lokshin, 2011; Duysters et al., 2012; Cui and O'Connor, 2012)、合作伙伴所有制形式(Jiang et al., 2010)划分的组织类型差异;其次,也有学者从合作伙伴之间的知识基础和技术差异角度剖析(Wuyts and Dutta, 2012),基于此,学者们还发现跨产业和领域的合作过程中,知识基础和技术的差异之中可能还包括了产业差异(Jiang et al., 2010; Cui and O'Connor, 2012; Duysters et al., 2012);最后,文化以及价值观的不同也会导致合作主体差异性的出现(Barnes, Pashby and Gibbons, 2002; Duysters and Lokshin, 2011)。

(三)发现了合作主体差异性对知识转移的影响

产学研知识转移不仅受到转移主体能力、知识特征以及转移情境的影响,还有学者发现产学研合作过程之中伙伴之间的差异对其也存在重要的影响,换言之,大学和科研院所与企业利益导向、认知与价值观、组织文化、资源基础与能力等方面存在差异(Klerkx et al., 2013),对于大学和科研院所而言,产学研合作是为了能够增加科研成果和科研经费等,而作为营利性的企业,更多的是实现竞争优势的发展。

（四）探索了知识转移影响因素间的交互作用

对于合作主体差异性、关系强度与转移主体转移意愿和能力之间的交互作用，目前最具代表性的观点包括两种：第一种观点认为，伙伴间的目标、知识技术的差异对于知识转移主体（高校、科研院所及企业）的转移意愿和知识释放能力对知识转移的影响作用具有调节作用，大学和科研院所与企业参与产学研合作的目标不同以及互补对知识转移的意愿具有促进作用，而知识技术基础以及能力差异，在某种程度上可能推动知识转移的增加，也可能抑制知识转移的完成，持此种观点的学者大部分将合作伙伴组织差异等同于知识转移情境进行研究；第二种观点认为，知识源与知识接收方的知识转移动机和能力对于合作主体差异性对知识转移的影响作用具有调节作用，知识转移动机越强，主体差异对于知识转移的影响作用也将更加深刻，而知识转移能力对于知识技术基础差异的影响具有弱化作用。

二、现有研究的不足

（一）知识转移的测度缺乏统一性和系统性

现有研究对于知识转移测量的方法为数众多，并且观点并不一致，卡明斯和滕炳生（2003）认为知识接收方是否满意知识转移；知识转移能否促进知识接收方新知识的创造；知识接收方是否满意知识源承诺的知识转移。张志勇等（2007）认为可以以知识转移过程中转移的范围和知识富裕程度来度量知识量以及知识转移效果。彭伟、邹晓（2009），曾凯、彭伟（2010）也认为知识转移涵盖知识转移范围、知识的宽度与深度三个维度，其中知识深度是指单一领域中所包含的知识量，而知识宽度是指所转移知识的丰富程度。产生上述的争论的主要原因在于对知识转移测度的方法不同,知识转移既包括转移过程之中的评价,同时还应该包括知识转移的结果。因此,本研究认为知识转移需要同时考虑知识转移的过程和结果两个方面。

(二)产学研知识转移影响因素分析仍然未形成统一的认识

现有研究对于产学研知识转移影响因素大部分坚持四要素的观点,认为知识转移主要受到知识源特征(Argote,1999)、知识接收方特征(Argote,1999)、知识特征(Kogut and Zander,1992;Simonin,1999)以及知识转移情境的影响(Szulanski,1996;2000),并指出上述四类要素通过相互间的作用影响知识转移绩效。然而,作为知识转移的特例,产学研合作中的知识转移与其他类型的知识转移之间存在很大的不同,两类决然不同的组织之间的合作,双方之间的组织差异对于知识转移的影响具有举足轻重的作用,而现有研究中大部分研究仅仅将该部分合作伙伴组织差异置于知识转移情境之中。因此,有必要在现有文献和研究的基础之上进一步深化产学研合作中知识转移影响因素模型,突出产学研合作中合作主体差异性对于产学研知识转移的影响,及其对整体模型的影响作用。

(三)产学研合作主体差异性内涵和维度的划分缺乏深入的认识

现有的研究普遍认为合作主体差异性的核心本质是合作伙伴间资源的差异性,伙伴间主体差异多体现于组织知识存量差异、技术领域差异、文化背景和制度环境差异、能力差异等属性及其维度方面。然而,对于产学研合作过程中的合作主体差异性的内涵和维度划分以及测度则仍然需要进一步深化,为此,本研究基于当前学者们的研究,结合产学研合作主体的访谈,对产学研合作主体差异性的内涵进行重新界定,并就其维度的划分进行详细的探讨。

(四)合作主体差异性与知识转移主体的特征之间的交互作用缺乏深入的研究

产学研合作中知识转移,首先,不仅受到知识源(学研方)意愿和知识转移能力的影响(Osterloh,2000;唐炎华等,2007;Dong-Gil,2002;万江平等,2009),还受到知识接收方(企业)学习意愿和吸收能力的影响(Cohen and Levinthal,1998;邹艳等,2009;万江平等,2009);其次,知识作为转移载体,其可表述性、内隐性等特征对知识转移也存在着重要的影响,有学者将其作为自变量进行研究(Cummings et al.,2003;邹艳等,2009),亦有学者认为其作用仅仅是知识转移中的控制变量(Simonin,1999;肖小勇等,2005;唐炎华等,2007);最后,产学研合作中大学和科研院所与企业的关系质量(信任)等情境因素对知识转移也具有不可忽视的影响(Zand,1972;Hansen,1999)。但是,对于产学研合作主体差异性对知识转移的影响并未开展深入的探讨,而仅仅是从组织距离(Cummings et al.,2003)、物理距离(Cummings et al.,2003;Ambos and Ambos,2009)、知识距离(Cummings et al.,2003)以及文化距离(Cummings et al.,2003;Ambos and Ambos,2009)等方面进行了简单的研究。并且合作主体差异性与知识转移其他因素之间的相互影响关系的研究也较为匮乏。因此需要对此问题展开进一步的深化研究,以丰富相关理论。

第三章 探索性案例研究

第一节 案例研究方法

案例研究在社会科学领域具有重要作用（Yin，2010），作为一种完整的研究方法，其设计逻辑、数据收集方式以及数据分析等方面与其他研究方法决然不同（陈晓萍等，2012）。例如，问卷调查方法主要在于通过抽样统计进行样本归纳，善于回答"什么人""什么事"等结构化问题，而案例研究则主要侧重于"什么样""为什么成为这样""怎么改变"等问题，强调对于研究问题所处的现实情境进行描述（Eisenhardt，1989；Yin，2009）。所以案例研究往往能够通过系统全面地描述案例及其动态过程，获得相对全面的观点（陈晓萍等，2012）。

案例研究方法在社会科学各大领域得到了广泛的关注与应用，而随着质性研究（Gephart，2004）和扎根理论（Suddaby，2006）的相互融合，案例研究已经突破仅仅对现象进行简单的描述功能。当下案例研究主要宗旨在于归纳现实情境从而构建理论（Eisenhardt and Graebner，2007），运用单案例或多案例数据构筑理论构念模型（Eisenhardt，1989b）。根据案例研究过程之中所选案例数量，案例研究包括单案例研究与多案例研究两种方法，其中，单案例研究以单一案例为对象对其内部机理进行逻辑分析；多案例研究则主要通过跨案例的比较，相互校验，进而构建科学合理的命题（陈晓萍等，2012），所以黄振辉（2010）认为多案例研究相较于单案例研究而言，其结论更加可靠，普适性更高。

探索性案例研究主要适用于研究者对研究问题以及研究假设尚未形成确定性方案时，以新观点评价现实问题为研究目标；描述性案例研究主要通过完整全面的描述事件、情境形成新的理论观点和认识；因果解释性案例研究则侧重于对现象背后的因果关系进行归纳与分析，并基于归纳分析结果，揭示案例中现象的发生过程（Eisenhardt，1989；Yin，2009；王金红，2007）。

本章的研究目的在于探索合作主体差异性、关系强度对产学研知识转移的影响，研究内容是对现有知识转移理论的发展与补充。而案例研究的主要目的是构建本研究的整体研究框架以及相关研究命题，所以本章拟采用探索性多案例研究设计。依据艾森哈特（Eisenhardt，1989）、陈春花和刘桢（2005）所提出的案例研究的基本步骤，本研究将按照如下思路进行：界定研究问题和制定案例研究设计→案例数据收集及整理→案例分析与总结。具体研究步骤如图3-1所示。

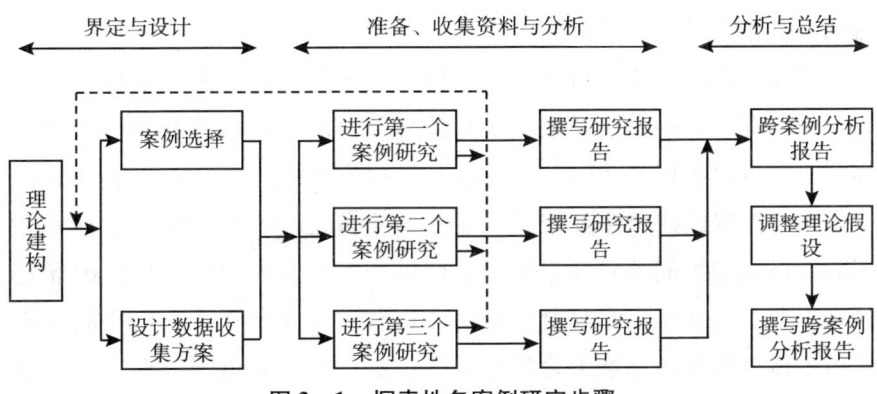

图3-1 探索性多案例研究步骤

第二节 案例研究设计

一、研究问题

产学研合作是企业提升自主创新能力,国家实现创新驱动发展战略的重要路径。但是产学研合作过程中知识是否进行顺利的转移严重制约着产学研合作成效,否则合作将沦为企业与大学和科研院所的技术交易,无法对企业创新能力和知识存量实现实质性的促进作用。所以,如何有效地提高企业与大学和科研院所之间知识的转移成为产学研合作亟待解决的问题。现有的研究已经对知识转移绩效的影响因素进行了系统的分析与归纳,但是却忽视了产学研合作主体差异性对其知识转移所存在的影响,因为企业与大学和科研院所目标与利益方面存在明显的差异,所以合作主体差异对于知识转移的影响具有重要的作用,而且对现有的知识转移影响因素模型存在一定的调节作用;与此同时,关系强度作为合作主体差异的重要补充,从双方的主观情感方面对其进行了必要的弥合。

另外,现有的研究对于知识转移的测度问题虽然进行了初步的探讨,但仍存在一些争议未确定,知识转移的测度大部分都侧重于将其划分为财务性指标和非财务性指标,而对转移过程却甚少涉略。同时,伙伴组织差异的研究主要聚集于企业与企业之间,对产学研这种完全不同性质的组织间差异缺乏探讨,所以产学研合作主体差异性内涵是什么?包含哪些维度?其对产学研知识转移存在什么影响?它们与产学研主体意愿和转移能力之间交互效应如何?针对以上问题,本章希望通过多个产学研合作案例的探讨和比较,从中能够获得进一步的认识，以期构建本书的初始命题，从而为后续的理论模型奠定现实基础。

二、案例选择

本书目的是探讨产学研合作主体差异性、关系强度对企业学习意愿和吸收能力与知识转移间关系的调节效应。具体而言，本书是在现有研究文献的基础上，进一步分析合作主体差异的不同维度和知识源意愿和释放能力、知识接收方学习意愿和吸收能力对知识转移的影响。这也是对现有理论的拓展和补充，探索性案例研究的目的在于为构建理论分析框架提供现实依据，而为了使案例研究的结论更加准确和可靠（Doz, 1996; Meyer and Schmoch, 1998），本章将采用多案例的研究方法。

案例抽样方面，探索性案例一般采用理论抽样方法（陈晓萍等，2012），并且多案例研究中每一案例均需仔细筛选，从而使所选择的案例产生一致的结论，或者形成不一致的结论，但是结论不一致的原因却是案例选择过程中可预知的（Yin, 2010）。借鉴多兹（Doz, 1996）、梅耶与施莫奇（Meyer and Schmoch, 1998）的方法，本章首先对同时与两所不同大学合作的企业的产学研合作进行对比研究，随后将此方法迁移到其他两个案例的研究之中，进而形成三个案例样本企业的六对产学研合作的研究。案例选择方面，主要设定了如下几个标准：

（1）降低案例研究成本。在保障案例数据充分客观的前提下，数据收集的便捷性也成为本研究案例选择的重要依据。

（2）所选案例与研究主题相匹配。本书研究的是产学研合作主体差异性、关系强度、知识源意愿和释放能力、知识接收方意愿和吸收能力对知识转移的影响，需要对同一企业与不同的大学和科研院所合作展开比对分析，所以本章选取的案例必须与两所以上的大学和科研院所存在产学研合作关系。

（3）所选案例样本企业具有典型性。案例企业行业分布较为分散，涵盖化工行业、光电子行业和清洁能源行业，既有高技术新兴产业也有传统制造业，从而达到多重验证的效果。

（4）所选案例所得出的结论差异性不显著。考虑到地区差异的问题，本章所选择的案例均为广东省制造业企业，且三家企业发展规模和发展时间基本相差不大。

三、数据收集

罗伯特·K. 殷（Yin，2010）指出案例研究中数据收集多元化、资料后期整理形成数据库以及数据证据链条化等原则有利于案例研究资料的信度和可靠度的提升。为此本章在数据收集过程中遵循了如下步骤：

（1）多种形式、多种途径收集案例资料，网络信息、实物信息、档案记录和实地访谈及自陈式谈话相结合。首先，通过企业官方网站、宣传册以及国家级或省市级技术中心评审材料等二手数据对企业基本状况和产学研合作情况进行基本的了解；其次，通过半结构化访谈方式对企业相关人员（主管研发的副总、企业技术研发中心主任等对企业产学研合作有全面认识的人员）进行沟通，先请受访者选择两个不同的具有产学研合作经历的高校或科研院所，然后以产学研合作为案例进行深入访谈，访谈内容主要涉及产学研合作的基本内容、校企双方目标、知识技术基础、关系强度、学习意愿和知识转移效果等相关问题，并请受访者当场填写相关的调查问卷，事后，研究者还通过电话、邮件、短信以及微信等方式与受访者保持沟通，及时补充和完善遗漏的信息。

（2）对已收集的数据及时进行梳理和编码归档工作。本章收集的数据主要包括案例企业与所涉及高校网站信息、宣传册、技术中心相关申请材料、访谈记录、录音资料、现场观察材料以及调查问卷，访谈结束后存入统一的数据库中，为后续案例分析保留充分的数据资料。

（3）根据所整理的信息进行案例证据的完整化工作。案例数据整理中，不论一手还是二手资料，都进行来源、收集时间及场景进行客观的记录。当资料发生冲突时，以现场访谈和实地观察资料为准，并向受访者核实，进而保障案例资料证据链条的正式性与完备性。

四、数据分析方法

参考多兹（1996）关于案例研究的方案设计，本章的探索性多案例研究包括单个案例内分析和多案例间分析两部分内容。案例内分析目的在于针对单一案例展开纵向深入的分析，跨案例分析则是针对同一研究主题，在单案例纵向分析基础上，对所选案例进行横向对比和归纳总结（Eisenhardt，1989），进而从中抽象出本书的理论模型。

首先，单案例纵向分析。以三家案例样本企业为研究对象，对其业务状况及技术研发进行简要介绍，客观的描述产学研合作主体差异性、关系强度、企业学习意愿和吸收能力以及知识转移等相关变量，并对各变量的主要特征进行编码，分别以很高、较高、高、一般、很差五个等级进行赋值。在此基础上，对单一案例的两组产学研合作进行比较，清晰变量间的关系及其作用机理。

其次，在单案例纵向分析基础上，将三个案例中的六组产学研合作主体差异性、关系强度、企业学习意愿和吸收能力以及知识转移等变量水平进行跨案例对比分析，总结归纳变量的跨案例变化，探索相关变量间的影响机理，从而提炼出本书的理论模型和初始命题，为后续实证研究做好现实铺垫。

第三节 KF 公司案例描述与分析

一、KF 公司基本状况

(一) KF 公司简介

KF 公司成立于 1993 年，属于国内改性塑料领域的领导者，并拥有上海、绵阳、天津、江苏、吉林、武汉等多个生产基地。具备年产 80 万吨改性塑料的产能，产品涵盖塑料合金、阻燃树脂、全降解塑料、功能母料以及增强增韧树脂 5 大系列 100 多个品种 4000 多个牌名。2014 年销售收入 161 亿元，利润 5.81 亿元，实现利税 9857 万元，资产总规模 137 亿元。

(二) KF 公司吸收能力

KF 公司一直以来以产品研发为促进企业发展壮大的核心，重视产品研发和技术储备。拥有一支年龄结构合理的高学历高效的技术研发团队。2014 年研发投入 6.3 亿元，研发投入强度 5%，在强调内部研发的同时，KF 公司也意识到自身的技术研发的局限性，需要借助"外脑"才能够实现自主创新能力的大幅提升。为此，KF 公司自成立以来就先后与国内外 23 所重点高校、中国科学院化学研究所等 17 家国内知名研究机构建立了长期稳定的产学研合作关系，每年产学研合作投入 1500 万元以上，通过产学研合作先后开发了国际领先的完全生物降解塑料等，技术研发效率得到大幅度的提升，截至 2014 年，累计申请国内外专利 1431 件，其中 PCT 专利申请 19 件，中国发明专利 1359

件；授权专利总数495件；牵头或参与制修订国家、行业标准51项，发挥了行业龙头带动作用。综上所述，不论从研发投入情况（包括研发投入强度、研发人员数量和结构）来看，还是从以往的研发成果来看，KF公司对于外部知识的吸收均达到"较高"水平。

二、KF公司与U_{1A}大学合作的案例描述

（一）产学研合作概况

U_{1A}大学是一所隶属于工信部的"985工程"和"211工程"理工类研究型大学。而其化工与环境学院和材料学院更是科研实力较强的传统优势学科，作为"985工程"和"211工程"重点建设学科，材料学院建有冲击环境材料技术国家级重点实验室、阻燃材料与技术国家工程中心、教育部火安全材料与技术工程中心以及具有国家资质的阻燃材料检测中心，自2010年以来，材料学院已然进入ESI，具备了解决国民经济建设和国家安全中材料科学与技术重大问题的能力。近几年，材料学院先后与全国20多个省（直辖市）的200多家企业进行了产学研合作，一大批重大科技成果已然成为产业内的主导技术和发展方向。

KF公司与U_{1A}大学的合作具有得天独厚的先天及后天优势，公司创始人具有U_{1A}大学的"血统"，与U_{1A}大学存在天然的联系，另外，U_{1A}大学拥有国家阻燃材料工程技术研究中心、火安全材料与技术教育部工程研究中心、阻燃材料检测中心、阻燃科学与技术国际联合实验室等高层次研究载体。KF公司与U_{1A}大学的合作始于1998年，合作内容主要集中于阻燃耐火材料ASA、ABS工程塑料的配方及其制备，有资料可查，双方共合作完成4类近30个产品的研发。

(二)合作主体差异性

KF 公司与 U_{1A} 大学的产学研合作中,双方既存在一定的冲突,同时更大地却体现了相互的促进和互补。而对于冲突而言,企业负责人指出:大学属于事业型单位,主要在于提供公共服务(例如,科学研究、培养人才和服务社会),具有公共品性质,故而其参与进行的活动很多并非以营利为导向,而企业不同,企业需要自负盈亏,为组织自身的生存发展负责,为企业内部员工薪酬和福利负责,所以企业所进行的活动大多以盈利为终极目标。正是由于上述的双方组织属性的不同,导致产学研合作知识转移呈现不同的态势。

首先,U_{1A} 大学材料学院五大专业方向,而且材料学更是进入 ESI 国际学科排名前 1% 的优势学科,学科中涉及毁伤与防护材料、先进材料成型理论与技术、低维材料物理与化学、功能高分子与阻燃材料、材料表面工程、含能材料等研究领域,材料研究较为广泛,而合作初期的 KF 公司却仅仅涉及阻燃耐火材料,所以双方之间知识结构存在很高的差异性,即使相同的阻燃材料方面,U_{1A} 大学研究历史时间十分悠久,且拥有一大批优秀的研究人员,其知识基础的深度和广度都是 KF 公司所无法比拟的,另外,组织性质的不同,导致 U_{1A} 大学与 KF 公司之间对科学研究和技术研究的分歧,U_{1A} 大学关于阻燃耐火塑料的研究大部分在于针对材料的配方研究,而 KF 公司所需要的技术知识更多倾向于其技术的工业化生产工艺和流程,所以双方的产学研合作多聚焦于产业化阶段的研究。但是,双方之间却又存在着天然的互补,对于阻燃耐火 ASA 和 ABS 塑料研究而言,U_{1A} 大学优势在于基础研究扎实;实验设备和实践经验丰富;拥有一群科研人员专注地进行研究,而 KF 公司优势在于具备技术产业化的优势,双方的优势形成了良好的互补效应,一方面促进了 U_{1A} 大学相关基础性共性技术研究向应用性共性技术和产品技术的延伸;另一方面也增强了 KF 公司由产品技术向上游应用性共性技术和基础性共性技术的拓展,为后续的改性塑料及其他工程材料的研发提供了良好的基础。所以通过与 KF 公司相关技术主管的访谈,本研究不难发现 KF 公司与 U_{1A} 大学的知识基础差异处于较高水平。

其次,合作目标上,U_{1A} 大学与 KF 组织目标差异相当大,毕竟两者组织属性存在巨大的差别,U_{1A} 大学以培养人才和科学研究为第一要务,所以其日常行为多以此目标为行事准则,作为 U_{1A} 大学 5 个 ESI 学科之一的材料学,其对产学研选择的标准首先则是考量对人才培养的促进作用以及对于新科研问题的发现,而 KF 公司以发展企业,实现利润为纲要。所以说双方在组织目标及其战略目标方面存在巨大的差异,然而,对于产学研合作的目标认识的差异相对而言明显小于组织目标和战略目标的差异,U_{1A} 大学能够很好地认识到 KF 公司需求,积极配合企业技术人员进行诸如溴系阻燃增强 ABS 玻纤产品技术的熟化,使自身的科研活动向应用性共性技术和产品技术等下游技术领域拓展,以契合企业和社会的现实需求,KF 公司也能在获取产品技术的同时积累技术基础,为后续的应用性共性技术,甚至基础性共性技术的研发提供基础,KF 公司后续的 HIPS(耐冲击性聚苯乙烯)和 PP(聚乙烯)共性技术的出现很好地证实了该观点。所以说双方合作目标差异中等。

(三)关系强度

KF 公司创立之初并未与任何大学和科研院所进行任何形式的产学研合作,所以对于产学研合作缺乏良好的认识及其经验。但是随着合作的不断进行和深化,双方之间的关系呈良性发展态势。KF 公司技术负责人认为,双方的关系强度整体上而言较高。他对此解释是,U_{1A} 大学在阻燃耐火材料的研究方面具有独特的技术优势,并且其研究团队的知识结构和知识深度都较为全面,并且在其他相关的改性塑料技术领域也具有显著的优势，综合实力比较强，而且公司从 U_{1A} 大学引进了大量的技术人员，从而使得双方的技术研发人员存在很大的关联性（同学之情、师生之谊等）。所以他们之间经常进行正式或者非正式的交流，能对共同的技术问题进行深入的探讨。而且 U_{1A} 大学材料学相关领域的强大实力，使得双方的合作潜力和空间巨大。由此可见，KF 公司与 U_{1A} 大学的关系强度程度处于高水平。

（四）学习意愿

阻燃耐火材料制备工艺是 KF 公司最初的产品发展方向所需要的核心技术和拳头产品，U_{1A} 大学材料学院在该领域拥有丰富的科研成果以及研发经验，KF 公司希望通过产学研合作逐渐学习并掌握阻燃耐火材料的相关技术。另外，公司创始人的校友身份也促使 KF 公司愿意与 U_{1A} 大学展开合作。在合作过程之中，KF 公司技术人员积极主动地与 U_{1A} 大学相关科研人员保持频繁的技术沟通和交流，学习其技术成果及科研报告，而作为企业技术部门管理层，也经常为 KF 公司技术人员邀请对方的科研人员进行技术讲座和培训。总体而言，在与 U_{1A} 大学的合作中，KF 公司学习意愿"很强"。

（五）KF 公司与 U_{1A} 大学的知识转移

在与 U_{1A} 大学的合作中，KF 公司既有通过交流会、报告会等方式接触和接收的书面化知识（例如，技术说明、实验数据以及技术发展预测报告等），同时也包括通过成员间私下交流或请教所学习到的关于产品配方的经验、最佳比率和效果及其可能出现的问题和解决方式等内隐性较高的知识。从所转移的知识特征来看，KF 公司技术主管认为，我们在与 U_{1A} 大学的产学研技术合作过程中，往往更加容易消化吸收那些比较规范化的知识，例如，溴系 ABS 材料的生产制备过程说明，各种原材料的配比、产品试验阶段的试验数据等；另外一个方面就是，系统化、明确化的知识更加容易实现转移。

与 U_{1A} 大学的产学研合作过程中，合作项目均能够按照正常的时间进度表推进工作并最终达到预期效果，而 KF 公司也能在第一时间对 U_{1A} 大学所转移的知识进行消化吸收，由此可见，KF 公司与 U_{1A} 大学产学研知识转移速度"较快"。从知识转移成本角度来看，由于 KF 公司位于广州，与 U_{1A} 大学之间存在较远的距离，虽然现代通信手段能够有效地减缓地理距离的影响效应，但是也确实对双方之间的沟通造成了不小的阻碍；而且，合作研发 ABS 和 ASA 阻燃材料时，恰逢 KF 公司初创，内部的知识存量不足，所以双方的合作还是消耗了企业"较多"资源。对于阻燃工程塑料而言，U_{1A} 大学具有丰硕的研究成果，大部分合作项目的技术研发基础良好，另外就是，KF 公司作为一家专业从事改性塑料生产的企业，其技术知识也具备一定的基础，同时由于其源出于 U_{1A} 大学，双方之间技术语言和其他方面的沟通均不用消耗企业过量的财力资源，所以其产学研知识转移成本处于"低"水平。有用性方面，在访谈中，研究者发现，KF 公司技术研发部主管明确指出"早期与 U_{1A} 大学的合作很大程度上奠定了企业发展的基石，为企业随后的耐热、高冲击 ASA 塑料和高光耐磨型溴系 ABS 合金等产品技术的研发提供了技术积累和经验。"而且双方的合作是针对详细的产品技术展开的，故而 U_{1A} 大学的研究成果能够很好地转化为 KF 公司的生产力，有效地提升产品制造工艺及其质量稳定，所以说 KF 公司与 U_{1A} 大学产学研知识转移有用性"很强"。最后，不论从整个产学研合作过程来看，还是从其最终的结果来看，KF 对于与 U_{1A} 大学的合作表示"很高"的满意度，这也从后续的持续合作上能够得到表征。

三、KF 公司与 U_{1B} 大学合作的案例描述

(一) 产学研合作概况

U_{1B} 大学是教育部直属 "985 工程" 和 "211 工程" 重点建设的高水平研究型综合大学,作为 U_{1B} 大学历史最悠久的院系之一,高分子科学与工程学院是教育部直属重点高校中第一个以高分子学科为主体的学科型学院,在岗教教授、研究员 46 人,其中 19 人享受政府特殊津贴。U_{1B} 大学在聚合物 ABS、PC(聚碳酸酯)、HIPS(耐冲击性聚苯乙烯)无卤阻燃剂的合成和无卤阻燃聚合物的制备;PE(聚丙烯)、PP(聚乙烯)的耐候改性和耐候机理研究等领域具有较强的科学研究实力。

KF 公司与 U_{1B} 大学高分子科学与工程学院合作关系始于 2002 年。U_{1B} 大学拥有良好的聚合物共混改性技术,该技术能够针对传统的工程塑料和特种功能塑料进行功能提升。KF 公司希望通过与 U_{1B} 大学的产学研合作将其已有的技术进行工业化生产,双方的合作内容主要涉及聚烯烃功能材料改性剂的制备及其改性方法。通过科学的聚合物共混、改性剂添加及其工艺流程控制,开发出系列的高性能的改性工程塑料。

(二) 合作主体差异性

KF 公司与 U_{1B} 大学的产学研合作存在互补效应,同时也带来了一定的冲突。在访谈中,KF 公司的企业负责人就曾经说过:U_{1B} 大学在 ABS、PC、HIPS 无卤阻燃剂的合成和无卤阻燃聚合物的制备以及 PE、PP 的耐候改性确实具有明显的优势,不管从短期的迅速提升企业产品质量,还是从长期的准备产品线的基础性和应用性共性技术方面来看,与 U_{1B} 大学的合作都是对 KF 企业技术能力发展的促进。当然由于 U_{1B}

大学与 KF 公司组织属性方面的差异，在合作过程中也存在很多比较明显的问题。

首先，从 U_{1B} 大学高分子学院学科设置来看，其学科领域几乎囊括 KF 公司所涉及的塑料生产的全部内容。其中更以共混改性原理和工艺为成熟领域，KF 公司最开始以生产制备阻燃耐火 ABS、ASA 等系列产品为主导，虽然并未对 PP、PE 的耐候改性和 HIPS 无卤阻燃剂进行涉足，但是在生产制备阻燃耐火 ABS、ASA 等系列产品过程中，聚合物共混改性技术还是得到了一定的锻炼和沉淀。所以双方知识基础结构差异程度为很高水平。即使在无卤阻燃方面，U_{1B} 大学相关研究人员所掌握的知识和技术的深度及其广度也是成立仅有十来年的 KF 公司所无法比拟的。与此同时，U_{1B} 大学与 KF 公司所偏重的研究重点也存在差异，KF 公司的组织性质决定其更加看重偏产品的技术及能够推广至同类产品线的应用性共性技术，但 U_{1B} 大学相对而言，对耐候改性的机理及其成因更加感兴趣，注重基础性共性技术或原理理论。而双方的产学研合作则正好发生于产品技术层面，属于能迅速工业化、市场化的技术链条的最前端。U_{1B} 大学基础性机理研究与 KF 公司技术工艺层面的把控相结合，从而催生了企业技术人员对共混改性耐候的掌握。所以整体上，KF 公司技术负责人认为双方的知识技术基础差异处于很高水平。

其次，合作目标方面，U_{1B} 大学与 KF 公司不管是从组织目标角度出发，还是从战略发展目标出发都存在巨大的差异，人才培养、科学研究等公共服务与企业市场盈利之间也存在差异。而从双方的合作标的——聚合物共混耐候改性方面来看，双方之间合作目标也存在差异，U_{1B} 大学希望通过合作能够将自身的成果输出从而为研究团队换取后续研究的发展经费，但合作过程中并不能够为大学提供现实的科学问题的发现机会。但是相较于双方组织目标及其战略目标方面的差异而言，合作目标之间的差异就小很多。U_{1B} 大学方面，产学研并非其主要的职能，故而不愿意占用过多的资源进行该项活动，并认为产学研能为企业提供的技术应该处于应用性共性技术层面，至于后期的产品技术则需要依靠企业自身开发，大学和科研院所仅仅提供必要的咨询性质的服务工作，引导企业解决根据双方合作研发的应用性共性技术展开的产品技术开发过程中遇到的问题；企业方面，KF公司由于已经经过近10年关于改性塑料的生产，所以已经具备了基本的知识和技术储备，能够就某类型产品在基础性原理指导下进行自主研发，所以在与U_{1B}大学的合作中亦是希望能得到应用性共性技术的支撑。故而，从合作目标的认识方面而言，U_{1B}大学与KF公司双方的差异处于低水平。

（三）关系强度

KF公司在与U_{1B}大学合作之前就已经与国内不少大学和科研院所展开过合作，所以从合作经验方面而言较为丰富，能处理产学研过程中遇到的各种类型的问题。U_{1B}大学作为西南地区为数不多的985高校，也与国内众多企业展开过不同形式的合作。但是由于双方仍然属于首次合作，故而在最初的时候仍然存在比较多的冲突。随着合作的不断加深和常态化，KF公司西南分公司的成立，以及大量U_{1B}大学高分子研究生和博士的加入，这种矛盾正在逐渐减弱，至今为止，双方的合作已经拓展至PBS（生物降解塑料）、PBSA（完全生物降解塑料）等更加高端的领域。KF公司技术负责人也指出：虽然双方最初合作的时候出现了很多问题和冲突，但是随着双方彼此了解的不断深入，双方之间的沟通也开始不断频繁，所表现出的关系强度不断提升。最初合作之时双方关系强度处于低水平。

（四）学习意愿

聚乙烯、聚丙烯、聚氯乙烯、聚苯乙烯和ABS作为我国五大通用树脂存在广阔的市场前景，如何通过纳米复合、分子复合以及力化学技术等途径对聚合物进行改性将成为改性塑料行业的重要研究方向。U_{1B}大学拥有的聚合物共混改性技术能够实现 PE 管道的防腐问题。一方面，由于 U_{1B} 大学对于该项研发成果的过度保护，其所愿意进行的知识转移十分有限，产学研合作更类似于技术的交易，所以 KF 公司对于能否从 U_{1B} 大学的合作中掌握相关技术并无太大的把握；另一方面，U_{1B} 大学虽然在其他相关的材料领域也具有较强的实力，知识结构较为全面，因此 KF 公司认为 U_{1B} 大学虽然存在许多值得企业学习的知识和相关技术，但是由于其以往的合作经验教训，故而 KF 公司对于与 U_{1B} 大学的合作积极性不算太大。

（五）KF 公司与 U_{1B} 大学的知识转移

产学研合作过程中，KF 公司与 U_{1B} 大学的正式交流不多，大部分沟通都是通过专题报告以及合作项目最终验收报告等形式进行，故而 KF 公司所接触的 U_{1B} 大学的技术研发知识较少，仅仅包括一些共混配方成分及其改性工艺等，并且还为此向 U_{1B} 大学交付了使用费用。所以在该产学研知识转移过程中，所转移的知识多为内隐性不高且不复杂的知识，内隐性稍高的知识也因为双方不够良好的合作而无法完成。

KF 公司与 U_{1B} 大学的产学研，合作项目能够按照合同规定的时间推进，最终也能达到合同的预期要求，由于双方之间缺乏必要的沟通和交流，U_{1B} 大学所转移的关于聚合物共混改性剂及其制备工艺方面的相关知识和技术则难免要花费一定的时间进行消化吸收，由此可见，KF 公司与 U_{1B} 大学产学研知识转移速度较低。从知识转移成本角度来看，一方面由于双方地理距离较远，从而为交流带来了一定的阻碍；另一方面，由于 U_{1B} 大学的过度知识产权保护，而 KF 公司虽然在改性塑料生产方面拥有较为扎实的基础知识，但是针对 ABS、PC、HIPS 无卤阻燃剂的合成和无卤阻燃聚合物的制备以及 PE、PP 的耐候改性方面却十分匮乏，所以双方的合作消耗了企业很多资源。有用性方面，公司技术部门主管认为：虽然与 U_{1B} 大学的合作不尽如人意，但是不可否认，其所转移的知识正是企业内部所亟须的技术，为 KF 公司后续的 80 多种牌号的聚烯烃系列产品、管道防腐塑料等的研发提供了基础。另外，由于双方的合作主要是针对具体的产品技术展开的，故而 U_{1B} 大学的科研成果得到很好的转化，有用性很强。满意度方面，既有对转移过程及其过程中交流与沟通的不满，同时也有对 U_{1B} 大学所转移的知识的质量和作用的满意。

四、KF 公司案例内分析

根据案例基本情况的描述，本研究将 KF 公司与 U_{1A} 大学、U_{1B} 大学的产学研知识转移所涉及的各变量进行了归纳和汇总，以及单案例的分析。每组产学研知识转移通过"企业名称—大学名称"的形式进行命名，而变量水平则主要依据企业实地访谈中相关访谈对象的主观评价以及客观性事实证据进行判定，从高到低分别标示为很强（很多、很高等）、强（多、高）、较强（较多、较高）、中等、较弱（较少、较低）、弱（少、低）和很弱（很少、很低）七个水平层次（见表 3-1）。

表 3-1　　　　　　　　KF 公司产学研知识转移案例

变量	KF-U_{1A} 产学研知识转移	KF-U_{1B} 产学研知识转移
知识转移速度	较快 我们与 U_{1A} 大学的产学研知识转移比合同约定的时间提前完成了，而且因为双方经常性的互动，致使我们企业技术人员能迅速消化吸收新知识	较低 合作项目能够按照合同规定的时间推进，最终也能达到合同的预期要求，由于沟通不畅 U_{1B} 大学所转移的关于聚合物共混改性剂及其制备工艺方面的相关知识和技术则难免要花费一定的时间进行消化吸收

续表

变量	KF–U_{1A}产学研知识转移	KF–U_{1B}产学研知识转移
知识转移成本	低 我们作为一家专业从事改性塑料生产的企业,技术知识已经具备一定的基础,同时由于源于U_{1A}大学,双方之间技术语言和其他方面的沟通均不用消耗企业过量的财力资源	高 地理距离较远,交流存在阻碍,另一方面,由于U_{1B}大学的过度知识产权保护,而KF公司针对ABS、PC、HIPS无卤阻燃剂的合成和无卤阻燃聚合物的制备以及PE、PP的耐候改性却十分匮乏,所以双方的合作消耗了企业很多资源
知识转移有用性	很高 早期与U_{1A}大学的合作很大程度上奠定了企业发展的基石,为企业随后的耐热、高冲击ASA塑料和高光耐磨型溴系ABS合金等产品技术的研发提供了技术积累和经验	很高 U_{1B}大学所转移的知识正是我们所亟须的技术,为KF公司后续的80多种牌号的聚烯烃系列产品、管道防腐塑料等的研发提供了基础。另外,由于双方的合作主要是针对具体的产品技术展开的,故而U_{1B}大学的科研成果得到很好的转化
知识转移满意度	很高 通过对转移速度、成本以及知识的有用性角度来看,KF公司对于与U_{1A}大学的合作都十分满意	中等 过程方面而言,企业对双方的知识转移满意度不是很高,但是由于也达到了预期的目标,所以知识转移满意度为中等
学习意愿	很强 我们企业希望通过产学研合作逐渐学习并掌握阻燃耐火材料的相关技术,为此公司技术人员能够主动地与U_{1A}大学相关科研人员保持频繁的技术沟通和交流,学习其技术成果及科研报告,企业技术部门也经常为公司技术人员邀请对方的科研人员进行技术讲座和培训	中等 由于U_{1B}大学对于聚合物共混改性技术的过度保护,其所愿意进行的知识转移十分有限,产学研合作更类似于技术的交易,所以KF公司对于能否从U_{1B}大学的合作中掌握相关技术并无太大的把握
吸收能力	较强 拥有专职技术研发人员665人,其中博士62人、硕士204人、本科399人,组建了一支年龄结构合理的高学历高效的技术研发团队。2014年研发投入6.3亿元,研发投入强度5%,国家级企业技术中心	

续表

变量	$KF-U_{1A}$产学研知识转移	$KF-U_{1B}$产学研知识转移
知识技术差异	较高 U_{1A}大学材料研究较为广泛,合作初期我们公司却仅仅涉及阻燃耐火材料,所以双方之间知识结构存在很高的差异性,即使相同的阻燃材料方面,U_{1A}大学研究历史时间十分悠久,且拥有一大批优秀的研究人员,其知识基础的深度和广度都是我们公司所无法比拟	很高 KF公司在生产制备阻燃耐火ABS、ASA等系列产品过程中,聚合物共混改性技术还是得到了一定的锻炼和沉淀。但是U_{1B}大学相关研究人员所掌握的知识和技术的深度及其广度也是成立仅有十来年的KF公司所无法比较的
目标差异	中等 U_{1A}大学基础研究扎实;实验设备和实践经验丰富;拥有一群科研人员专注地进行研究,而我们公司具备技术产业化的优势,双方的优势形成了良好的互补效应,一方面促进了U_{1A}大学相关基础性共性技术研究向应用性共性技术和产品技术的延伸,另一方面也增强了公司由产品技术向上游应用性共性技术和基础性共性技术的拓展	低 U_{1B}大学认为产学研能为企业提供的其技术应该处于应用性共性技术层面,至于后期的产品技术则需要依靠企业自身开发;KF公司经过近十年关于改性塑料的生产,所以已经具备了基本的知识和技术储备,能够就某类型产品在基础性原理指导下进行自主研发,所以在与U_{1B}大学的合作中亦是希望能得到应用性共性技术的支撑
关系强度	高 公司从U_{1A}大学引进了大量的技术人员,从而使得双方的技术研发人员存在很大的关联性(同学之情、师生之谊等)。所以他们之间经常进行正式或者非正式的交流,能对共同的技术问题进行深入的探讨。而且U_{1A}大学材料学相关领域的强大实力,使得双方的合作潜力和空间巨大	低 双方首次合作,故而在最初的时候仍然存在比较多的冲突。KF公司技术负责人也指出:虽然双方最初合作的时候出现了很多问题和冲突,但是随着双方彼此了解的不断深入,双方之间的沟通也开始不断频繁,所表现出的关系强度程度不断增强。最初合作之时双方关系强度处于低水平

资料来源:笔者经访谈整理分析所得。

(一) KF公司学习意愿与知识转移的关系

从上述案例描述中可知,KF公司对U_{1A}大学和U_{1B}大学知识转移学习意愿的程度不同。U_{1A}大学在阻燃耐火材料研究方面拥有丰富的科研成果以及研发经验，KF公司希望通过产学研合作逐渐学习并掌握阻燃耐火材料的相关技术。另外，公司创始人的校友身份也促使KF公司愿意与U_{1A}大学展开合作。在合作过程之中，KF公司技术人员积极主动地与U_{1A}大学相关科研人员保持频繁的技术沟通和交流，学习其技术成果及科研报告，而作为企业技术部门管理层，也经常为KF公司技术人员邀请对方的科研人员进行技术讲座和培训。相反，U_{1B}大学首次与KF公司开展产学研合作，而且，由于U_{1B}大学对于聚合物共混耐候改性研发成果的过度保护，其所愿意进行的知识转移十分有限，产学研合作更类似于技术的交易，所以KF公司对于能否从U_{1B}大学的合作中掌握相关技术并无太大的把握。另外，U_{1B}大学虽然在其他相关的材料领域也具有较强的实力，知识结构较为全面，因此KF公司认为U_{1B}大学虽然存在许多值得企业学习的知识和相关技术，但是由于其以往的合作经验教训，故而KF公司对于U_{1B}大学的学习意愿不算太高。

学习意愿程度的差异致使KF公司在与两所大学进行产学研合作过程中表现出不同的态度和热情。KF公司对U_{1A}大学很强的学习意愿，使得KF公司技术研发人员经常主动与U_{1A}大学研究团队进行交流，进而形成相互熟知的充满信任的社会纽带，围绕阻燃耐火材料研发工作中遇到的难点进行各种正式或者非正式的交流。而且KF公司在成立之初就大力引进U_{1A}大学合作团队毕业学生充实自身研发力量，所以U_{1A}大学研究团队成员与KF企业技术研发人员之间存在天然的良好的关系，进而更加有利于双方之间正式与非正式的交流，并能够开诚布公地交换各种双方的书面报告资料，就双方在科学研究与生产实践之中的不成文的经验和想法展开讨论。成员间的上述交流使得KF公司技术人员源源不断地从U_{1A}大学获取了大量的知识。反观KF公司与U_{1B}大学合作的情况，中度的学习意愿使得双方之间存在不主动的心理。技术交流渠道仅仅停留在产学研双方技术负责人的正式交流,双方成员之间的沟通与交流基本没有。技术负责人之间的交流也仅仅以产学研合作合同为蓝本,知识转移局限于合同要求,属于典型的交易性质的产学研知识转移,U_{1B}大学完成了知识和技术的交割,但是企业由于技术人员缺乏必要的积极主动,故而企业技术研发人员难以完整或者迅速地消化吸收对方所转移的知识。而且,由于 KF 公司学习意愿不强烈,以及 U_{1B} 大学的技术过度保护,U_{1B} 大学并不热心于为 KF 公司提供技术答疑,KF 公司真正能从对方书面资料中消化吸收所转移的知识较少。

由此可见,企业学习意愿程度不高的产学研合作之间缺乏积极主动性,从而影响了产学研知识转移效果。

(二) KF 公司吸收能力与知识转移的关系

从上述案例描述中不难发现 KF 公司吸收能力很强,不论研发投入方面,还是研发成果方面都充分说明 KF 公司的研发力量。从 KF 公司与两所大学产学研合作来看,知识转移速度、知识转移成本、所转移知识有用性以及知识转移满意度四个维度均表现不错,虽然,与 U_{1A} 大学和 U_{1B} 大学的产学研知识转移存在一定的差异性,但是,总体而言,均达到中等偏上的程度。在与 U_{1A} 大学的合作过程中,因为双方关系较为亲密,而且企业学习意愿很强,所以 KF 公司技术人员经常能够与 U_{1A} 大学展开正式或者非正式的沟通,对各自研发与生产过程中遇到的技术难题进行讨论,进而消化吸收来自 U_{1A} 大学的内隐性较高的隐性知识以及复杂性较低的显性知识,换言之,学习意愿很强的情况下,企业吸收能力更加有利于促进产学研知识转移的完成。反观与 U_{1B} 大学的合作,因为一系列的原因,导致企业学习意愿水平不高,仅维持在中等水平,但是,从知识转移的评价中发现,即使在一般水平的学习意愿情况下,KF 公司与 U_{1B} 大学所进行的产学研知识转移也取得了不错的成绩，KF公司技术研发部门主管在访谈中就指出"虽然与U_{1B}大学的合作不尽如人意，但是不可否认，其所转移的知识为KF公司后续的80多种牌号的聚烯烃系列产品、管道防腐塑料等的研发提供了基础。"由此可知，吸收能力对于产学研知识转移的效果具有重要的影响作用。

（三）KF公司学习意愿与吸收能力的交互关系

学习意愿的不同导致在产学研合作中呈现不同的知识转移效果。显然，对产学研知识转移构成影响的不仅仅包括学习意愿这一企业方面特征，其吸收能力也是重要的组成部分。而且，吸收能力对企业学习意愿是一个有效的补充。

从吸收能力角度来看，KF公司出于对U_{1A}大学阻燃耐火材料研究能力方面的充分相信以及情感上的亲近，竭诚希望能够开展长期稳定的产学研合作，在强烈的学习意愿推动下，双方的合作层次不断加深，访谈过程中，KF公司负责人就告诉研究者："我们与U_{1A}大学的合作从最开始的阻燃耐火ASA、ABS塑料开始，不断向深层次推进，到目前为止，双方就已经共同组建实验室，进行材料方面的前沿性探索性研究。"而双方合作的不断加深也伴随着企业对于来自U_{1A}大学的知识的消化吸收利用能力不断提升，从而保障双方之间的技术沟通以及技术层次不断地接近。同理，KF公司通过市场了解，适时提出发展防腐等特种功能塑料方向，进而看重U_{1B}大学聚合物共混耐候改性技术研究成果，但是由于双方之前并没有任何合作历史，以及KF公司对U_{1B}大学以往产学研合作情况认识，认为与U_{1B}大学的合作把握不大，故而其学习意愿一般。但是，从产学研知识转移结果来看，却取得了不错的成绩，所转移的知识正是企业内部所亟须的技术，为KF公司后续的80多种牌号的聚烯烃系列产品、管道防腐塑料等的研发提供了基础。在此次合作中，对KF公司与U_{1B}大学产学研知识转移中，吸收能力起到了学习意愿的重要补充作用,正是企业较强的吸收能力才致使在一般的学习意愿下,也得到了很好的知识转移效果。

以此来看,产学研知识转移中,企业吸收能力及其学习意愿存在一定的互补性。较高水平的吸收能力能够一定程度上弥补学习意愿的不足。

第四节 KS公司案例描述与分析

一、KS公司基本情况

(一) KS公司简介

KS公司创立于1993年,总部坐落于广东省东莞市,是一家集大功率LED路灯、隧道灯等户外市政照明及室内半导体照明系列产品的研发、生产、销售为一体的民营高新技术上市企业。该公司主要经营LED户外照明、LED室内照明、LED景观照明、LED轨道交通照明、LED医疗照明等产品,并提供综合应用解决方案。经过20多年的发展,目前已成为全球最大规模半导体照明产品研发及生产基地,2015年上半年含税销售收入4.4亿元。

(二) KS公司吸收能力

KS公司高度重视企业技术创新,为此专门成立技术研发中心,中心下设"国家认可实验室(CNAS)""广东省半导体照明技术与应用工程技术研究开发中心""广东省企业技术中心""博士后科研工作站""集成光电子国家重点实验室分室""城市照明创新设计中心"等科研平台，研发强度长期维持在 8% 左右的水平，拥有检测设备 160 多套，检测项目近 100 项，检测时间跨度、频度等方面均处世界领先地位。此外，创新型研发人才方面，已汇集了大量大功率封装技术、结构设计、散热技术、光学技术、电子技术等细分技术行业中的中坚力量和精英团队，凝聚了国内半导体照明领域最顶尖的高级科研人才，其中博士及博士后 17 人、硕士 48 人。现行有效授权专利 394 项，其中发明专利 87 项、实用新型 178 项、外观设计 129 项。总体而言，KS 公司的技术吸收能力较强。

二、KS 公司与 U_{2A} 大学合作的案例

（一）产学研合作概况

U_{2A} 大学是一所理工见长的 985 高校，各学科在国内众多理工类大学中均能够名列前茅。该系光子技术和电子技术研究更是处于全国领先地位，甚至在国际上影响甚大。

KS 公司与 U_{2A} 大学的合作结缘于东莞市科技局的牵头，2004 年 KS 公司已经开始进行大功率 LED 半导体照明应用的自主研发工作，然而由于自身技术积累的不足，导致高功率 LED 面临技术障碍。在此背景下，双方于 2007 年正式建立产学研合作关系。结合 U_{2A} 大学集成光电子学国家重点实验室、半导体照明实验室的一流研发设备及其在半导体照明、大功率 LED 散热技术、二次光学技术等领域的高水平成果。KS 公司迅速突破高效功率型 LED 路灯研发技术的障碍，共同研发出了高稳定性、高安全性的大功率 LED 路灯（含隧道灯），并在二次光学、散热设计、电路驱动、自动控制、温升控制等方面均取得了重大的突破。随后 KS 公司与 U_{2A} 大学共同组建半导体照明技术与应用研究院和广东省半导体照明技术与应用工程中心，将研究领域逐渐由

功能性照明产品不断向节能照明、智能照明方面拓展。

(二) 合作主体差异性

KS 公司与 U_{2A} 大学的产学研,可以说更多地体现于相互促进和互补。虽然,按照常规理解,大学和企业双方组织属性的截然不同,一定将导致双方之间存在一定的冲突,这种冲突既有来自利益方面,也有来自组织理念和文化方面。然而,通过对 KS 公司以及 U_{2A} 大学合作研究团队负责人的访谈中了解到,双方之间的组织差异存在,但是却对双方的合作产生了极大的促进作用。

首先,U_{2A} 大学电子工程系在光电子以及光通信研究方面更是领先全国。并积极借助其传统研究领域的优势,不断向与能源、环境、生物等学科的交叉融合拓展。就与 KS 公司合作的信息光电子研究所方面,其所具备的知识基础和知识结构而言是 KS 公司所无法比拟的。另外,双方组织属性不同,可能使双方之间存在研究方式和研究重点的冲突,但是,KS 公司副总指出"我们企业经过 3 年的摸索,始终无法掌握和解决常规封装白光 LED 用于照明时存在照明均匀性差、光能利用率低的问题,后经由东莞市科技局牵头,在与 U_{2A} 大学固态照明研究专家进行沟通中,发现对方具备解决该技术的潜力,并且也正在主动寻找能够合作的行业伙伴以验证其解决方案在实际生产过程中的效果。"所以说,在该项技术的合作研发方面,双方的知识技术差异水平"高",并且在后续的不断合作中,双方的知识基础差异性也在不断地缩小,这在后续的共同研发 LED 无线光通信方面得到了支持。

其次,合作目标方面,U_{2A} 大学与 KS 公司目标在于通过产业化的方式检验其提出的解决大功率 LED 照明均匀性和光能利用率问题的思路,即在常规封装 LED 器件外构置三维自由光学曲面将光线高效、均匀投射到被照明区域以及总光通量可简单线性扩展的光源模组拓扑结构,从而实现 LED 体积小、可调控光线行为的优势,进而提高照明均匀性和光能利用率。而 U_{2A} 大学此次产学研合作最开始的动机就是解决其大功率 LED 研发及其运用方面的技术瓶颈，据此可知，双方的合作目标差异处于"低"水平。

（三）关系强度

KS 公司从其转行从事 LED 以来，均未与任何大学或者科研院所展开过任何形式的技术研发合作。所以合作经验方面而言确实存在明显的不足，公司副总就曾经指出：对于民营企业而言，高校高不可攀，所以遇到技术难题的时候不容易，或者不敢去想与高校进行合作。通过政府牵头，与 U_{2A} 大学展开合作之后，出于对高校的敬畏之情，能积极地为高校研究人员提供优秀的研发场所，所以双方人员之间的关系，以及高校研发团队与企业之间关系呈现良好的态势。另外，随着接触的不断增强，双方之间的认识也不断深化，也为继续稳定的合作奠定了关系基础。由此可见，双方的关系强度程度"强"。

（四）学习意愿

KS 公司成立之初，主要从事五金配件生产销售。后来开始进行五金与灯饰结合的铁架装饰灯生产，1998 年，KS 公司开始进行中、低功率 LED 的研发和应用。直到 2004 年，KS 公司开始将发展方向转向大功率 LED 的研发与应用，然而，在开发过程中遇到了一系列的技术难题，例如，大功率带来的散热问题、电路驱动系统等。所以 KS 公司对于相应的技术需求异常强烈。该公司副总在访谈中也曾指出："与高校合作之前，企业的研发主要在结构、外形方面，技术含量不高，靠企业自己无法实现突破，当我第一次接触到 U_{2A} 大学国家实验室时，突然有一种豁然开朗的感觉，他们在技术上的创新和对行业发展前瞻性的理论判断，正是我们所需要的，双方找到了对接点。"据了解，为了早日完成大功率 LED 研发项目，U_{2A} 大学的十多名师生吃住在 KS 企业，期间双方的技术人员进行了极其密切的交流。所以据此得出 KS 公司在与 U_{2A} 大学合作过程中学习意愿处于很强的程度。

（五） KS 公司与 U_{2A} 大学的知识转移

在与 U_{2A} 大学合作中，KS 公司不仅通过双方的技术分析会、U_{2A} 大学的技术报告以及实验数据及其技术预测分析会等渠道获得来自 U_{2A} 大学所转移的内隐性不是很高的知识，同时由于双方的技术人员的共同实验，工作方面的正式沟通以及工作之余私下的沟通交流，KS 公司技术研发人员也不断从 U_{2A} 大学的派驻人员学习到关于大功率 LED 电路驱动控制以及发热散热原理方面的内隐性以及复杂性较高的知识。并且这些内隐性较高的知识才是构成企业自主创新能力的关键要素，为 KS 公司后续技术的不断升级，由产品技术向应用性共性技术，甚至基础性共性技术的延伸和拓展奠定了坚实的基础。

KS 公司与 U_{2A} 大学的合作始于 2007 年 8 月，仅仅通过 3 个月的合作研发，KS 公司即突破了大功率 LED 研发的技术瓶颈。所以，KS 公司与 U_{2A} 大学产学研知识转移速度"很快"。从知识转移成本方面而言，双方产学研合作关系正式确立之后，即着手组建共同的半导体照明技术与应用研究院，并有 U_{2A} 大学合作研究团队派驻研究人员入驻，所以双方的研究人员基本每天共同进行研究工作，为双方之间的沟通提供了便捷的平台；而且，在双方展开大功率 LED 合作研发之前，KS 公司已经进行了大量的相关研发，故而其内部研发人员相关方面的知识储备也比较充分，所以双方的合作总体而言并未消耗企业过多的资源，对于 U_{2A} 大学而言，面向半导体照明的 GaN 基高亮度 LED 材料外延和管芯制备，器件封装与系统级应用，新型高效 LED 道路照明光源在配光分布、能效、眩光控制等方面均处于国际最高水平之列，双方之间技术语言不存在转换问题，所以其产学研知识转移成本处于"很低"水平。所转移知识有用性方面，访谈中发现，企业自从 2007 年与 U_{2A} 大学进行合作，KS 公司在 LED 领域开始进入快速发展阶段，相继在替代普通照明、路灯、射灯以及室内照明方面得到突发式发展，并开始从功能性照明向更加高端的节能、智能方面转型。所以 U_{2A} 大学所转移的知识对 KS 公司而言，不仅解决了产品技术这一"燃眉之急"，也从长远角度促进了 KS 公司大功率 LED 研发基础知识的积累，更为后来的光通信发展方向提供了技术预测，所以说 KS 公司与 U_{2A} 大学产学研知识转移有用性"很强"。最后，不论从整个产学研合作过程，还是从产学研合作最终成果来看，KS 公司对于与 U_{2A} 大学的合作均表示"很高"的满意度，这也从双方后期共同组建的集成光电子国家重点实验室分室以及 LED 无线光通信技术的研发方面得到验证。

三、KS 公司与 U_{2B} 大学合作的案例描述

（一）产学研合作概况

U_{2B} 大学是一所具有 90 多年历史的教育部直属 "985 工程"和"211 工程"重点建设的高水平研究型综合大学。与 KS 公司有合作关系的 U_{2B} 大学半导体照明系统研究中心依托于光电材料与技术国家重点实验室，在宽禁带化合物半导体材料外延生长、LED 芯片加工工艺、白光 LED 封装及光源制备新原理探索及新技术开拓研究方面具备研究优势。

KS 公司与 U_{2B} 大学半导体照明系统研究中心合作时间为 2007～2009 年。双方通过省部产学研联盟相识，并迅速就 LED 无线控制系统项目展开合作，KS 公司希望通过合作实现大功率 LED 路灯及景观灯无线控制系统的研发。

(二) 合作主体差异性

KS 公司一直以来从事于大功率 LED 路灯、室内照明等的研发与生产销售，随着其技术的不断成熟，迫切需要通过良好稳定的无线控制系统完成其路灯以及景观隧道灯光的配光问题。而 U_{2B} 大学半导体照明系统研究中心作为一家半导体照明系统集成技术的研究机构，自然成为 KS 公司合作的首选对象。然而双方因为存在巨大的组织差异，最终导致合作的失败。

首先，U_{2B} 大学半导体照明系统研究中心研究涉及面比较广泛，覆盖整个 LED 产业链。在上游领域，研究重心主要集中于 Si 衬底 GaN 基外延片的生产及 MOCVD 器件的制备，在中游及下游领域，主要集中于 LED 封装、测试以及热学研究。虽然对于 10/40Gbps 光通信系统的超高速半导体光电探测器件进行过一定的研究，但是其最重要的方向在于 LED 芯片及封装技术研究方面。反观 KS 公司业务主要集中于 LED 产业中下游封装以及照明系统解决方案，对于光通信方面以及无线控制方面知识基础基本缺乏。所以双方的知识基础差异水平"很高"。

其次，合作目标方面，KS 公司希望通过与 U_{2B} 大学的合作，完成路灯系统的无线控制技术问题，换言之，希望合作的最终成果属于一整套的技术解决方案。反观 U_{2B} 大学，对于产学研合作提供的仅仅是基础性共性技术和应用性共性技术方面的供给。所以双方合作目标差异处于"很高"水平。

(三) 关系强度

KS 公司前后已经与若干高校进行产学研合作，所以合作研发经验比较丰富，与 U_{2B} 大学展开合作后，双方之间的技术人员以及组织之间的沟通都不算频繁。这可能是造成最终合作失败的原因之所在，据此可知，双方关系强度处于"弱"水平。

（四）学习意愿

KS 公司一直以来处于 LED 产业的下游，虽然一直在努力进行纵向一体化战略，但并非短期内能够实现，为了企业发展，短期内只能将现有产品进行升级和优化。鉴于其所提供的产品多为室内照明、路灯、景观灯以及隧道灯光系统的综合解决方案，而制约其发展的核心技术问题具有两个，首先就是大功率 LED 生产封装工艺；其次就是光源之间的衔接和系统的整体无线控制。针对前面一个关键技术问题，已经通过与 U_{2A} 大学的合作得到完美解决，所以对于无线控制系统的技术突破，具有"很强"的学习愿望。

（五）KS 公司与 U_{2B} 大学的知识转移

双方的产学研合作并未取得成功，所以其知识转移效果而言也无法令 KS 企业满意。从产学研知识转移成本角度来看，支付了一定的研究经费，以及研发人员资源；从产学研知识转移速度方面来看，从 2007 年开始合作到 2009 年结项，双方由于中间缺乏沟通，只有在项目报告会以及最终的验收报告会进行过接触，故而转移速度"很慢"。从转移知识有用性方面，KS 公司分管技术研发副总谈道："我们与 U_{2B} 大学关于无线控制系统方面的产学研合作基本属于失败的合作，因为项目验收之时并未有应该有的成果。"所以对于所转移知识的有用性更无法衡量。

四、KS 公司案例内分析

根据前面的案例描述，本节将 KS 公司与两所大学的产学研知识转移相关变量描述进行了归纳汇总和案例内分析（见表 3-2）。

表 3-2　　KS 公司产学研知识转移案例

变量	KS-U_{2A}产学研知识转移	KS-U_{2B}产学研知识转移
知识转移速度	很快 合作始于 2007 年 8 月，仅仅通过三个月的合作研发，KS 公司即突破了大功率 LED 研发的技术瓶颈，并开始顺利投产大功率 LED 路灯，并一举成为国内首家实现规模化量产的企业	很慢 合作之后，我们与 U_{2B} 大学合作团队联系和沟通不频繁，最终合作失败，没有实际的研究成果，所以谈不上速度快慢
知识转移成本	很低 在双方展开大功率 LED 合作研发之前，KS 公司已经进行了大量的相关研发，故而其内部研发人员相关方面的知识储备也比较充分，所以双方的合作总体而言并未消耗企业过多的资源	中等 支付了一定的研究经费，投入了一定的研发人员等资源
知识转移有用性	很强 U_{2A} 大学所转移的知识对 KS 公司而言，不仅解决了产品技术"燃眉之急"，也从长远角度促进了 KS 公司大功率 LED 研发基础知识的积累，更为后来的光通信发展方向提供了技术预测	很弱 我们与 U_{2B} 大学关于无线控制系统方面的产学研合作基本属于失败的合作，因为项目验收之时并未有应该有的成果
知识转移满意度	很高 无论从整个产学研合作过程，还是从产学研合作最终成果来看，KS 公司对于与 U_{2A} 大学的合作均表示满意	很低 由于并未产生实质性成果。而且合作过程中，U_{2B} 大学与企业联系不足
学习意愿	很强 与高校合作之前，企业的研发主要在结构、外形方面，技术含量不高，靠企业自己无法实现突破，当我第一次接触到 U_{2A} 大学国家实验室时，突然有一种豁然开朗的感觉，他们在技术上的创新和对行业发展前瞻性的理论判断，正是我们所需要的，双方找到了对接点	很强 KS 公司提供的产品多为室内照明、路灯、景观灯以及隧道灯光系统的综合解决方案，而制约其发展的核心技术问题具有两个，首先就是大功率 LED 生产封装工艺；其次就是光源之间的衔接和系统的整体无线控制

续表

变量	KS – U_{2A} 产学研知识转移	KS – U_{2B} 产学研知识转移
吸收能力	中等 KS 公司高度重视企业技术创新，企业刚刚从小功率 LED 生产向大功率 LED 研发转型，从人员知识结构和企业技术储备均不足	很低 设有众多科研平台，研发强度长期维持在 8% 左右的水平，汇集了大量大功率封装技术、结构设计、散热技术、光学技术、电子技术等细分技术行业中的中坚力量和精英团队，但是对于自动控制和无线控制方面却乏善可陈
知识技术差异	低 合作大学光电子以及光通信研究方面更是领先全国。KS 公司经过 3 年的摸索，在常规封装白光 LED 用于照明时存在照明均匀性差、光能利用率低的问题方面具有一定的知识基础积累	很高 U_{2B} 大学半导体照明系统研究中心在上游领域，研究重心主要集中于 Si 衬底 GaN 基外延片的生产及 MOCVD 器件的制备，在中游及下游领域，主要集中于 LED 封装、测试以及热学研究。KS 公司业务主要集中于 LED 产业中下游封装以及照明系统解决方案，对于光通信方面以及无线控制方面知识基础基本缺乏
目标差异	低 U_{2A} 大学与 KS 公司目标在于通过产业化的方式检验其提出的解决大功率 LED 照明均匀性和光能利用率问题的思路，而 U_{2A} 大学此次产学研合作最开始的动机就是解决其大功率 LED 研发及其运用方面的技术瓶颈	很高 KS 公司希望合作的最终成果属于一整套的技术解决方案。U_{2B} 大学，对于产学研合作提供的仅仅是基础性共性技术和应用性共性技术方面的供给
关系强度	强 与 U_{2A} 大学展开合作之后，出于对高校的敬畏之情，能积极地为高校研究人员提供优秀的研发场所	弱 双方关系一般，展开合作后，双方之间的技术人员以及组织之间的沟通都不算频繁

资料来源：笔者经访谈整理分析所得。

（一）KS 公司学习意愿与知识转移的关系

从上述案例描述中可以看出，KS 公司对 U_{2A} 大学和 U_{2B} 大学知识转移学习意愿都很强。KS 公司从五金产品生产发家，进而转型 LED

产业，可以说得益于与众多高校及科研院所的合作。U_{2A}大学在半导体照明、大功率 LED 散热技术、二次光学技术等领域均具有极其深厚的底蕴，而这些研究成果正是 KS 公司一直突破大功率 LED 照明封装的关键之所在，所以 KS 公司学习意愿强烈。强烈的学习意愿驱动企业积极与 U_{2A} 大学进行产学研知识转移，为此，企业不惜投入巨资兴建研究中心，购置先进的研发和监测相关设备，聘请 U_{2A} 大学专家及其研究团队进驻研究中心与内部研发人员进行研发。同样，强烈的学习意愿驱使企业内部研发人员能积极主动与对方大学合作研究团队保持频繁的技术沟通和交流，学习其研究成果，并且就平时无法理解的知识和技术进行咨询，提升自身的相关理论基础知识。作为管理部门，KS 公司研发部也经常为内部技术人员进行培训与深造。同理，U_{2B} 大学所属的半导体照明系统研究中心主要就是进行半导体照明的先导性基础研究与应用层面的技术研究，并建设开放、支撑产业发展的产学研合作平台，且与众多 LED 企业具备长久稳定的产学研合作关系，KS 公司通过产学研联盟与半导体照明系统研究中心结识后，迅速展开合作进行 LED 系统的无线控制技术研究，因为该项技术已经成为制约其产品综合解决方案的重要瓶颈，一直以来均受制于人。所以通过上述分析发现 KS 公司与两所大学的合作中均表现出强烈的学习意愿。

从产学研知识转移情况来看，与两所大学的合作却呈现决然不同的结果。KS 公司通过与 U_{2A} 大学的产学研知识转移，一举突破了大功率 LED 散热、电路驱动等核心技术难题，使得企业成功转型。反观与 U_{2B} 大学的合作，KS 公司基本上未从合作中得到希望获得的知识，彻底以失败告终。所以说，学习意愿与产学研知识转移之间可能并非简单的促进关系，或者学习意愿与其他因素共同对知识转移产生作用。

（二） KS 公司吸收能力与知识转移的关系

KS 公司开始希望完全依靠自身技术研发能力进行大功率 LED 研

发，然而，由于研发实力有限，经过几年的研究与摸索始终无法突破其中技术瓶颈，在此背景下通过政府介绍与 U_{2A} 大学展开合作。而在合作过程中，通过共建博士后工作站、研究院以及研究人员之间的不断沟通，使企业研发人员的知识存量得到一定程度的增长，换言之，企业在从 2004 年进行大功率 LED 研发开始，其吸收能力就处于不断增长的过程。与 U_{2A} 大学合作主要开始于大功率 LED 的散热以及电路驱动和封装技术，仅用 4 个月的时间就完成了合作研发到规模化量产，知识转移的迅速完成可以说企业自身的吸收能力起到重要作用。企业一直以来均在努力突破该项技术难题，受制于知识结构，迟迟未掌握其中"know how"，但是这并不代表企业不具备相关的知识基础，换言之，U_{2A} 大学在合作过程中更多的作用是画龙点睛，完成最后的临门一脚。合作研发的完成到投产则完全依赖 KS 公司对 U_{2A} 大学所转移的知识的消化吸收和利用。综上所述，KS 公司与 U_{2A} 大学的产学研知识转移，不论从合作过程中的知识转移，还是完成合作目标之后的知识利用都充分体现企业自身吸收能力所扮演的重要角色。

随着 KS 企业对 LED 照明、路灯、射灯、轨道用灯等领域的不断深入，越来越认识到知识的力量，为提升企业知识利用能力，先后组建"广东省半导体照明技术与应用工程技术研究开发中心"和"城市照明创新设计中心"等科研平台，完善实验研发设备，大力引进创新型人才。与 U_{2B} 大学的合作开始于 2007 年，基本与 U_{2A} 大学的合作同步进行，按照 KS 公司规划，通过与 U_{2A} 大学的合作完成大功率 LED 的散热和电路驱动等技术的攻克，而与 U_{2B} 大学的合作则主要在于解决自动控制以及无线控制系统的技术。KS 公司在 2004～2007 年主要进行的是关于 LED 散热和封装技术的研究，换言之，对于自动控制系统，企业基本没有任何技术和知识的储备，故而该方面的知识消化吸收及利用的能力偏弱。所以在合作中，企业无法与 U_{2B} 大学的合作研发团队进行有效沟通，最终只是双方存在较大的出入，合作也以失败告终。

通过上述 KS 公司与两所大学合作案例分析中，不难看出企业知识获取、消化、吸收和利用能力的差异将会导致不同的知识转移效果。

（三）KS 公司学习意愿与吸收能力的交互关系

KS 公司在与两所大学合作中都表现出很强的学习意愿，但是由于知识获取、消化、吸收和利用能力的不同，导致不同的产学研知识转移效果，换言之，产学研知识转移受到学习意愿和吸收能力的共同作用。与 U_{2B} 大学合作中，虽然拥有较强的学习意愿，但是受制于企业对自动控制和无线控制技术的了解程度，企业该方面技术储备基本空白，故而其获取和吸收知识的能力较弱。在此情况下，合作只能成为单方面的研发，值得一提的是，企业强烈的学习意愿促使技术研发人员不断对该方面知识进行学习，使得 KS 公司在与 U_{2B} 大学合作失败后，依赖与其他科研机构的合作，迅速完成了该项技术的攻关。

第五节 MC 公司案例描述与分析

一、MC 公司基本状况

（一）MC 公司简介

MC 公司创立于 2000 年，是一家致力于绿色环保的聚合物锂离子电池、液态锂离子电池、动力储能电池等新能源产品研发、生产和销售的优秀民营企业。坐落于广东东莞市，员工总人数为 2500 人，2015 年销售收入 14 亿元。先后被认定为"国家火炬计划重点高新技术企业""广东省创新型企业""广东省自主创新试点企业"等荣誉称号。

(二) MC 公司吸收能力

MC 公司成立初期主要从事镍镉充电电池及铅酸电池的生产与销售,员工不到 500 人,技术力量也极其有限。随着企业的不断发展,技术和研发实力成为其发展的重要阻碍因素。虽然先后引进了大批技术人才,投入大量资金开展技术攻关,但是工程技术人员的理论十分欠缺,致使技术创新不见成效。2004 年,正式开始与 U_{3A} 大学的产学研技术研发合作,投巨资共建博士后流动站,购置了电化学工作站、水分测试仪、振实密度测试仪、原子吸收分光光度计等电池技术研究先进仪器。2015 年研发投入达到 8000 万元,研发强度年均 5% 以上。技术研发人员数量目前为止 300 余人,其中教授、博士后、博士、硕士近 70 人。现行有效授权专利 136 项,其中发明专利 87 项、实用新型 38 项、外观设计 11 项。承担了多项国家级、省部级科研项目,科技创新活动涵盖了新材料、新产品、新工艺的研究开发。所以说,MC 公司吸收能力在与 U_{3A} 大学合作之初处于"较低"水平,随着合作研发以及自身技术人员的成长,到后来与 U_{3B} 大学合作时,吸收能力已经得到了突破性增长,表现为"高"水平。

二、MC 公司与 U_{3A} 大学合作的案例描述

(一) 产学研合作概况

U_{3A} 大学是一所直属于教育部的全国重点理工类研究大学,其化工学院研究实力比较雄厚,近五年全院共发表 SCI 收录论文 2070 篇、EI 收录论文 1972 篇,申报发明专利 1073 项,授权发明专利 566 项。在

新型催化剂与反应技术等多项成果处国际先进水平。该学院的电化学方面的研究在海内外也得到了广泛认可。

MC 公司经过 4 年的发展，迫切需要进行技术更新换代，以更加环保的电池替代现行的镍镉、铅酸电池，2004 年已经将大部分研发力量投入到镍氢电池用纳米氢氧化镍的制备，该项技术的突破是企业生产镍氢电池的关键技术。但是一直以来都未得到突破性进展，在当地政府的牵头下，MC 公司与 U_{3A} 大学达成合作意向，出资 800 万元兴建博士后工作站，并购置先进的实验设备，U_{3A} 大学也由该领域著名的专家带队，带领 8 名博士生和 15 名硕士生入驻工作站与 MC 公司的技术人员共同参与"镍氢电池用纳米氢氧化镍研制项目"。该项目的实施不仅为企业带来良好的经济效益，也为企业培养了技术研发队伍。良好的产学研合作也为 MC 公司与 U_{3A} 大学合作研究奠定了基础。例如磷酸铁锂绿色锂离子电池正极材料的研制、新型聚合物锂离子电池的产业化、多元掺杂锰酸锂中试生产关键技术的研究、低钴、低成本胶体状锂离子电池、高功率锂离子电池研究、低成本扣式电池和高可靠性锂离子电池技术研究等。

（二）合作主体差异性

MC 公司与 U_{3A} 大学能源工程研究所的合作，是该企业迅速转型成为专注新能源高科技企业的重要助力。与 U_{3A} 大学的合作是 MC 公司知识基础和技术基础从不完善到逐渐趋于合理化的过程，也是其自主创新能力的不断提升过程。可以说，没有双方之间的产学研合作就没有如今 MC 的成功。但是，在合作中也存在一定的组织差异。只是双方之间的差异不仅可能会阻碍合作的顺利进行，同时也可能成为促进合作的助力。在差异中寻求匹配是 MC 公司与 U_{3A} 大学产学研合作取得重大成果的关键。

首先，与 MC 公司合作的 U_{3A} 大学能源工程研究所的团队在电化学以及能源工程领域研究基础扎实。该研究团队在电化学领域共获得专利授权120余项，从镍氢电池电极材料的制备，到锂离子电池都具有丰富的研究成果。而合作初期的 MC 公司仅仅是一家生产和销售镍镉电池和铅酸电池的企业，其技术人员对于镍氢电池相关知识，虽有所了解，但是其深度远未达到从事科学研究的程度，而其他电化学领域的相关知识更是知之甚少，所以说 MC 公司的知识基础与 U_{3A} 大学能源工程研究所的团队之间存在巨大的差异。但是也不可否认，MC 公司自从2004年就开始进行镍氢电池的研究，其研发人员对于相关的基础性知识和技术了解程度也不容忽视。故而，在后续的合作中才能不断消化吸收来自对方的最新知识和技术。据此判断，双方之间的知识基础差异"高"。

其次，合作目标方面，U_{3A} 大学与 MC 公司展开合作，主要在于产业化研究过程中关于镍氢电池用纳米氢氧化镍制备的思路，另外也为其下一步研究提供充足的经费支持，以展开对锂离子电极材料研究以及聚合物锂离子电池研究，相对于利用纳米氢氧化镍制备镍氢电池等产品开发性技术合作意愿不是很大。反观 MC 公司，也是希望通过产学研合作获得镍氢电池生产方面的共性核心性技术——纳米氢氧化镍的制备工艺。访谈中，其企业技术部门主管也表明：企业合作目标比较明确，就是在该类产品的共性的技术进行突破，当然，顺便能够在技术下游解决产品生产工艺优化等方面的合作。所以，双方的合作目标均为以开展应用性共性技术为主导，据此可知合作目标差异水平"较低"。

（三）关系强度

MC 公司从最开始镍镉电池以及铅酸电池的生产到镍氢电池的研发，并未有与其他高校合作研发的经验。随着与 U_{3A} 大学合作关系的确立，先后投入巨资完善研发基础设施，并且通过合作为企业留住高层次人才，在合作过程中，研发项目的组建往往是双方成员共同参与，在参与过程中也实现了技术人员的无缝对接。而且，MC 公司不断从合作中尝到甜头，从而更坚定其不断维持和升级与对方大学的合作关系。故而，双方的关系强度"强"。

（四）学习意愿

MC 公司成立之初，只是生产和销售镍镉、铅酸等对环境影响比较严重的电池，随着社会经济不断发展，该种电池不断被淘汰，所以该企业迫切需要转型研发生产新一代环境友好型电池，而逐渐将注意力转向镍氢、锂离子电池。然而镍氢电池以及锂离子电池与之前所生产的产品技术方面存在巨大的差异，在技术人员尝试之后发现凭借企业自身现有的技术水平不足以突破技术瓶颈。所以企业对于外部技术拥有者具有强烈的学习意愿。而 U_{3A} 大学能源工程研究所作为电化学研究领域的传统强者自然成为其合作的首选目标，经当地政府牵头之后，迅速与其建立合作关系，并着手共同攻克技术难题，在合作过程中企业能够派驻内部技术研发人员积极参与研发项目，并不断消化吸收来自对方的技术和电化学方面的基础知识。据此得出 MC 公司在与 U_{3A} 大学合作过程中学习意愿处于很强的程度。

（五）MC 公司与 U_{3A} 大学的知识转移

MC 公司通过与 U_{3A} 大学的合作，不仅完成技术的攻关工作，更借助大学团队的力量完成企业研发人员知识技能的积累工作。一方面，通过对方大学专家进行的技术报告以及分析会，对行业整体的发展趋势以及行业技术基础性知识进行了普及；另一方面，也通过共同申报磷酸铁锂绿色锂离子电池正极材料研制、高功率锂离子电池研究、低成本扣式电池等项目，获得了显性知识。

MC 公司与 U_{3A} 大学的合作开始于 2004 年，由共同组建的博士后工作站进行镍氢电池用纳米氢氧化镍的制备研究。并迅速完成了技术的突破,形成了镍氢快充电池、镍氢高温电池和镍氢低自放电电池等4项发明专利,为 MC 公司生产转型提供了强力的技术支持。所以 MC 公司与 U_{3A} 大学产学研知识转移速度"很快"。从知识转移成本方面来看,双方产学研关系正式确立之后,MC 公司即开始进行大量的研发设备、场所等方面的投入,但是由于上述投入均属于固定性投入,而实际此次产学研知识转移中其资金的投入并不大,另外,工作站成立之后,U_{3A} 大学即派驻了 8 名博士生和若干硕士研究生投入研发工作,企业为该工作站投入的资源十分充足。从 U_{3A} 大学角度来看,该团队一直以来从事电化学方向的研究,并在以往研究中积累了众多的研究成果,同时在此之前也同众多企业开展了产学研合作,所以双方之间沟通顺畅。据此而言,MC 公司知识转移成本"中等"。所转移知识有用性方面,访谈中,MC 公司副总谈道:企业在寻求技术突破苦无良策之际,与 U_{3A} 大学开始合作,可以说对于 MC 公司而言是"雪中送炭"。合作的成果也迅速转化为企业的生产力,并且 2007 年利用该次合作成果改进性能的镍氢电池正极材料得到了巨大的成功,为企业带来 2625 万元的销售收入,实现利润 346 万元。并为企业下一步进军锂离子电池市场做好了充分的前期准备。所以说 MC 公司与 U_{3A} 大学产学研知识转移有用性"很强"。最后,从整个产学研合作过程来看,MC 公司与对方研究团队之间形成了很好的合作关系,对整体过程很满意,而从结果来看也实现了预期的目标。满意度"很高",这从后续合作研究的不断深化可以得到很好的说明。

三、MC 公司与 U_{3B} 大学合作的案例描述

(一) 产学研合作概况

U_{3B} 大学是一所具有 60 多年历史的省属重点高校。在"助力地方

经济发展"的发展理念下,一直兼顾教学与科研相互促进,坚持人才培养匹配地方经济发展需求,科研服务于区域经济发展。作为 U_{3B} 大学老牌院系之一,材料与能源学院下设材料学和材料加工工程两个一级学科以及功能材料的制备与应用技术广东省教育厅重点实验室。与 MC 公司有合作关系的功能材料的制备与应用技术重点实验室在超级电容器、锂离子电池、染料敏化太阳能电池、镍氢电池、纳米复合导热材料、纳米复合电磁波吸收和屏蔽材料等领域具有一定的科研实力。

MC 公司于 2008 年与 U_{3B} 大学建立产学研合作关系。U_{3B} 大学拥有新型纳米材料与薄膜(碳纳米管、碳包纳米晶、碳 60 薄膜、纳米氮化硅)的合成技术,该技术有利于锂离子二次电池负极材料生产制备。MC 公司希望通过产学研合作将该大学技术实现产品技术延伸,双方的合作内容主要涉及碳纳米管钛酸锂复合电极材料的研发。

(二)合作主体差异性

MC 公司希望通过与 U_{3B} 大学功能材料的制备与应用技术重点实验室的合作,完成其由镍氢电池领域向锂离子电池领域的拓展。但是在整个合作期间虽然也有成果形成,但是却与最初的设想形成了一定的反差。从双方的组织差异方面剖析发现,不管是产学研合作目标还是知识基础方面均存在一定的差异。具体分析如下。

首先,与 MC 公司合作的 U_{3B} 大学功能材料的制备与应用技术重点实验室在碳包纳米晶磁性靶向药物载体、储能碳纳米材料、碳纳米管的电磁波吸收性能、导电、导热无机纳米填料,纳米碳和聚合物的复合材料等方面均具有较强的研究实力。而合作初期的 MC 公司在此方面的知识储备基本为零,所以说从相关知识存量的角度而言,双方差异程度很大。另外,随着企业持续不断对复合电极材料的关注,技术研发部门人员该方面的知识基础也在不断地丰富。所以,MC 公司与 U_{3B} 大学知识基础差异"很高"。

其次，合作目标方面，U_{3B}大学与 MC 公司开展产学研合作，主要在于将其碳包覆纳米管方面的研究优势推向市场，以换取更充裕的研究经费。从该角度出发，U_{3B}大学更加愿意进行共性技术方面的研究，涉及具体的诸如碳纳米钛酸锂材料制备方面则合作意愿不强烈，因为这将占用较多的资源，并且也并非研究所长。反观 MC 公司，进行此次产学研合作的目标则有两重，第一，解决碳包覆纳米金属颗粒制备工艺这一应用性共性技术，第二，进行下游产品技术的开发。所以双方合作目标之间存在一定的差异，总体而言，合作目标差异处于"高"水平。

（三）关系强度

MC 公司与 U_{3B} 大学展开合作之前，已经与 U_{3A} 大学进行较长时间的合作，并且取得了巨大的成功。随着与 U_{3B} 大学合作关系的确立，因为双方具有一定的地缘优势，所以沟通方面比较频繁，在合作过程中也让大学研究人员对企业研发工作产生了较大的兴趣，项目完成之后为企业留住了一批科技人才。所以整体而言，双方关系强度程度"中等"。

（四）学习意愿

MC 公司经历了由初期缺乏技术，无法突破技术瓶颈的困境到产学研合作带来巨大收益的过程。所以其对产学研合作存在浓厚的兴趣，愿意通过产学研解决企业面临的技术问题。在认清市场发展轨迹之后，充分认识到锂离子电池的巨大市场。虽然锂离子电池与镍氢电池之间存在一定的技术相关性，但整体而言技术体系和工艺体系差异较大。需要进行技术攻关，在此背景下，MC 公司开始了与 U_{3B} 大学的合作。同时由于 U_{3B} 大学的合作团队以往的技术研发实力和研究成果，MC 公司对其学习意愿"很高"。希望借此能够为企业积累锂离子二次电池负极材料的相关技术。

(五) MC公司与U_{3B}大学的知识转移

MC公司通过与U_{3B}大学的合作，虽然得以培养企业内部技术研发人员，同时也为后续的碳包覆纳米氧化锡复合负极材料以及碳包覆纳米钛酸锂复合负极材料制备提供了基础技术支持。但是，总体来说，因为合作并未完全达到MC公司预期的目标。所以知识转移效果较低。

双方的合作始于2008年，通过共同组建项目研究团队进行碳包覆纳米金属颗粒制备工艺的研究。直到2011年才完成相应的合作项目验收，虽然合作确实为企业带来了产品技术开发的共性技术基础，然而从产学研知识转移速度的角度来看，仅处于"很低"水平。从知识转移的成本方面，自从展开合作之后，MC公司先后投入300多万元的资金投入以及其他相应实验设备和实验材料的购置，并为研究团队成员支付了一大笔的劳务费用，与此同时，公司为配合项目合作的开展，还进行了内部研发人员的投入，所以总体而言，知识转移成本"较高"。所转移知识有用性方面，从各方面资料以及访谈显示，MC公司对于U_{3B}大学产学研合作转移的知识比较认可，虽未达到预期目标，但是所形成的研究成果仍然具有重要意义，为今后企业相应产品技术和专利的形成提供了基础性的技术平台。故而，知识有用性处于"较高"水平。最后，对于产学研知识转移满意度而言，MC公司技术研发副总认为：虽然取得了一定成果，但是合同并未得到很好地履行，这也是后来并未与U_{3B}大学进行合作的原因。据此，满意度评定为"低"水平。

四、MC公司案例内分析

根据前面的案例描述，本章将MC公司与两所大学的产学研知识转移相关变量描述进行了归纳汇总和案例内分析（见表3-3）。

表3-3　　　　　　　MC公司产学研知识转移案例

变量	MC-U$_{3A}$产学研知识转移	MC-U$_{3B}$产学研知识转移
知识转移速度	很快 共同组建的博士后工作站进行镍氢电池用纳米氢氧化镍的制备研究，并迅速完成了技术的突破，形成了镍氢快充电池、镍氢高温电池和镍氢低自放电电池等4项发明专利	很慢 合作始于2008年，通过共同组建项目研究团队进行碳包覆纳米金属颗粒制备工艺的研究，直到2011年才完成相应的合作项目验收
知识转移成本	中等 进行大量的研发设备、场所等方面的投入，但是由于上述投入均属于固定性投入，而实际此次产学研知识转移中其资金的投入并不大	较高 合作之后，MC公司先后投入300多万元的资金投入以及其他相应实验设备和实验材料的购置，并为研究团队成员支付了一大笔的劳务费用
知识转移有用性	很强 我们在寻求技术突破苦无良策之际，与U$_{3A}$大学开始合作，可以说对于MC公司而言是雪中送炭	较高 MC公司对于U$_{3B}$大学产学研合作转移的知识比较认可，虽未达到预期目标，但是所形成的研究成果仍然具有重要意义，为今后企业相应产品技术和专利的形成提供了基础性的技术平台
知识转移满意度	很高 MC公司与对方研究团队之间形成了很好的合作关系，对整体过程很满意，而从结果来看也实现了预期的目标	低 虽然取得了一定成果，但是合同并未得到很好地履行，这也是后来并未与U$_{3B}$大学进行合作的原因
学习意愿	很强 镍氢电池以及锂离子电池与之前所生产的产品技术方面存在巨大的差异，在技术人员尝试之后发现凭借企业自身现有的技术水平不足以突破技术瓶颈。所以企业对于外部技术拥有者具有强烈的学习意愿	很强 对产学研合作存在浓厚的兴趣，愿意通过产学研解决企业面临的技术问题

续表

变量	MC－U_{3A}产学研知识转移	MC－U_{3B}产学研知识转移
吸收能力	较低 成立初期主要从事镍镉充电电池及铅酸电池的生产与销售,员工不到500人,技术力量也极其有限。随着企业的不断发展,技术和研发实力成为其发展的重要阻碍因素。虽然先后引进了大批技术人才,投入大量资金开展技术攻关,但是工程技术人员的理论十分欠缺,致使技术创新不见成效	高 2004年,投巨资共建博士后流动站,购置了电化学工作站、水分测试仪、振实密度测试仪、原子吸收分光光度计等电池技术研究先进仪器。研发强度年均5%以上。技术研发人员数量目前为止300余人,其中教授、博士后、博士、硕士近70人
知识技术差异	高 合作大学研究团队在电化学领域共获得专利授权120余项,从镍氢电池电极材料的制备,到锂离子电池都具有丰富的研究成果。而合作初期的MC公司仅仅是一家生产和销售镍镉电池和铅酸电池的企业,其技术人员对于镍氢电池相关知识,虽有所了解,但是其深度远远未达到从事科学研究的程度	很高 U_{3B}大学功能材料的制备与应用技术重点实验室在碳包纳米晶磁性靶向药物载体、储能碳纳米材料、碳纳米管的电磁波吸收性能、导电、导热无机纳米填料,纳米碳和聚合物的复合材料等方面均具有较强的研究实力。而合作初期的MC公司在此方面的知识储备基本为零
目标差异	较低 我们公司合作目标比较明确,就是在该类产品的共性的技术进行突破,当然,顺便能够在技术下游解决产品生产工艺优化等方面的合作。所以,双方的合作目标均为以开展应用性共性技术为主导	高 U_{3B}大学更加愿意进行共性技术方面的研究,涉及具体的诸如碳纳米钛酸锂材料制备方面则合作意愿不强烈,因为这将占用较多的资源,并且也并非研究所长
关系强度	强 通过合作为企业留住高层次人才,在合作过程中,研发项目的组建往往是双方成员共同参与,在参与过程中也实现了技术人员的无缝对接	中等 双方具有一定的地缘优势,所以沟通方面比较频繁,在合作过程中也让大学研究人员对企业研发工作产生了较大的兴趣,项目完成之后为企业留住了一批科技人才

资料来源:笔者经访谈整理分析所得。

（一）MC 公司学习意愿与知识转移的关系

MC 公司 2004 年即开始着手将企业产品从镍镉电池和铅酸电池等具有较强污染性的电池向镍氢电池和锂离子电池升级的研发工作，然而由于一直未突破镍氢电池用纳米氢氧化镍的制备工艺技术，故而迟迟未见成效。U_{3A} 大学在电化学领域的研究海内外知名，有鉴于此，MC 公司开始与 U_{3A} 大学合作进行镍氢电池用纳米氢氧化镍研制。MC 技术人员对于制约其研发的技术瓶颈拥有极强的学习意愿，所以在合作中，能够共同参与项目的研发，并经常同 U_{3A} 大学研究团队进行技术方面的交流以及咨询，通过不断地学习，在合作中成长，日渐成为企业后续相关研究的骨干成员。不可否认，MC 公司强烈的学习意愿是促进其产学研知识转移快速转化为企业核心竞争能力的重要推动因素，并以此为核心，相继获得镍氢快充电池、镍氢高温电池和镍氢低自放电电池等 4 项发明专利的授权。

对比与 U_{3A} 大学的合作，发现在与 U_{3B} 大学合作过程中，MC 也存在很强的学习意愿，但是，从最终结果来看，其知识转移效果并不如意，至少未达到 MC 公司预想的程度。MC 公司与 U_{3A} 大学不仅进行了镍氢电池方面的合作研究，还对锂离子电池的储能材料以及磷酸铁锂等绿色锂离子电池正极材料展开了研发，而锂离子电池的负极材料研发及制备工艺则主要希望通过与 U_{3B} 大学合作完成。从主观学习意愿方面而言，MC 公司希望通过与 U_{3B} 大学的合作攻克负极材料碳包覆纳米金属颗粒制备这一应用性共性技术，并以此共性技术为依托研发具体的产品技术，所以其学习意愿也比较强烈。然而，实际成果却并不尽如人意，与 U_{3A} 大学形成鲜明的对比。虽然共性技术得以完成，却缺乏必要的新产品开发，为后续的负极材料发展带来极大的困难。

从上述分析中，不难看出，同等程度的学习意愿却造成不同的产学研知识转移结果，但是，总体而言，学习意愿确实对产学研知识转移具有影响作用。

（二）MC 公司吸收能力与知识转移的关系

MC 公司在与两所大学的合作中吸收能力表现不同，与 U_{3A} 大学合作之前就已经开始进行镍氢电池的技术攻关，虽然并未突破技术难题，但是至少完成了相关知识基础和技术基础的原始积累，在整个研发过程中培养了研发人员的基本素养，而恰是上述基础知识和技能的积累促使合作中能够跟上合作单位的研究步伐，一方面对于合作研发的成果具备消化和吸收的能力，进而快速将其产业化为企业创造经济收益，带来竞争能力；另一方面，合作研发中也让 MC 研发人员清楚其中技术诀窍，为其后续的自主研发提供了方向和目标。所以良好的吸收能力是此次知识转移效果良好的基本保障因素。

反观与 U_{3B} 大学，合作内容主要包括两个阶段：第一阶段，锂离子电池负极材料研发"碳包覆纳米金属颗粒制备工艺研究"，该项研究成果属于应用性共性技术；第二阶段，基于应用性共性技术开发具体的碳纳米管钛酸锂复合电极材料的工业化生产工艺。在合作之前企业并未对该方面进行研究，所以企业内部研究人员对该领域几乎没有深刻的了解，在合作过程中，双方没有沟通的基础的共识，造成了 U_{3B} 大学研究团队的研究工作与 MC 公司研发人员的脱节，换言之，在该次产学研合作中，企业表现的吸收能力乏善可陈。第一阶段合作研发顺利完成并形成成熟的"碳包覆纳米金属颗粒制备工艺技术"技术，但是，企业相关技术人员无法很好地内化技术知识，致使后续第二阶段的产品技术开发出现严重的问题，最终以失败告终。

综上所述，吸收能力与产学研知识转移之间存在明显的关系，吸收能力比较强的情况下，知识转移效果很好，而吸收能力较弱的时候知识转移效果则相形见绌。

（三）MC 公司学习意愿与吸收能力的交互关系

从学习意愿与知识转移的关系以及吸收能力与知识转移的关系分析中发现，学习意愿与吸收能力之间存在一定的相互补充关系。学习意愿属于企业主观意愿方面的能力，而吸收能力则属于客观接受知识的能力。

MC 公司与 U_{3A} 大学的合作以镍氢电池正极材料用氢氧化镍的制备为发端，镍氢电池原理清晰，然而正负极材料的工业化生产却不容易实现，故而 MC 公司选择与 U_{3A} 大学合作，一方面因为其在镍氢电池电极材料研究方面具有丰厚的研究底蕴；另一方面也得益于政府的牵头。所以从学习意愿的角度来看，MC 公司愿意同 U_{3A} 大学合作，并且为了合作研发能够顺利完成，不惜斥资兴建实验室，购置整套先进的实验和检测设备，同时延请对方大学合作团队成员长期驻扎企业，方便 MC 公司技术研发部门人员与之进行面对面的交流和沟通，通过学习沟通提升人员技术水平和知识存量，进而实现企业吸收能力的提升。另外，由于企业自主研发不成功而转向与大学合作研发，借其研发实力突破技术瓶颈，所以从企业研发能力方面而言，对镍氢电池用正极材料相关基础知识和技术具有一定的了解和储备，换言之，吸收能力尚算可以。据此可知，MC 公司与 U_{3A} 大学合作的成功有赖于其强烈的学习意愿与较好的吸收能力的匹配。

MC 公司与 U_{3B} 大学主要以锂离子电池的负极材料制备为研发内容，这一方面技术企业之前并未进行任何的尝试，所以从吸收能力方面而言，缺乏必要的消化吸收以及利用新知识的基础，致使第一阶段研究所取得的碳包覆纳米金属颗粒制备工艺这一应用性共性技术束之高阁，企业没有相应的技术研发力量进行产品化开发。但是，在合作之前以及合作过程之中，企业所表现出学习意愿不亚于与 U_{3A} 大学合作时的学习意愿。换言之，强烈的学习意愿以及较低的吸收能力共同作用致使 MC 公司与 U_{3B} 大学产学研知识转移效果不甚理想。

第六节 跨案例分析及命题提出

前面以 KF 公司、KS 公司和 MC 公司的 6 组产学研合作为案例研究对象，并分别对每组产学研知识转移案例的合作主体差异性（包括知识技术差异、目标差异）、关系强度、学习意愿、吸收能力和知识转移（转移速度、转移成本、所转移知识有用性和知识转移满意度）等变量进行了描述，并就变量之间的关系进行了详细的分析。但是，案例具有一定的特殊性，根据单个案例无法提炼出具有普适性的理论，假设多案例中出现同样或者相似度比较高的结果，才具有较强的理论价值（Yin，2010）。所以，本研究在 KF 公司、KS 公司和 MC 公司案例内分析的基础上，对变量之间进行横向跨案例间的比较与分析，三个案例变量信息汇总如表 3-4 所示。

表 3-4 企业学习意愿、吸收能力和合作主体差异性与产学研知识转移案例信息汇总

	KF 公司		KS 公司		MC 公司	
	$KF-U_{1A}$	$KF-U_{1B}$	$KS-U_{2A}$	$KS-U_{2B}$	$MC-U_{3A}$	$MC-U_{3B}$
学习意愿	很强	中等	很强	很强	很强	很强
吸收能力	较强	较强	中等	很弱	较弱	弱
知识技术差异	较高	很高	低	很高	高	很高
目标差异	中等	低	低	很高	较低	高
关系强度	强	弱	强	强	强	中等
知识转移速度	较快	较低	很快	很慢	很快	很慢
知识转移成本	低	高	很低	中等	中等	较高

续表

	KF 公司		KS 公司		MC 公司	
	$KF-U_{1A}$	$KF-U_{1B}$	$KS-U_{2A}$	$KS-U_{2B}$	$MC-U_{3A}$	$MC-U_{3B}$
知识转移有用性	很强	很高	很强	很弱	很强	较高
知识转移满意度	很高	中等	很高	很低	很高	低

资料来源：根据表3-1、表3-2、表3-3整理分析所得。

（一）学习意愿与知识转移关系

从上述6组产学研合作中可以看出，企业学习意愿与知识转移的关系总体上呈现出正向的变动趋势。$KF-U_{1A}$、$KS-U_{2A}$和$MC-U_{3A}$产学研合作中，企业学习意愿程度比较高，其知识转移表现较为出色。而$KF-U_{1B}$、$KS-U_{2B}$和$MC-U_{3B}$三组产学研合作中，$KF-U_{1B}$学习意愿一般，表现的知识转移效果也相对而言一般，$KS-U_{2B}$和$MC-U_{3B}$两组合作中企业学习意愿也较强烈，但是知识转移效果也一般，甚至较差。以上案例初步探讨发现，企业学习意愿对产学研知识转移具备一定的促进作用。

强烈的学习意愿是产学研知识转移成功实现以及企业消化吸收并利用新知识进行知识创造的必要前提条件（Mowery et al.，1996）。当企业具备强烈的学习意愿时，它将高度重视产学研合作，并将其作为学习大学和科研院所知识的机会，采取众多举措力求尽量多地从合作机构获取所需要的知识，这些举措既可能是以合同形式的正式契约，也可能是双方之间的沟通交流机制（刁丽琳、朱桂龙，2015）。另外，知识转移的目的在于提升企业自主创新能力和自身知识存量。所以，知识转移不仅仅指新知识的获取，更加包括新知识的消化和吸收过程。如果企业学习意愿不强烈，企业研发部门也最终将对大学和科研院所的新知识缺乏敏感性。该观点在本章案例分析中得到了充分的论证。

在学习意愿强烈的 $KF-U_{1A}$、$KS-U_{2A}$ 和 $MC-U_{3A}$ 产学研合作中,企业为了与大学和科研院所建立合作关系,不惜投入巨资进行研发机构和实验设备的购置,同时为保障双方的合作能够产生企业所需要的知识和应用性共性技术,主动参与研发合作中,邀请对方专家进行知识普及以及进阶培训,促使企业内部研发人员具备吸收知识的能力,也为日后的自主创新和产品技术开发提供基础知识和技能的保障。所以,KF 公司、KS 公司和 MC 公司通过与 U_{1A} 大学、U_{2A} 大学和 U_{3A} 大学的合作分别实现了合作之初的预想目标,实现了技术瓶颈的突破,帮助企业成功转型升级,关键是为企业后续的发展铺平了道路。

反观,$KF-U_{1B}$、$KS-U_{2B}$ 和 $MC-U_{3B}$ 的合作,不难发现,此三组合作基本滞后于前述三组合作,其学习意愿虽然也较为强烈,但是,相较于之前的合作,则略显不足。因为 KF 公司、KS 公司和 MC 公司与 U_{1A} 大学、U_{2A} 大学和 U_{3A} 大学合作之初时均处于企业技术和产品转型升级的关键时刻,而且均遇到了技术突破的瓶颈,故而对该类合作中的知识转移学习意愿更加强烈,也正因此导致 $KF-U_{1A}$、$KS-U_{2A}$ 和 $MC-U_{3A}$ 知识转移整体而言,优于 $KF-U_{1B}$、$KS-U_{2B}$ 和 $MC-U_{3B}$。基于上述分析,本研究得出以下案例研究命题:

命题一:产学研合作中,企业学习意愿对产学研知识转移具有积极影响。

(二)吸收能力与知识转移关系

埃斯克里巴诺等(Escribano et al.,2009)认为企业吸收能力对于企业面对组织外部知识的时候所取得收益存在影响效应。高吸收能力的企业能从产学研合作过程中快速地识别并获取对自身发展有促进作用的知识,并通过良好的内部知识对所获得知识进行加工,从而消化和吸收所获得的外部知识,并对其加以创造形成新知识,进而完成知识转移。而吸收能力弱的企业,即使在产学研合作过程中接触了大量的有价值的知识，由于无法做出准确的评价而可能对某些有价值的知识"视而不见"，或者由于知识储备和技术基础不足，难以消化和吸收产学研合作中的新知识和新技术。

表3-4案例汇总结果显示，企业吸收能力对产学研知识转移存在明显的正向影响作用。本文所选的三家企业中的 KF 公司相对而言在与两所大学的合作中均表现较强的吸收能力，在企业内部研发投入和研发平台等方面均表现良好，故而其产学研知识转移也得到较好的效果，即使在与 U_{1B} 大学合作学习意愿一般的情况下依然取得不俗的效果，所以从此案例中不难发现吸收能力对其产学研知识转移起到了重要的促进作用。另外，$KS-U_{2A}$ 和 $MC-U_{3A}$ 合作中企业吸收能力均表现一般，其中，KS 公司和 MC 公司正值产品转型和技术升级的关键时期，面临严重的技术难题，但是，因为之前并未涉足相关产品和技术的研究，所以，在知识储备和技术基础方面存在明显的不足，换言之，企业吸收能力存在缺陷。不过该两次产学研知识转移却表现不错的结果，通过访谈我们发现：企业虽然并未在相关的领域进行过系统的研究，但是因为企业学习意愿比较强烈，并且在合作之前已经进行过内部研发的尝试，虽然以失败告终，但是至少完成某种基础知识的积累，所以在产学研合作中，具备比较好的消化和吸收的能力。

根据上述案例分析，本研究初步得出以下结论：

命题二：在产学研合作中，企业吸收能力对知识转移具有直接影响，但影响程度还受到其他因素的影响。

（三）合作主体差异性、学习意愿与知识转移的关系

通过三家企业六组产学研合作的横向比较，我们发现，企业学习意愿与产学研知识转移的关系在一定程度上受到合作主体差异性的影响。

企业学习意愿决定了企业产学研合作中的积极程度，但是企业能

否从产学研的知识流中获益还与企业与大学和科研院所的组织差异存在密切的关系。由于合作目标差异，企业与大学和科研院所之间对进行产学研合作目标存在不同，而目标差异存在也致使企业学习意愿对知识转移的影响程度发生变化。

由案例分析结果可知，KS公司与U_{2B}大学、MC与U_{3B}大学合作目标差异比较明显，故而导致其在很强的学习意愿的情况下，依然表现出较差的产学研知识转移效果，而KF公司与U_{1B}大学之间的合作目标差异程度不高，即使KF公司学习意愿不如KS公司和MC公司的情况下，依然具有比较理想的产学研知识转移效果。究其原因，学习意愿是企业向大学和科研院所学习知识和技能的主观能力，但大学和科研院所是否准确地转移企业所需要的知识和技能还有赖于双方之间的合作目标差异。KF公司与U_{1B}大学合作目标差异不大，均将产学研的目标界定在聚合物共混耐候改性这一应用性共性技术层面，虽然学习意愿不甚强烈，但是从最终的知识转移结果来看，还是较为理想，实现了双方最初的目标，完成聚合物共混耐候改性的相关技术研究。反观KS公司与U_{2B}大学、MC公司与U_{3B}大学的合作，该两组合作均显示出比较高的合作目标差异，例如，KS公司希望合作的最终成果属于一整套的技术解决方案，而U_{2B}大学对于产学研合作提供的仅仅是基础性共性技术和应用性共性技术方面的供给。最终，在学习意愿很强的情况下，依然维持非常差的产学研知识转移效果。

另外，企业与大学和科研院所之间的关系密切程度对于学习意愿与知识转移的关系也存在影响作用，关系强度的形成主要是因为合作双方所处的合作地位的不同（Corsaro et al.，2012），科古特和沃克（Kogut and Walker，2001）指出只有关系稳定的产学研合作才能产生比较显著的知识转移效果。关系强度较强的合作双方更加容易相互信任，从而促进企业学习意愿的提升。

同理，案例分析中，$KF-U_{1A}$、$KS-U_{2A}$和$MC-U_{3A}$所表现的关系

强度均比较高,所以在很强的学习意愿前提下,产学研知识转移都取得了理想的效果,因为双方合作中的关系维持的比较好,加之经常进行正式或者非正式的交流沟通,致使双方互信度增加,从而促进大学和科研院所更高的合作度,最终取得好的效果。而 $KF-U_{1B}$、$KS-U_{2B}$ 和 $MC-U_{3B}$ 的合作中呈现出较弱程度的关系强度,换言之,双方合作中关系一般,而且期间因为各种原因导致缺乏必要的正式沟通,更别说非正式的沟通,在此情况下致使大学和科研院所对于产学研合作更加不上心,完成基本的目标后就裹足不前,更有甚者双方规定的合同目标都未达到。究其原因,主要是因为关系强度影响着双方相互信任的程度,当信任程度较高时,企业所呈现的学习意愿也将更加强烈,更加相信与之合作能够实现企业的技术突破和技术积累,而大学和科研院所感知企业的信任之后,得到学术和研究上的尊重,也将更加愿意帮助企业完成额外的工作,例如,愿意与企业技术研发人员进行非正式的交流和沟通。

总而言之,关系强度和合作目标差异容易弱化学习意愿对产学研知识转移的正向效应。

命题三:在产学研合作中,合作伙伴组织差异对学习意愿与知识转移的关系具有调节作用。

命题四:在产学研合作中,关系强度对学习意愿与知识转移的关系具有调节作用。

命题五:在产学研合作中,主体间关系强度与合作目标差异存在相互补充的作用。

(四) 合作主体差异性、吸收能力与知识转移的关系

表 3-4 的案例分析结果表明,吸收能力与知识转移的关系受到产学研合作主体差异性的影响。

产学研合作中企业吸收能力本质上决定了由大学和科研院所向企

业所转移的知识被企业吸收的程度,但是企业能够对所转移的知识获取和消化吸收还有赖于产学研知识转移的情景,换言之,双方之间的主体差异对企业吸收大学和科研院所的知识具有一定的影响作用。知识转移发生于存在有知识存量差异的组织之间(党兴华、汤喜建,2007;王国红等,2010;谢宗杰,2015),从知识结构方面而言,匹配性较高的产学研合作主体之间具有知识结构的互补性(樊霞等,2011;肖丁丁、朱桂龙,2013;涂振洲、顾新,2013),一般情况下,大学和科研院所进行科学研究和基础性共性技术研究,企业以开发产品性技术为主导,双方的合作则集中于应用性共性技术研发方面。对于合作中所形成的知识流动,需要企业具备与之相匹配的知识结构和知识储备才能准确对其进行消化、吸收并创造新知识。换言之,企业的吸收能力对于知识转移的影响还受到企业与合作大学和科研院所知识技术差异的影响(孙卫等,2012;陈光华等,2014;叶伟巍等,2014;邹波等,2008)。

由案例分析可知,MC 公司与 U_{3A} 大学的知识技术差异程度明显低于 KF 公司与 U_{1A} 大学,所以即使在 MC 公司吸收能力弱于 KF 公司的情况下,依然表现出更好的知识转移效果。在案例描述中我们发现,MC 公司在与 U_{3A} 大学合作之前,一直从事镍镉电池以及铅酸电池的生产,并且有意识地进行了镍氢电池的拓展,虽然受困于其技术水平,一直未实现关键技术的突破,但是至少在相关方面进行了大量的探索,积累和沉淀了相当的知识基础,故而,从该层面而言,其知识结构与合作大学之间差异水平比较低,但是,就知识深度而言,差距还是比较明显,而恰恰是知识深度的差距才造成双方的知识势差,在势差作用下最终使得产学研知识转移得以顺利实现。总而言之,产学研合作伙伴知识技术差异有利于强化吸收能力对知识转移的正向效应。

命题六:在产学研合作中,合作主体差异性对企业吸收能力与知识转移的关系具有调节作用。

第七节 本章小结

本章通过对三家高新技术企业的六组产学研合作关系的探索性案例研究，分别探讨学习意愿与知识转移的关系、吸收能力与知识转移的关系、合作主体差异性和学习意愿与知识转移的关系、关系强度和学习意愿与知识转移的关系、合作主体差异性和吸收能力与知识转移的关系，并从中提炼出六个初始命题：

命题一：产学研合作中，企业学习意愿对产学研知识转移具有积极影响。

命题二：在产学研合作中，企业吸收能力对知识转移具有直接影响，但影响程度还受到其他因素的影响。

命题三：在产学研合作中，合作伙伴组织差异对学习意愿与知识转移的关系具有调节作用。

命题四：在产学研合作中，关系强度对学习意愿与知识转移的关系具有调节作用。

命题五：在产学研合作中，主体间关系强度与合作目标差异存在相互补充的作用。

命题六：在产学研合作中，合作主体差异性对企业吸收能力与知识转移的关系具有调节作用。

上述初始命题是本研究基于多案例探索性分析的初步结论，也是本书概念模型和研究假设模型的现实基础。后续章节中本书将进一步对以上初始命题进行理论阐述，以形成本书的概念模型和研究假设。

第四章 研究假设与概念模型构建

通过第三章的探索性案例研究,本章发现合作主体差异性、关系强度、企业学习意愿和吸收能力均对产学研知识转移存在影响作用,并且合作主体差异性对产学研参与主体也具有一定的影响作用。然而,第三章案例研究所提出的命题仅属于探索性的,部分关系(如合作主体差异性和关系强度的调节作用及其双方之间互补效应)也并没有很强的编码信息证据支持,因而需要进一步通过深层次理论分析和实证研究检验。本章节将沿着第三章的探索发现,结合已有的相关研究观点更加深入的探讨产学研知识转移影响因素模型,以期形成知识接收方学习意愿和吸收能力、合作主体差异性和关系强度与知识转移的概念模型和进一步的研究假设。

第一节 企业学习意愿与知识转移

目前的中国情境下,知识转移的最主要受益方就是知识接收方(任丽丽,2010;刘立、党兴华,2015)。现实情境中,大部分产学研合作都是由企业最先提出,所以企业作为知识接收方在整个产学研知识转移中起到极其关键的作用(朱桂龙等,2015;李梓涵昕等,2015)。与知识源类似,知识接收方学习意愿对于知识转移具备更为重要的影响作用。因为即使大学和科研院所愿意通过产学研合作进行知识转移，企业在学习意愿不强烈的情况下，知识流动将受到阻碍，从而最终将不利于所转移的知识的有效消化吸收和利用。所以，企业是否具备学习意愿成为影响企业向合作大学和科研院所学习的重要因素。企业学习意愿代表着企业从产学研合作伙伴中获取知识意愿的程度（Simonin，2004；Tsang，2002；Patriotta et al.，2013），对产学研知识转移具有重要的影响作用（Mowery et al.，1996；Tsang，2002；Hohberger et al.，2015；Duffield and Whitty，2015；Beule and Sels，2016）。根据以往的研究，本章将从企业学习兴趣、学习动机以及非此处发明心理三方面探讨学习意愿对产学研知识转移的影响。

企业生存是一个不断发展壮大的过程，而此过程需要产品不断迎合市场需求，技术也需要针对产品进行调整（陶厚永等，2010；田志龙，田博文，2011；侯杰等，2011）。只是企业属于营利性机构，并且针对技术研发的投入，故而无法准确和及时地进行产品转型和升级。正如案例研究中所提及的 KS 企业一般，企业由于面对市场，能够对市场准确地认识和把握，然而缺乏必要的知识储备和技术积累以满足消费者的新需求。产学研的目的在于通过大学和科研院所与企业的共同研发，为企业寻求一条解决技术能力不足的难题，并通过双方研发人员的共同参与，提升企业内部知识积累和技术储备，最终为企业自主创新能力的提升打下基础（石忠国等，2012；鲁若愚等，2012；Lau and Lo，2015；Maietta，2015；Hyll and Pippel，2016；Roy et al.，2016）。

古普塔和戈文达拉哈（Gupta and Govindaraja，2000）和曾志伟（Tsang，2002）研究发现知识接收方学习动机对于知识转移过程中所转移的知识数量具有正向影响作用，换言之，学习动机正向影响知识转移，苏兰斯基（Szulanski，1995）也指出知识接收方学习动机的缺失容易形成转移过程中"黏滞效应"。假设企业乐意从组织外部进行知识搜索和获取，则其必定对消化、吸收新知识做好了充分的准备，这也说明知识接收方（企业）学习意愿程度较高（吴晓波等，2008；陈怡安等，2009；耿紫珍等，2012）。明巴耶娃（Minbaeva，2007）以跨国公司为研究对象，通过实证研究发现学习能力和文化背景相同的情况下，具有比较浓厚学习兴趣的子公司更加能够从其母公司学习更多的新知识。

知识转移相关研究者对于知识转移意愿的研究往往将知识接收方学习意愿与知识源转移意愿同步进行，并且进行了深入的研究。古塔和戈文达拉扬（GuPta and Govindarajan，2000）指出知识接收方个体层面的激励能够有效地刺激学习意愿的增加，苏兰斯基（Szulanski，1996）和卡明斯（Cummings，2001）也指出知识接收方学习意愿的不足容易诱发引进消化吸收新知识进程中的负面情绪，进而导致知识转移的失败。卡兹与艾伦（Katz and Allen，1982）、海耶斯与克拉克（Hayes and Clark，1985）和比迪和查克拉巴蒂（Biedy and Chakrabarti，1996）曾经指出"非本地发明综合征"诱发的主要原因就在于不了解组织外部的知识以及固有的本位主义思想，同时，对于外部知识的抵制还能够引发其他的现象，从而使得知识接收方学习意愿减弱。

学习意愿就是知识接收方向知识源学习知识，并将所学知识内部化的主观意愿度（Simonin，2011；Li et al.，2014），在产学研知识转移过程中，企业强烈的学习意愿是知识转移得以高效完成的基础条件（Mowery et al.，1996；Easterby-Smith et al.，2008）。一般而言学习意愿与企业学习自主性存在正向的关系，从而也正向促进学习的效果（刘璇华，2007；王红丽等，2011；于米，2011；屠兴勇、杨百寅、张琪，2016）。哈默尔（Hamel，1991）指出组织外部学习中，吸收和消化知识源知识和技术的意愿是整体学习进程的关键影响因素，学习意愿强烈的企业从学习中获得竞争优势的可能性更大。学习意愿有利于深化企业对被转移知识的理解，从而实现自身知识存量增长（Pérez-Nordtvedt，2008；李西垚、李垣，2008），从根本上提升自主创新能力。

另外,企业学习意愿也从某种程度上决定了其学习和吸收能力的强弱,进而对被转移知识的吸收形成影响(李贞、杨洪涛,2012;杜丽虹、吴先明,2013;康青松,2015)。企业强烈的学习动机一般而言也意味着其具备较强的吸收能力(Simonin,2011),只有在企业具备较强的学习意愿情况下,才能大力资助知识转移行为,提供充足的必要资源,例如,经费以及相关设施等,不断通过内部培训等方式提升员工技术能力,扫除员工学习过程中的阻碍因素,从而极大的促进被转移知识的吸收水平;学习意愿也能够通过驱动企业调整现有企业文化和相关的激励制度,构建良好的组织氛围促进内部知识的学习(章凯等,2014),从而提升企业对于外部知识的学习和吸收能力。

综上所述,学习意愿通过调整产学研合作的知识转移范围以及知识接收方学习能力来促进知识转移的进行,基于此,本研究提出如下假设:

H1:产学研合作中企业学习意愿越强,知识转移越多,即两者之间存在正相关关系。

第二节 企业吸收能力与知识转移

吸收能力是指企业对于组织外部知识的吸收并转化为自身知识的能力(Cohen and Levinthal,1990)。吸收能力是组织将新知识进行同化和内化的要素。一般而言,吸收能力与组织所拥有的知识基础存在较大的联系,只有具备丰富知识储备的企业,才能很好地评估外部新进入知识,并将其同化和运用至现实工作中(韵江、刘立,2006;Becerra et al.,2008;张长征、王硕,2012;张军、许庆瑞,2015)。所以企业吸收能力的可持续成为企业完成外界搜索的基本条件。范登博斯等(Van den Bosch et al.,1999)指出吸收能力包括效率、弹性以及宽度三方面,其中,"效率"是指企业对新知识的确认并同化的成本考虑;"宽度"是指企业所吸收的知识的宽度;"弹性"是指企业搜索新知识以及整合知识的能力。吸收能力作为整体化构念,其有赖于组织成员的个体能力。拥有较高吸收能力的企业,往往更加容易吸收新知识。

显然,企业知识存量越高,其对外部知识的吸收能力则越强,相应地,企业就能更好地将所获取的新知识吸收并应用于日常实践。所以企业能否有效运用外部知识与其吸收能力息息相关(Cohen and Levinthal,1998;Alia and Park,2016)。故而,企业吸收能力对知识转移存在积极的正向促进作用(Szulanzki,1996;唐炎华等,2007;万江平等,2009;邹艳等,2009)。所谓的经验或者知识存量是指知识接收方(企业)之前所拥有的与被转移知识相类似的经验及知识储备。而企业的吸收能力决定于所拥有的相关经验及知识(Cohen et al.,1990;Szulanzki,1996),经验和知识储备越丰富,其吸收能力则越强,知识转移效果也响应的更好(余菲菲,2014)。所以,经验主要是通过吸收能力影响知识转移。

吸收能力有助于促进企业通过获取外部知识实现更多的价值(Escribano et al.,2009;钱锡红等,2010a;钱锡红等,2010b;党兴华、常红锦,2013;Açıkgöz et al.,2016)。产学研合作从本质上而言,属于知识从大学和科研院所向企业流动,然而,企业能否从知识的流动中获得收益还与企业的吸收能力存在密切相关性。科恩和列文塔尔(Cohen and Levinthal,1989,1990)认为吸收能力包括以下三个维度:知识识别能力、知识消化能力和知识应用能力。

企业知识识别能力是保障知识转移成功的必要条件,如果缺乏对外部知识是否具有价值的评价能力,知识转移便是无稽之谈(陈茵、徐二明,2013),知识识别能力以识别关键知识和关键人员为表征。一方面,产学研合作有助于大学和科研院所与企业在自由宽松的氛围下展开多元化的交流，因此企业有大量机会接触和浏览大学和科研院所的设计图纸、技术说明以及相关项目报告等数据资料。在阅读的过程中，知识识别能力高的企业更加能够从复杂的信息中捕获对自身技术研发有帮助的启示和灵感，从而能够展开有针对性的信息挖掘。相反，如果企业知识识别能力不足，那么将无法清楚地知道知识的价值，从而容易出现对企业而言有价值的知识"视而不见，听而不闻"的现象，进而与知识获取机遇擦肩而过（施琴芬等，2003；殷华方等，2011；Maryam et al.，2012）。另一方面，产学研合作也有利于企业获取大学和科研院所的隐性知识，一般而言，隐性知识需要经过显性化之后才能被外界所认知，因此对于隐性知识的识别就需要通过识别相关知识拥有者来实现。知识识别能力较强的企业能够通过与大学和科研院所的交流识别出对方哪些人员的经验技能对自身的企业有帮助，从而为企业有目标地与相关人员接洽，进而完成知识转移提供方向指导，相反，知识识别能力不足，企业将无法鉴别相关技术的核心人员，或者对于相关人员具备何种知识缺乏清晰的认识，从而致使隐性知识转移无疾而终。

企业吸收能力决定于其内部的认知结构（阎海峰、程鹏，2009；林枫、徐金发，2010；张小兵，2010）。企业的 R&D 行为以及学习促使企业知识积累和经验不断丰富，进而构成了其独有认知结构。显然，认知结构合理与否极大地影响了企业联络新知识的容易度，同时也对企业理解新知识并将其与自身已有知识整合的能力产生深刻的影响。英克潘（Inkpen，2000）就指出，企业知识吸收能力对其学习成效具有显著的影响，换言之，企业知识吸收能力越强，其正确解释信息的水平越高。产学研合作中，作为知识接收方的企业，其知识吸收能力有助于形成更丰富的知识内涵的理解，进而促进知识存量的累积，如果吸收能力不足，企业则难以很好地将大学和科研院所的研发技术内化为企业知识。

从目的来看，企业吸收外部知识在于促进产品和生产工艺的革新，解决 R&D 活动中遇到的问题，进而提升企业创新能力。吉尔伯特等（Gilbert et al., 1996）认为，知识转移不仅包括知识的迁移，还应该涵盖迁移之后的运用环节，即企业将所获新知识运用于实践的过程。知识只有有效地得到运用，才能对企业产生价值，这也是知识转移的真正意义之所在。所以，知识吸收水平较高的企业对于新知识的适用条件认识水平也越高，如果知识运用能力不强，即使获取了大量的大学和科研院所知识，亦难以将知识转化为自身的研发能力，从而致使知识转移效果大打折扣。由此可见，企业知识运用能力有助于增强知识转移。

综上所述，吸收能力的知识识别、知识消化和知识应用三个维度都有利于促进知识转移的效果提升，有鉴于此，本研究提出如下假设：

H2：产学研合作中企业吸收能力越强，知识转移越多，即两者之间存在正相关关系。

第三节 合作主体差异性调节作用

一、知识技术差异的调节效应

根据上述分析，企业吸收能力对于产学研知识转移具有促进作用。而且，国内外众多学者通过实证研究验证了这一结论（Rodan and Galunic，2004；刁丽琳、朱桂龙，2014；吴晓波、高忠仕、胡伊苹，2009）。但是，还有不少的学者发现，吸收能力与产学研知识转移有时候正向关系不显著（Lin，2011；Sampson，2007；Lin and Chen，2005），甚至呈决然相反的关系。换言之，学术界存在两种不同的关于吸收能力与知识转移的论述，但是，此两种观点并不矛盾，本文认为造成这种争议主要原因在于研究者们往往基于不同的情境进行分析，而不同情境下企业与大学和科研院所的知识结构和知识深度均存在不同的差异程度，而这种差异可能致使企业与合作大学之间不能很好地进行知识的交流和理解，进而影响了其对所转移知识的消化和吸收（叶江峰等，2014；叶江峰等，2015）。所以，企业吸收能力与知识转移的关系受到双方之间知识技术差异的影响，同样，学术界在此方面也存在分歧，有学者指出由于产学研合作伙伴之间知识技术差异存在，致使双方之间容易产生冲突并且所需要转移的知识难以转移，或者转移之后企业难以消化吸收（Garcia-Vega，2006；Lin and Chang，2015）。另外，亚拉巴马和扬特（Subramaniam and Youndt，2005）则认为，正是双方之间的知识技术差异才形成互补型的资源，并促进所转移知识的消化、吸收（Hargadon and Sutton，1997；Pelled et al.，1999；Rodan and Galunic，2004）。

知识技术差异是指产学研合作中的知识源（大学和科研院所）与知识接收方（企业）在知识技能方面的差异，或者说双方所拥有的知识储备的不相似程度（王毅、吴贵生，2001；林晶晶、周国华，2006；孙卫等，2012）。知识按照用途可以划分为专业技术知识和管理知识两方面，而实际调查中发现产学研合作的知识流动大部分属于专业技术知识（王培林、周燕，2015）。企业开展产学研合作的迫切程度与双方的知识技术差异存在紧密联系，如果企业与学研机构存在知识技术异质性，企业与学研机构都可能积极行动，降低双方的差异程度，从而单方面或者双方产生了产学研合作的愿望，搜索组织外部合适的伙伴进行产学研知识转移。学研机构与企业的知识技术异质性的客观存在，使得双方相互吸引存在可能，如果双方的知识技术较为类似则失去了转移的必要性，这种现象从每种角度来说也是社会分工及专业化所造成的，尤其是在我国企业技术实力普遍偏弱的情境下，企业迫切需要学研机构参与技术的研发活动（韩立民、赵新华，2006；刘炜，2013）。然而，并非所有的知识技术差异都将形成产学研知识转移，如果企业与学研机构之间的知识技术差异程度过大，由于双方无法进行沟通以及转移成本的考虑，产学研知识转移将难以吸引双方参与。本研究认为，产学研合作过程中伙伴知识技术差异应该包含知识结构互补性、知识技术相似性以及知识差异匹配性三个方面。

产学研合作中被转移的知识一般而言都属于知识接收方（企业）需要的，企业参与产学研合作的动机就在于从学研机构获得自身所不具备或者以自身知识创造能力创造新知识成本过高，所以选择用资金资源及知识技能和信息与学研机构进行交换。产学研合作必将涉及学研机构与企业知识结构互补性的问题，企业技术能力的不足必定需要依靠外界异质的技能进行弥补，而这些技能则来自产学研合作伙伴（顾兴燕，2011；刘炜、马文聪、樊霞，2012；原毅军、于长宏，2012；梁靓，2014；詹雯婷、章熙春、胡军燕，2015）。

野中郁次郎和竹内弘高（Nonaka and Takeuchi，1995）指出，知识首先需要拥有者进行外部显性化之后才能够转移到其他成员或组织，而其他成员或组织对知识源所表达的知识的理解程度将会进一步影响其内部化显性知识的程度，所以产学研双方知识技术相似性较高的情况下，有利于知识转移的发生。产学研知识转移过程中，知识复杂程度越高，就更加需要企业具备与学研机构相似的知识技术了解这些被转移的知识，从而更好地吸收被转移的知识。知识结构互补性从根本上而言是建立在知识技术相似的条件下，企业要从学研机构接收其转移的知识，应该能够理解学研机构转移的知识，对知识的准确理解离不开相似的知识技术，例如，从事改性塑料的企业对工程热力学方面的技术可能需求不强烈，而从事涂料的企业不可能需要物理学的知识。如果知识技术差异性太大，企业则首先需要完备自身知识基础，有了共同的知识基础之后才能为知识转移的完成创造条件，否则知识转移无法实现，或者知识转移效果不理想。

左美云（2006）指出，知识流动的主要原因在于知识主体间存在知识势差，知识一般由知识势能高端向低端流动，相应的知识的流动也带有可观的回报。然而，企业与学研机构仅有知识势差并不一定能够形成知识转移。一般而言，企业与学研机构间的知识差距与产学研知识转移存在一定的关系，国内学者们普遍认为知识差距越大，可学习的知识也越多，相应的知识转移效果越好（陈涛等，2013；李靖华、常晓然，2013；刁丽琳、朱桂龙，2014；谢宗杰，2015；周密、赵文红、宋红媛，2015；曹霞、于娟、张路蓬，2016）。但是，企业与学研机构知识差距过大也将导致产学研知识转移无法顺利实现，例如，我国电梯行业，原本以为能够"以市场换技术"，然而，至今为止，广州电梯、上海电梯和天津电梯仍然没有一家合资企业学习并掌握到了电梯的核心技术，最为关键的电力驱动技术和安全钳材料还是牢牢为外资同行企业所垄断，我方技术人员最多就在轿厢等外围方面提出一些中国情境下的改进。这种现象在汽车等行业上也屡见不鲜，一方面固然是合作方故意设置了知识转移的障碍；另一方面也与我方技术研发人员缺乏相应的知识基础，无法消化吸收国外同行业先进技术存在密切联系。同理，产学研合作中，学研机构技术太过于领先企业，也容易导致知识转移的失败，因为企业的技术人员因缺乏相似的知识基础而无法很好地理解和消化吸收来自学研机构的知识。当企业与学研机构的知识差距过小时，则因为知识过度一致，也无法实现知识的转移。知识的过分雷同，意味着双方间的技术可能存在一定的竞争性，一方面，学研机构出于自我保护，往往在合作过程中设置知识转移障碍，或者采取不积极合作的态度（张玉利、杨俊、任兵，2008；鞠芳辉、谢子远、谢敏，2012；张国峰，2012；胡刃锋，2015）；另一方面，对于知识接收方而言，其内部技术研发人员由于相关领域的知识技术较为深厚，对于学研机构的研究者的知识容易产生"同类相轻"

的潜意识，并认为自身的知识和技术水平高于学研机构，进而不利于知识转移的完成。例如，金发科技在碳纤维方面的研究已经同步甚至领先于学研机构的相关研究，所以，在访谈过程中，相关技术人员明显表现出"我们碳纤维方面基本属于自主研发，因为大学的研究目前而言还不如我们"的情绪，所以同样也不利于知识转移。

综合以上三方面因素，本研究提出以下假设：

H3：合作主体知识技术差异对吸收能力与知识转移的关系具有显著的倒"U"型影响，高程度的知识技术差异减弱吸收能力对知识转移的影响，而知识技术差异程度过低也将负向调节吸收能力对知识转移的影响。

二、目标差异的调节作用

产学研合作过程中，企业与大学和科研院所等参与主体的自身特征与社会职能所带来的目标差异已引起国内外研究者们的广泛关注（Oliver，1990；Jensen et al.，2010）。从企业角度来看，作为营利性机构，其核心战略目标在于为资产所有者带来投资回报，这就导致其在产学研合作中以降低企业研发成本、分散创新风险、促进合作伙伴间的资源共享及能力互补为重要目标（Almus and Czarnitzki，2003；袁贵仁，2006；Okamuro，2007；Perkmann et al.，2011；樊霞等，2011）。所以企业参与产学研主要是希望通过合作和资源互换获取企业赖以生存的生产要素和资源（Mansfield，2001），如人力和教育资源（Wiklund and Shepherd，2008）、技术资源、设备资源等（Santoro and Chakrabarti，2002）。从动态能力视角来看，企业参与产学研合作的目标是出于提高自身技术创新能力的考虑（Tiwana，2008；Teece et al.，2007；郭斌等，2006）。从产学研角度讲，大学和科研院所作为提供准公共品的机构，其核心目标在于培养人才、开展科学研究以及服务社会。其对产学研合作的目标主要体现在将研究成果向企业的转移，以实现技术产业化（Laursen and Salter，2006；郭斌等，2006），以及从企业界的实践中提炼科学问题等方面（Gibbons et al.，1994）。因此，学研机构参与产学研合作的目标则主要体现在筹措科研经费、获取市场信息、提高科研效率、获得专利增加科研成果、开发新产品成立衍生公司以及增加学生的实践和就业机会等方面（Lee and Win，2004；郭斌等，2003）。通过上述分析，发现产学研参与主体之间的目标存在明显的差异。

企业与大学和科研院所之间不仅存在产学研目标的差异，而且在产学研项目中也存在目标的差异。正如前文案例研究中所述的 MC 公司与 U_{3B} 大学的产学研合作，MC 公司希望通过此次合作解决其生产锂离子电池中的负极材料的制备工艺技术，而 U_{3B} 大学则将锂离子电池负极材料生产中的应用性共性技术"碳包覆纳米金属颗粒制备工艺"为标的。换言之，双方间存在合作目标的不同，存在产品技术与应用性共性技术的差别。根据前文的阐述，企业强烈的学习意愿有助于产学研知识转移的顺利完成，因为学习意愿作为企业主观意志的体现，对其行为具有重要的指导作用。企业对技术和科研合作的要求是一个动态的过程，在不同的阶段存在不同的需求，也即企业针对具体的产学研合作项目其目标是不同的。企业初次涉足某一新领域，其迫切需要完整的产品技术，以便于其能迅速在该领域生产满足市场需要的产品，换取更大的经济利益。随着进入市场的成功，企业不满足于当下的收益或者处于发展战略考虑，开始对同类产品的技术平台进行突破，也就是说该阶段的产学研项目目标主要集中于应用性共性技术，甚至随着企业不断发展以及自身知识存量和技术的不断累积，其逐渐开始对基础性共性技术进行投入，以期成为行业的技术领先者。同样，大学和科研院所由于自身学科发展水平、研发实力和知识结构的限制，对于产学研合作项目目标也存在不同。马卫华等（2011）指出低水平大学获取政府资助有限,往往为了获取科研经费更加乐于参与产学研合作,并且多以产品技术层面合作为主。当企业与大学和科研院所就产学研合作项目目标差异程度较高时,企业学习意愿对于知识转移的影响将减弱,因为若非双方之间的合作目标比较相近的话,企业学习意愿即使再高,也难以完成知识的转移。目标差异程度较高,双方就产学研合作项目的预期成果存在较大分歧,甚至可能致使企业失去"学习"的标的,从而使企业学习意愿成为"无本之木",没有学习的对象,知识转移更加无从谈起。

另外,目标差异还将影响企业吸收能力与产学研知识转移之间的关系。正如前面所述,企业吸收能力共包含知识获取、消化、转化和利用四个环节。企业吸收能力强,则其对于大学和科研院所所转移的知识能够迅速进行消化,并创造新知识。然而,吸收能力的主要对象为知识,且为企业产学研合作希望达到合作目标。当大学和科研院所与企业在产学研项目合作目标尚存在较大的差异时,最终产出将可能与企业初衷形成较大的区别。众所周知,企业技术存在导入期、生长期、成熟期和衰退期等生命周期,金(Kim,2003)和徐欣(2013)均认为企业技术生命规律不仅对技术自身的发展具有重要的影响作用,同时也影响着企业技术管理的过程,进而使得企业在与组织外部,尤其是大学和科研院所合作中的目标呈现动态的变化,在导入期阶段,企业由于毫无技术和知识基础,其产学研合作目标往往以技术预测与咨询为主导,随着产学研合作的顺利以及自身对该技术领域认识的提升,在生长期阶段逐渐追求产学研合作的产品技术和生产工艺的优化;而在成熟期阶段,企业则开始谋求产品转型和技术的升级,需要对产品平台性共性技术进行合作。正如案例分析中的 KS 公司,从五金装饰用灯向大功率 LED 转型,其与 U_{1A} 大学的合作则倾向于应用性共性技术和基础性共性技术的研发合作,而在此之前该公司已经进行了大量的自主研究,所以在充足的吸收能力下,知识转移得以快速完成。

综上分析，产学研合作主体目标差异能够影响企业学习意愿和吸收能力对于知识转移的影响效应。基于此，本研究提出如下假设：

H4a：产学研合作主体目标差异对于学习意愿与知识转移之间的关系存在负向调节效应。主体合作目标差异程度越大，企业学习意愿对于知识转移的促进作用越低。

H4b：产学研合作主体目标差异对于吸收能力与知识转移之间的关系存在负向调节效应。主体合作目标差异程度越大，企业吸收能力对于知识转移的促进作用越低。

第四节 关系强度的调节作用

跨组织合作研究领域，关系成为影响合作成功的重要影响因素，一直以来引起大量研究者的关注。从社会心理学的角度，产学研合作从本质上而言也属于社会网络关系的范畴。乌齐（Uzzi，1997）和邬爱其（2006）认为关系强度及其质量对合作效果存在重要影响作用，关系强度主要是指产学研合作中企业与大学和科研院所关系的紧密程度，主要通过沟通频率、资源投入以及沟通范围来描述，而关系质量则是指产学研合作中的关系稳定性（Rousseau et al.，1998；Coote et al.，2003；Hall et al.，2004）。关系强度较高的产学研合作有利于增进双方的互信度和忠诚度，减少双方合作内部的冲突，以及知识转移外部的不确定性。关系质量方面，双方表现较稳定的关系时，企业将对后期的继续合作充满积极预期，进而加大合作关系的投入，进行更好的知识转移。在产学研合作中，双方关系是知识转移得以实现的重要前提条件，其对产学研知识转移的作用机理主要通过影响转移意愿和转移难度（Hansen，1999）来进行。

从转移意愿方面来看，当企业与大学和科研院所之间的关系强度较强时,大学、科研院所将会自觉完整地履行合同义务,而不会因为对方的弱势而进行投机行为,此种良好的心理状态有助于大学作为知识源更好地进行知识转移。另外,强程度的关系强度往往也暗示着双方的良好合作关系和融洽的氛围,进而形成对未来进行社会交换的潜在预期,并深化双方进一步展开更多领域和更深层次合作的意愿。根据社会交换理论的观点,当产学研参与主体感知到较高的预期交换价值时,出于互惠互利的原则,它也会选择对合作方提供更多的知识和技术以完成社会交换。所以,关系强度能够通过调节投机主义风险和预期的合作收益来影响转移意愿对知识转移的影响作用。另外,较强程度的关系强度有利于增强企业对于大学和科研院所知识有用性的信心,而此种心理也将促使其更加愿意学习对方所转移的知识(Inkpen and Tsang, 2005)。从知识转移难易度方面来看,由于强程度的关系强度能够有效地弱化产学研合作主体对投机行为的担心(Gulati, 1995),促使他们得以增加沟通的频率和渠道,提升双方沟通交流的广度及深度,进而在客观上拓宽了信息传递的渠道,减少了知识转移成本(Szulanski et al., 2004)。正如前文案例研究所论述,KF公司与U_{1A}大学的合作,由于其企业创始人的校友身份致使双方之间拥有很高的相互认同度,换言之,双方关系强度很强,从而不管从双方官方机构的频繁交流还是技术研发人员之间的正式或者非正式交流都异常频繁,而且还逐渐形成了稳定持久的合作关系。另外,企业作为产学研合作中的知识接收方,只有当企业与大学和科研院所之间关系强度较强的时候,才能形成相互信任的氛围,企业才会更加愿意完成对方知识的转移(刘怡、高山行,2007)。

根据上述分析,产学研合作伙伴强程度的关系强度能够通过增加双方的互信度提高双方知识转移的意愿,所以本研究提出:

H5a:产学研合作主体间关系强度对于学习意愿与知识转移之间的关系存在正向调节效应。合作主体关系强度程度越强,企业学习意

愿对于知识转移的促进作用越高。

　　吸收能力方面，强程度的关系强度主要通过从主观和客观方面提高双方之间的知识分享程度，但是，足够高的知识分享程度仅是知识转移的一个前提条件，关系强度能否影响大学和科研院所向企业成功进行的知识转移还需要考虑企业的吸收能力这一影响因素（Hamel，1991；Simonin，2004）。同上所述，企业吸收能力对产学研知识转移的影响主要通过获取、消化、转化和利用四个方面进行，该四个方面存在一个时间先后的关系，首先只有知识获取之后才能进行后续的环节，所以知识转移至关重要的地方在于知识获取。知识获取涉及知识发送方和知识接收方两方面的共同参与和完成，只有当大学和科研院所愿意进行知识释放时，企业才能有获取知识的可能性。大学知识释放行为的产生则依赖于双方关系强度的程度，因为有产学研合作合同的存在，其必须按照合同完成预定的成果，但是只有当双方之间具有良好的相互信任的氛围时，大学才会对企业技术研发人员进行详细的知识解码。所以说关系强度对于吸收能力与知识转移的关系存在影响效应。

　　综上所述，产学研合作伙伴强程度的关系强度能够通过降低知识转移的难度对企业的知识获取发挥正向效应。基于以上分析，本研究提出以下假设：

　　H5b：产学研合作主体间关系强度对于吸收能力与知识转移之间的关系存在正向调节效应。主体间关系强度程度越大，企业吸收能力对于知识转移的促进作用越强。

第五节　知识特征与知识转移

　　冯·希佩尔（Von Hippel，1994）指出知识特征是影响知识转移的重要因素。知识内隐性和复杂性越高，知识转移难度则越大（Simonin，1999），而卡明斯和滕炳生（Cumings and Teng，2003）更是通过实证研究证实被转移知识的可编码性与知识转移之间存在显著的正相关关系。赞德和科古特（Zander and Kogut，1995）通过对知识特征的详细剖析，认为知识内隐性及其他特征对于产学研知识转移存在重要的影响，简言之，知识内隐性、复杂性和可编码性都对知识转移有显著影响作用，并特别指出知识内隐性是阻碍知识转移的重要因素之一。伦纳德（Leonard，1997）、野中郁次郎和竹内弘高（Nonaka and Takeuchi，1995）也都指出知识内隐性对知识转移的顺利进行存在深度的影响作用。常荔等（2001）、陈菲琼（2001）以及肖小勇和文亚青（2005）都以实证的方式证实知识的模糊性对于知识转移的数量以及质量存在着显著的影响作用。

本质上，知识存在显性和隐性两种表现形式，波兰尼（Polanyi，1962）认为所谓"隐性知识"是指植根于人们特定情境下的活动及其相互关系中难以与另一情境的人员表达的知识。野中郁次郎（Nonaka，1994）指出隐性知识可以理解为个人通过长时间的工作实践形成的技巧（know-how）。随后，森克与福克纳（Senker and Faulkner，1996）、崔秉固和李熙硕（Choi and Lee，1997）以知识能否用专业、系统的语言进行编码和传输为标准划分隐性知识和显性知识。根据前人的观点，隐性知识不易于编码化，而且在技巧掌握者缺场的情况下，隐性知识几乎难以交流。相比较而言，显性知识可表述性较强，容易传播。苏兰斯基（Szulanski，2000）在研究组织内部知识转移过程中发现，知识的内隐性是阻碍知识转移的主要因素。故而，从知识的内隐性而言，内隐性较强的知识不容易从大学和科研院所向企业转移。

知识复杂性是指知识构成元素数量及其相互之间关联性的复杂程度。温特（Winter，1987）认为复杂性在于描述知识所涵盖的信息量；苏兰斯基（Szulanski，1994）指出因果模糊性也是知识复杂性的重要表现形式，所谓因果模糊性，就是原始环境中知识输入与输出的因果关系以及在新环境下发生变化之后的因果关系。西蒙宁（Simonin, 1999）认为知识复杂性是指与知识相关的技术、工作说明、人力资源等的数量。萨维奥蒂（Saviotti, 1998）通过函数的形式描述复杂性与知识相关变量的关系更加详细地阐述了知识复杂性。复杂性不仅增加了知识转移的成本，还对知识接收方有一定的选择性（Kogut and Zander, 1993）。总体而言，复杂性越高，知识转移难度越大。产学研知识转移过程中，大学和科研院所与企业均需要不断探寻被转移知识的构成要素，一般而言，高复杂性特征的知识，其构成要素不容易便捷地找到，而且也不易于完整识别，容易产生遗漏，与此同时，知识各个组织要素之间的关系也属于知识的重要构成要素，"知其然，不知其所以然"的现象在产学研知识转移中也会产生极大地阻碍，例如，上海地铁二号线每逢大雨都会雨水倒灌，因为二号线是中国自主设计，忽视了一号线设计时的众多细节，其中，一号线设计的每个车站的地面出口与地面都有三个台阶的高度差。三级台阶这一细节在设计图纸中标注的十分清楚，但是其与防汛的关系却不为后来的设计者所了解，而对细节的"所以然"缺乏了解必将导致知识转移的失败。

综上所述，知识的内隐性和复杂性等特征都对于知识转移存在影响作用，有鉴于此，本研究提出如下假设：

H6：产学研合作中被转移知识的知识特征对知识转移具有显著的影响，知识内隐性和复杂性越高，知识转移效果越小，即两者之间存在负相关关系。

第六节 概念模型及研究假设汇总

大量文献研究表明，企业作为产学研合作中的知识接收方，其学习意愿和吸收能力是影响产学研知识转移的重要因素，与此同时，产学研知识转移有别于一般企业联盟间的知识转移,企业与大学和科研院所之间存在组织属性差异。换言之,产学研合作主体差异性是产学研知识转移的重要情境因素。基于前文探索性案例研究和理论假设推导,学习意愿和吸收能力均对知识转移具有积极的促进作用,但是此种促进作用还受到合作主体差异性的影响,合作主体差异性中知识技术差异和目标差异对其影响作用却并不一致;与此同时,主体差异性作为客观存在的情境与产学研主体间的关系强度存在互补的效应,并且关系强度对于学习意愿和吸收能力与知识转移的影响路径也具有调节作用。基于此,本研究提出学习意愿、吸收能力、合作主体差异性、关系强度与知识转移之间的基本概念模型(见图4-1)。

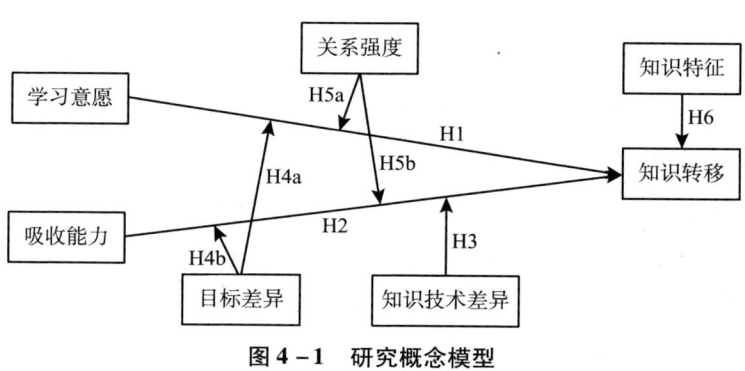

图4-1 研究概念模型

将以上概念模型中的研究假设进行汇总,如表4-1所示。

表4-1　　　　　　　　　　研究假设汇总

序号	研究假设
	学习意愿、吸收能力和知识特征与知识转移的关系
H1	企业学习意愿对产学研知识转移具有正向影响
H2	企业吸收能力对产学研知识转移具有正向影响
H6	产学研合作中被转移知识的内隐性和复杂性对知识转移具有显著负向影响

第四章 研究假设与概念模型构建

续表

序号	研究假设
知识技术差异的调节作用	
H3	合作主体知识技术差异对吸收能力和产学研知识转移的关系具有倒"U"型调节效应
目标差异的调节作用	
H4a	合作主体目标差异对学习意愿和产学研知识转移的关系具有负向调节效应
H4b	合作主体目标差异对吸收能力和产学研知识转移的关系具有负向调节效应
关系强度调节作用	
H5a	合作主体间关系强度对学习意愿和产学研知识转移的关系具有正向调节效应
H5b	合作主体间关系强度对吸收能力和产学研知识转移的关系具有正向调节效应

第五章 问卷设计和小样本测试

第一节 问卷设计

为保证调查信息的准确性和有效性,本研究在问卷设计方面严格遵照丘吉尔(Churchill,1979)和邓恩等(Dunn et al.,1994)所提出的原则。在参阅 200 多篇产学研知识转移和伙伴异质性等相关文献之后,选择了现有经典文献中的高信度的相关量表,并结合项目开展的创新型企业产学研合作调研和访谈修订了相关题项,形成初始问卷;初始问卷形成后,与相关领域的专家以及作者所在学术团队的成员经过反复地讨论与调整,从而形成修改问卷;为确保问卷中的题项内容和变量之间的关系符合企业产学研知识转移活动的实际情况,同时也便于被试阅读和理解,笔者随后与 7 家广东省创新型企业的中高层管理人员和技术研发部门主管的讨论,并结合之前专家提出的修改意见,对题项进行了进一步的调整,形成预测试问卷;最后,通过自身关系网络,选取了 100 位创新型企业中负责产学研合作的中高层管理人员进行预测试,并根据预测试的反馈,对预测试问卷做进一步的修正、完善和纯化,形成本研究的最终问卷。

问卷设计过程中,笔者主要通过以下几种手段提升问卷质量。

(1) 问卷中的题项用词力求准确、具体并针对企业实际情况,采用通俗易懂、便于企业人员理解的词语,对于敏感性问题采用期间范围化处理方式;(2) 问卷方法过程中,尽量选择企业研发和设计部门中高层管理人员作为问卷填答者;(3) 在调查问卷的卷首,明确交代本调查问卷的学术研究目的,并提醒被试进行客观的作答,尽量避免问卷中出现一样的分数;(4) 针对问卷中涉及的专业词汇以及不易理解的地方进行专门的注释,并且标注作者的相关联系方式,从而便于被试在有需要的情况下能够及时与笔者联系。

第二节 变量测量

根据本研究的研究假设以及理论模型,需要测量的变量主要包括:学习意愿、吸收能力;知识转移;合作主体差异性;关系强度和知识内隐性。由于上述变量均难以通过定量化指标进行度量,故而本研究采用 Likert 七级量表的主观评分法进行评判,数字 1~7 分别表示从"非常同意"到"非常不同意"7 个等级。

一、知识转移量表

作为本研究的被解释变量,"知识转移"在现有文献中已经存在大量的研究,也有众多信度相当理想的测量量表,但是以往的量表大部分将精力集中于知识转移的结果,而对转移过程和转移成本缺乏必要的关注。所以笔者认为为了全面评估产学研合作的知识转移,不仅需要考虑产学研合作的特殊性,还需要考虑转移的效率问题,换言之,需要从产学研知识转移过程(涉及知识转移速度和成本)和结果(知识转移的有效性和满意度)两个方面测量产学研知识转移绩效。

本书中的知识转移量表包含速度、成本、有效性和满意度等四个维度。其中，速度维度是在摩曼（Murmann，1994）、达尔等（Darr et al.，1995）、赞德和科古特（Zander and Kogut，1995）和扎赫拉等（Zahra et al.，2000）的基础上形成，主要在于衡量产学研知识转移进展情况，共有5个题项；成本维度测度产学研知识转移过程中企业所付出的成本，主要来源于里根和麦克维利（Reagans and McEvily，2003）、汉森等（Hansen et al.，2005）学者的研究，共5个题项；有效性维度的量表主要在莱恩和拉巴特金（Lane and Lubatkin，1998）、西蒙宁（Simonin，1999）、伊利·伦科（Yli-Renko et al.，2001）和比约克曼等（Bjorkman et al.，2004）学者研究的基础上形成，共5个题项；而满意度维度则是借鉴苏兰斯基（Szulanski，1995，1996）、伦纳德·巴顿（Leonard-Barton，1995）和科斯托娃（Kostova，1999）的研究，并结合中国产学研情境形成，共有3个题项（1＝非常不符合，7＝非常符合），具体如表5-1所示。

表5-1　　　　　　　　　知识转移的量表

变量	维度	测量题项	题项来源或依据
知识转移	速度	KTS1 产学研合作项目能在计划的时间内完成，甚至提前完成	Zahra et al.，2000；Darr et al.，1995；Zander and Kogut，1995；Murmann，1994
		KTS2 我们完成产学研合作项目的速度比预期的速度快	
		KTS3 我们完成产学研合作项目所用时间比预先的估计时间少	
		KTS4 我们企业用很快的速度从学研机构获得并理解了新知识	
		KTS5 我们企业花费了很少的时间就从学研机构获得并理解了新知识	

续表

变量	维度	测量题项	题项来源或依据
知识转移	成本	KTC1 获取并使用学研转移来的新知识所需要的成本很低	Hansen et al.，2005；Reagans and McEvily，2003
		KTC2 获取并使用学研转移来的新知识不需要利用公司太多的资源	
		KTC3 获取并使用学研转移来的新知识并没有耗费公司过多的财力	
	有效性	KTP1 从学研转移来的知识很有用	Bjorkman et al.，2004；Lane and Lubatkin，1998；Simonin，1999；Yli-Renko et al.，2001
		KTP2 经过进一步的理解吸收后，我们发现从学研转移来的知识更加有用	
		KTP3 从学研转移来的知识对项目的完成很有用	
		KTP4 从学研转移来的知识能够提高我们企业的产品或服务质量	
		KTP5 从学研转移来的知识提高了我们企业的组织能力	
	满意度	KTM1 我们企业对转移来的知识的质量感到非常满意	Szulanski，1995；1996；Kostova，1999；Leonard-Barton，1995
		KTM2 我们企业对转移结果感到非常满意	
		KTM3 我们企业对转移知识的过程感到非常满意	
		KTM4 我们对转移中双方的沟通过程感到非常满意	
		KTM5 我们企业对转移流程感到非常满意	

资料来源：笔者整理所得。

二、学习意愿量表

作为本书解释变量学习意愿是指企业学习和吸收学研机构知识和技术的意愿和动机，以企业主观的学习态度和采取的客观行为为表征。现有文献中对于学习意愿的测度，也主要是通过上述两类指标进行设计（Simonin，2004；Hau and Evangelista，2007；Fang et al.，2011）。

西蒙宁（Simonin，2004）设计的学习意愿量表主要侧重点在于主观学习态度，侯和伊万格丽斯塔（Hau and Evangelista，2007）则同时考虑了主观学习态度和客观的学习行为等两方面因素，设计并开发学习意愿测度指标。本书借鉴之前的研究成果，并通过与企业相关人员的座谈，得出学习意愿的初始量表，具体如表5-2所示。

表5-2　　　　　　　　　　学习意愿的量表

变量	测量题项	题项来源或依据
学习意愿	LW1 我们认为与该大学（科研机构）合作是很好的学习机会	Simonin（2004）；Hau and Evangelista（2007）；Fang et al.（2011）
	LW2 学习该合作机构的知识和技术是我们公司的合作目标之一	
	LW3 我们员工对新知识具有很强的学习兴趣	
	LW4 我们在合作中努力地学习和掌握该合作机构的知识和技术	
	LW5 我们公司投入了大量的人力资源和其他资源来学习该合作机构的知识和技术	

资料来源：笔者整理所得。

三、企业吸收能力量表

吸收能力是指企业获取、消化、转化和利用新知识的能力。苏兰斯基（Szulanski，1996）在科恩与莱文塔尔（Cohen and Levinthal，1990）的基础上，最早开发了由9个题项构成的评估吸收能力的量表。其后，众多学者均沿用苏兰斯基（Szulanski，1996）所开发的量表进行吸收能力的相关研究，并在实践中充分验证了其信度和效度（Priestley，2003；Jansen et al.，2003）。扎赫拉与乔治（Zahra and George，2002）进一步将吸收能力划分为潜在吸收能力和实际吸收能力两类,其后的研究基本基于此种划分进行研究,并且得到了新的研究结论(Upadhyayula and Kumar,2004;Jansen et al.,2005;Lazaric et al.,2008),但是这些研究所采用的量表仍然源自苏兰斯基(Szulanski,1996)的量表,例如,詹森等(Jansen et al.,2005)使用的量表题项均借鉴于苏兰斯基(Szulanski,1996)所开发的量表,并在实证研究中发现具有良好的信度。所以本研究也将采用苏兰斯基(Szulanski,1996)的吸收能力量表,并充分借鉴贾沃斯基和科里(Jaworski and Kohli,1993)、詹森等(Jansen et al.,2003)与詹森等(Jansen et al.,2005)的研究,形成企业吸收能力量表,具体如表5-3所示。

表5-3 吸收能力的量表

变量	维度	测量题项	题项来源或依据
吸收能力	知识获取能力	AAO1 我们经常关注学研机构取得的最新知识成果	Jaworski and Kohli,1993;Szulanski,1996;Priestley,2003;Jansen et al.,2005
		AAO2 我们经常与学研机构接触以获得新知识	
		AAO3 我们与学研机构合作中使用相近的术语描述问题和概念	
		AAO4 我们在阅读来自学研机构提供的文档资料时总能理解其中的术语	
	知识消化能力	AAD1 我们的工程师解决问题的方式与学研机构研究人员相似	Szulanski,1996;Priestley,2003;Jansen et al.,2005
		AAD2 我们的工程师解决问题的技巧与学研机构研究人员相似	
		AAD3 我们与学研机构合作中总能准确分析遇到的问题	
		AAD4 我们与学研机构合作中总能快速解决遇到的问题	
		AAD5 我们与学研机构合作中掌握了解决问题的方法	
		AAD6 我们与学研机构合作中掌握了解决问题的技巧	

续表

变量	维度	测量题项	题项来源或依据
吸收能力	知识转化能力	AAT1 我们能够考虑到来自学研机构的新技术给市场需求带来的变化	Jansen et al., 2005
		AAT2 我们总能将来自学研机构的新知识记录下来以备不时之需	
		AAT3 我们能够意识到来自学研机构的知识的价值	
		AAT4 我们能够抓住来自学研机构新知识所提供的创新机会	
		AAT5 我们与学研机构讨论新技术相关产品的发展趋势	
	知识利用能力	AAE1 合作过程中角色划分和职责规定很明确	Jaworski and Kohli, 1993; Szulanski, 1996; Jansen et al., 2005
		AAE2 合作过程中清楚自己应该做什么	
		AAE3 我们对于来自学研机构的合作抱怨会作出积极反应	
		AAE4 我们经常考虑如何更好地使用来自学研机构的新知识	
		AAE5 我们的员工对于产品服务采用相同的概念与术语进行交流	

资料来源：笔者整理所得。

四、知识特征量表

本书主要借鉴伯曼等（Berman et al., 2002）、西蒙宁（Simonin, 1999）以及孙源（2014）的关于知识特征的测度，从知识内隐性和知识复杂性两维度测量知识特征，其中知识内隐性量表来源于伯曼等（Berman et al., 2002）和孙源（2014），共涉及 3 个题项；知识复杂性来源于西蒙宁（Simonin, 1999）和孙源（2014），并进行了适当的调整，具体包括 6 个题项，如表 5-4 所示。

表 5-4　　　　　　　　　知识特征的量表

变量	维度	测量题项	题项来源或测度依据
知识特征	内隐性	CKT1 学研机构所要转移的知识不易用格式化的语言或书面方式进行描述	Berman et al., 2002；孙源，2014
		CKT2 我们从学研机构所要获取的知识需要通过自行设计经验分享、共享心智模式等人际互动方式实现	
		CKT3 所转移的知识有赖于知识转移双方的信任、情感交流和广泛的互动来实现	
	复杂性	CKC1 被转移的知识专业化程度非常高，难以用工作说明书、操作手册等书面方式进行表达	Simonin, 1999；孙源，2014
		CKC2 被转移知识本身更新速度非常快	
		CKC3 被转移的知识和技术只有学研机构的专业人员才能够被清晰地表达和发送	
		CKC4 企业内部只有专业人员才理解和掌握从学研机构转移过来的知识	
		CKC5 我们必须投入新设备或进行人力资源培训，才能掌握所获得的知识	
		CKC6 我们与学研机构必须密切交流，并通过干中学的方式才能掌握被转移知识	

资料来源：笔者整理所得。

五、合作主体差异性量表

（一）知识技术差异

知识技术差异研究较为广泛，萨马拉和比吉耶罗（Samarra and Biggiero，2008）提出产学研合作中，学研机构与企业间的知识距离是形成知识技术差异的根源，从另一角度来说，这种差异也是产学研合作的推动力,因为学研机构与企业知识之间存在互补性。阿马比尔(Amabile,1996)通过实地调查发现企业与学研机构间的技术能力差异性是产学研合作得以开展的基础,因为双方技术能力的互补性促进了企业外部搜索的力度。从企业实践中,我们也发现我国企业内部知识类型更加偏重于应用型技术知识,因为其所需要的知识技术往往是能够迅速转化为生产力和竞争能力推动企业获得市场优势,而相较而言,学研机构所拥有的知识则倾向于基础性,尤其是研究型大学,所以企业与学研机构合作才能更好地提升企业自主创新能力以及促进学研机构的市场化水平。李圣珠(Lee,2010)在产学研合作案例研究中得出参与主体间知识基础的差异促进了产学研知识转移的发生,并将知识接收方(企业)的 R&D 投入、知识存量距离作为知识技术差异的测量指标。本研究借鉴阿马比尔(Amabile,1996)、卡明斯和滕炳生(Cummings and Teng,2003)和李圣珠(Lee,2010)的量表,用知识技术距离和知识技术互补两个维度测量知识技术差异,具体如表 5-5 所示。

表 5-5　　　　　　　　　　知识技术差异的量表

变量	维度	测量题项	题项来源或依据
知识技术差异	知识技术距离	KHC1 我们能够有效吸收并且消化来自学研机构的知识	Amabil,1996;Cummings and Teng,2003;Lee,2010
		KHC2 我们对于吸收转化来自学研机构的知识有研发投入	
		KHC3 我们与学研机构的知识构成差异较小,沟通障碍小	
	知识技术互补	KHH1 学研机构知识结构与我们的知识结构形成了有效互补	
		KHH2 我们与学研机构通过优势互补实现合作的目标	

资料来源:笔者整理所得。

(二) 目标差异

合作目标差异是指企业与学研机构双方的合作目标是否具体明确，对合作目标的认识双方是否具有一致性（刁丽琳、朱桂龙，2014）。达尔与库特伯瑞（Darr and Kurtxbery，2000）通过对合作伙伴相似性对知识转移的影响研究中发现，合作伙伴之间对目标认识的差异对知识转移效果具有重要的影响作用。针对目标差异性的测度，西蒙宁（Simonin，1999）在研究企业战略联盟间知识转移中，以合作双方的商业化运作实践和机制的相似性为指标对战略联盟内部企业间的目标进行测度；姚威（2000）以"目标距离"描述产学研合作双方间的目标差异性，并通过"我们企业与学研机构间的组织目标和战略方面差异很大"题项来进行刻画。然而，产学研合作过程中目标差异性不仅体现在组织目标和战略目标的差异性，更多地体现于合作中的项目目标与双方的距离，大学和科研院所长于基础性共性技术的开发，而企业往往对产品技术的需求更加强烈，这就造成了我国产学研知识转移的困境——供需不匹配。所以本研究中目标差异性量表不仅借鉴达尔与库特伯瑞（Darr and Kurtxbery，2000）、西蒙宁（Simonin，1999）和姚威（2000）等人的研究，还结合李纪珍（2011）和朱桂龙（2012）的研究，量表共有4个题项，具体如表5-6所示。

表5-6　　　　　　　　　　目标差异的量表

变量	测量题项	题项来源或依据
目标差异	TAH1 我们与学研机构在组织目标方面存在很大的差异	Darr and Kurtxbery，2000；Simonin，1999；姚威，2000；郭晓林，2006；赵京波，2012；张在群，2013
	TAH2 我们与学研机构在战略目标方面存在很大差异	
	TAH3 我们与学研机构合作的项目成果偏向于产品技术	
	TAH4 我们与学研机构合作目标方面存在很大的差异	

资料来源：笔者整理所得。

六、关系强度量表

关系强度主要在于强调产学研合作过程中企业与学研机构之间的信任和承诺的程度。阿德勒与权锡佑（Adler and Kwon，2002）指出关系强度对于知识转移过程具有重要的影响作用。产学研合作中关系作为一种资源，往往表征为信任及其强度（Tsai and Ghoshal，1998），而信任更成为其内容属性中至关重要的核心组件（Dodgson，1993；Doz，1996）。对于信任的研究中，达斯和滕炳生（Das and Teng，2001）将其划分为基于能力的信任和基于情感的信任等两种类型，基于能力的信任是指对合作伙伴的能力及其专业知识的感知，主要用于描述合作伙伴实现合作目标的能力（Barber，1983）；基于情感的信任主要在于刻画对合作伙伴的责任心感知（Mayer et al.，1995）。约翰斯（Johns，1999）认为关系强度可以通过合作双方的沟通频率以及双方的亲密程度两个方面进行刻画，朱学彦（2009）关于关系对于产学研合作联盟的影响研究中也通过合作双方的联结表征关系强度。万颖华（2011）进一步认为关系强度应该表现为关系质量以及关系稳定性等三个方面。本研究借鉴上述学者的观点及其量表，形成了由4个题项构成的关系强度量表（Bohlmann et al.，2009），具体如表5-7所示。

表5-7　　关系差异的量表

变量	测量题项	题项来源或测度依据
关系强度	REH1 我们与学研机构之间沟通得很频繁	朱学彦，2009；Johns，1999；万颖华，2011；Bohlmann et al.，2009
	REH2 我们与学研机构之间的关系很紧密	
	REH3 我们与学研机构之间经常一起讨论共同关注的话题	
	REH4 我们与学研机构成员之间经常进行非正式的交流	

资料来源：笔者整理所得。

七、控制变量量表

本书结合已有研究一共选取了5个控制变量,分别为企业所属行业、企业性质、企业规模、成立年限、以往产学研经验。产学研知识转移通常与企业所属行业及其性质有较大的联系,行业类型不同,其产学研知识转移效果也存在差异性(Berchicci,2013);李朱莉等(Li et al., 2010)和埃伯斯伯格等(Ebersberger et al., 2010)研究发现企业的吸收能力与企业规模之间呈现正相关关系,换言之,企业规模越大,其吸收能力越强,现有研究中,学者们普遍通过企业员工数量和销售收入刻画企业规模(Tsai,2001;Escribano et al., 2009;Li, Poppo and Zhou, 2010;Kostopoulos, 2011),所以本研究借鉴已有的研究,以人员数量和销售收入的对数值表征企业规模。另外,企业与学研机构之间的合作经验也是影响产学研知识转移的重要因素。具备丰富合作经验和历史的产学研合作双方能更好地了解彼此的知识基础和知识结构,有利于更好的匹配,所以以往合作经验也是本研究所选择的控制变量之一。

第三节 小样本测试

本书所用变量测量题项均以经典问卷设计原则为前提,在借鉴已有研究成果的基础上,结合我国产学研合作实际情境所设计,既有坚实的理论基础,也有良好的现实依据。但是量表中的题项仍然可能存在一些没有注意的问题。所以,在正式调查问卷形成之前,还需要进行小样本预测试(马庆国,2002),以达到分析和评估初始量表的目的,并以预测试结果为依据,对初始问卷进行适当的调整和修订。

本书在广州市和中山市参与产学研合作的企业中选取了90家企业开展小样本预测试。共计发放问卷90份，回收有效问卷62份，有效回收率为68.89%。

一、小样本预测试方法

为保障测量题项的可靠性，本研究主要从信度（reliability）和效度（validity）两个方面进行预测试分析。

（一）信度分析

信度主要在于评估测量工具所得到的结果的稳定性和一致性，而信度的指标目前使用最广泛的是"Cronbach's α 系数"，因为Cronbach's α 系数法主要适用于定距数值的评估，是目前计算 Likert 量表信度系数最常用的方法（杜智敏，2010），所以本研究主要通过 Cronbach's α 系数检验测量工具的内部一致性。除了 Cronbach's α 系数之外，本研究还以题项—总体相关系数（即 CITC 系数）为补充指标。CITC 系数描述同一维度下，各题项与其他所有题项总分之间的相关性，主要在于判定题项是否合适。本研究以0.35为阈值对测量题项进行净化（李怀祖，2004）。净化后的量表再进行 Cronbach's α 系数计算。本研究参照吴明隆（2003）的观点，以0.7作为 Cronbach's α 系数的阈值。

（二）探索性因子分析

效度分析主要在于评估测量工具的正确性，包含内容效度和收敛效度。其中，内容效度指的是题项对相关内容或行为取样的适用性，从而确定测量是否是所欲测量的行为领域的代表性取样（吴明隆，2003）。由于本研究中所使用的量表大部分来源于较为成熟的量表，并经由领域内专家的鉴定，故而量表的内容效度较为良好。收敛效度则主要通过探索性因子分析进行（吴明隆，2010）。探索性因子分析首先需要对变量之间的相关性进行检验，检验方法主要有 KMO（Kaisex-Meyer-Olkin）样本测度和 Bartlett 球检验。只有 KMO 值大于 0.7，且 Bartlett 球检验显著的情况下，才能进一步通过主成分分析和最大方差旋转法，进行探索性因子分析。通常情况下，各题项因子载荷系数应大于 0.5（马庆国，2002）。

二、小样本预测试结果

（一）知识转移的信度分析和探索性因子分析

本书中知识转移共划分为速度、成本、有用性和满意度四个维度。首先对各个维度进行可靠性分析，发现知识转移速度维度方面的 Cronbach's α 系数为 0.874，5 个题项的 CITC 系数均处于 0.672～0.733；知识转移成本维度方面的 Cronbach's α 系数为 0.657，3 个题项的 CITC 系数分别为 0.551、0.427、0.431，均大于 0.35 这一阈值；知识转移有用性维度方面的 Cronbach's α 系数为 0.841，5 个题项的 CITC 系数分别为 0.700、0.601、0.664、0.652、0.615；知识转移满意度维度方面的 Cronbach's α 系数为 0.907，5 个题项的 CITC 系数均处于 0.726～0.812，所以知识转移的四大维度的分量表均表现出较为理想的内部一致性。为保证知识转移量表的内部一致性，本研究将知识转移四大维度的 18 个题项进行总体分析，结果如表 5-8 所示，知识转移量表的 18 个测量题项 CITC 系数最小为 0.582（KTC3），最大为 0.788（KTM4），均大于 0.35，因此各题项均予以保留。知识转移总量表的 Cronbach's α 系数也达到 0.945，大于 0.7 这一阈值，内部一致性较高，符合研究的信度要求。

表 5-8　　知识转移的 CITC 和内部一致性信度分析

题项	分量表 CICT	删除题项后的信度	分量表信度	总量表 CICT	删除题项后的信度	信度系数
KTS1	0.684	0.851		0.671	0.942	
KTS2	0.672	0.854		0.575	0.944	
KTS3	0.692	0.849	0.874	0.627	0.943	
KTS4	0.733	0.839		0.673	0.942	
KTS5	0.732	0.841		0.729	0.941	
KTC1	0.551	0.441		0.671	0.942	
KTC2	0.427	0.613	0.657	0.678	0.942	
KTC3	0.431	0.610		0.582	0.944	
KTP1	0.700	0.793		0.764	0.941	0.945
KTP2	0.601	0.821		0.630	0.943	
KTP3	0.664	0.804	0.841	0.700	0.942	
KTP4	0.652	0.807		0.671	0.942	
KTP5	0.615	0.817		0.678	0.942	
KTM1	0.726	0.895		0.715	0.942	
KTM2	0.746	0.890		0.670	0.942	
KTM3	0.760	0.887	0.907	0.704	0.942	
KTM4	0.812	0.876		0.788	0.940	
KTM5	0.786	0.881		0.710	0.942	

资料来源：笔者根据数据分析整理所得。

通过上述信度分析，发现知识转移量表的测量题项均较为理想，故而无须进行删除和净化。为检验变量的结构效度，本研究进一步将18个题项进行探索性因子分析。结果显示，知识转移量表 KMO 值为 0.901，大于 0.7 这一接受值，Bartlett 检验卡方值为 708.928，显著性概率为 0.000，说明适合开展因子分析。采用主成分分析法对 18 个测量题项进行因子提取，共得到 4 个特征值大于 1 的因子，累计方差解释率为 73.344%，大于 50% 的阈值。从表 5-9 中可以知道，知识转移速度维度的 5 个题项在因子 1 上的因子载荷分别为 0.700、0.821、0.709、0.744、0.651；知识转移成本维度的 3 个题项在因子 2 上的因子载荷分别为 0.899、0.887、0.648；知识转移可用性维度的 5 个题项在因子 3 上的因子载荷分别为 0.757、0.676、0.553、0.899、0.887；知识转移满意度维度的 5 个题项在因子 4 上的因子载荷分别为 0.773、0.769、0.768、0.719、0.748，均大于 0.5（马庆国，2002）。因此，能够推断知识转移量表的四个因子分别表示知识转移速度、知识转移成本、知识转移有用性和知识转移满意度，符合理论假设。

表 5-9　　　　　　　　知识转移探索性因子分析

题项	因子 1	因子 2	因子 3	因子 4
KTS1	0.700	0.233	0.120	0.282
KTS2	0.821	0.094	0.159	0.094
KTS3	0.709	0.042	0.147	0.335
KTS4	0.744	0.252	0.194	0.186
KTS5	0.651	0.265	0.165	0.369
KTC1	0.186	0.899	0.184	0.234
KTC2	0.234	0.887	0.194	0.315
KTC3	0.391	0.648	0.090	0.297
KTP1	0.216	0.128	0.757	0.112
KTP2	0.290	0.312	0.676	0.187
KTP3	0.254	0.432	0.553	0.204
KTP4	0.186	0.184	0.899	0.234
KTP5	0.234	0.194	0.887	0.315
KTM1	0.277	0.258	0.062	0.773

续表

题项	因子1	因子2	因子3	因子4
KTM2	0.087	0.180	0.356	0.769
KTM3	0.226	0.175	0.232	0.768
KTM4	0.351	0.238	0.247	0.719
KTM5	0.347	0.127	0.146	0.748
KMO值	0.901			
Bartlett检验卡方值	708.928			
显著性概率	0.000			
可解释的方差比例（%）	22.963	21.781	16.145	12.455

资料来源：笔者根据数据分析整理所得。

（二）学习意愿的信度分析和探索性因子分析

从表5–10中可以看出，企业学习意愿变量的5个测量题项CITC系数均大于0.35，删除题项后的α系数都小于该量表的Cronbach's α系数0.871。以上CITC系数和删除题项后的α系数方面均说明企业学习意愿量表具有良好的内部一致性，量表符合研究要求。

表5–10　　学习意愿的CITC和内部一致性信度分析

题项	CITC系数	删除题项后的信度系数	信度系数
LW1	0.596	0.868	
LW2	0.787	0.822	
LW3	0.735	0.835	0.871
LW4	0.763	0.829	
LW5	0.645	0.864	

资料来源：笔者根据数据分析整理所得。

对学习意愿的 5 个题项的样本充分性及其分布检验看出，KMO 统计值为 0.833，Bartlett 检验卡方值为 186.157，显著性概率为 0.000（见表 5-11），说明企业学习意愿量表适合进行探索性因子分析。采用主成分分析法对学习意愿量表的 5 个题项进行因子提取，仅有一个特征值大于 1 的因子，并且 5 个题项在该因子上的载荷分别为 0.739、0.878、0.838、0.864、0.767，均大于 0.5。而因子累计解释方差比例为 67.047%，也超过 50% 的最低接受值。所以，探索性因子分析发现学习意愿的结果与本研究的理论假设相一致。

表 5-11　　　　　　　　学习意愿探索性因子分析

题项	因子 1
LW1	0.739
LW2	0.878
LW3	0.838
LW4	0.864
LW5	0.767
KMO 值	0.833
Bartlett 检验卡方值	186.157
显著性概率	0.000
可解释的方差比例（%）	67.047

资料来源：笔者根据数据分析整理所得。

（三）吸收能力的信度分析和探索性因子分析

如表 5-12 所示，吸收能力变量的知识获取能力维度测量题项 AAO1 的删除题项后的 Cronbach's α 系数 0.928 大于 0.917 这一初始分量表 α 系数，故而将其删除。同理，知识利用能力维度的测量题项 AAE1 的删除题项后的 Cronbach's α 系数 0.895 大于 0.888 这一初始分量表 α 系数，亦将其删除。其余的测量题项 CITC 系数均大于 0.35，各分量表最终的 Cronbach's α 系数分别为 0.928、0.939、0.926、0.895，删除 AAO1、AAE1 两题项之后，吸收能力量表总体 Cronbach's α 系数为 0.968，CITC 系数和删除题项后的 Cronbach's α 系数均在接受范围之内，内部一致性较好，意味着净化后的测量题项符合本研究要求。

表 5-12　吸收能力的 CICT 和内部一致性信度分析

题项	分量表 CITC	删除题项后的信度		分量表 信度	总量表 CITC	删除题项后的信度	信度 系数
		初始	最终				
AAO1	0.700	0.928	删除	初始 0.917, 最终 0.928			
AAO2	0.876	0.869	0.928		0.741	0.967	
AAO3	0.890	0.863	0.850		0.790	0.966	
AAO4	0.779	0.903	0.905		0.762	0.967	
AAD1	0.789	0.932		0.939	0.792	0.966	
AAD2	0.749	0.937			0.855	0.965	
AAD3	0.896	0.918			0.831	0.966	
AAD4	0.882	0.920			0.801	0.966	
AAD5	0.801	0.930			0.696	0.968	
AAD6	0.806	0.929			0.669	0.968	0.968
AAT1	0.739	0.922		0.926	0.807	0.966	
AAT2	0.765	0.918			0.852	0.965	
AAT3	0.837	0.904			0.817	0.966	
AAT4	0.816	0.908			0.826	0.966	
AAT5	0.881	0.895			0.697	0.967	
AAE1	0.600	0.895	删除	初始 0.888, 最终 0.895			
AAE2	0.764	0.855	0.892		0.800	0.966	
AAE3	0.810	0.845	0.842		0.773	0.967	
AAE4	0.783	0.851	0.853		0.766	0.967	
AAE5	0.702	0.870	0.870		0.809	0.966	

资料来源：笔者根据数据分析整理所得。

通过信度分析净化之后，将吸收能力量表的 18 个测量题项进一步进行结构效度分析。如表 5-13 所示，吸收能力量表 KMO 值为 0.900，大于 0.7 这一接受值，Bartlett 检验卡方值为 1484.135，显著性概率为 0.000，说明适合进行因子分析。采用主成分分析法对 18 个测量题项进行因子提取，共得到 4 个特征值大于 1 的因子，累计方差解释率为 82.612%，大于 50% 的阈值。知识获取能力维度的 3 个题项在因子 1 上的因子载荷分别为 0.508、0.664、0.760；知识消化能力维度的 6 个题项在因子 2 上的因子载荷分别为 0.823、0.812、0.825、0.665、0.574、0.578；知识转化能力维度的 5 个题项在因子 3 上的因子载荷分别为 0.752、0.534、0.606、0.520、0.664；知识利用能力维度的 4 个题项在因子 4 上的因子载荷分别为 0.735、0.696、0.755、0.511，均大于 0.5。因此，能够推断吸收能力量表的四个因子分别表示知识获取能力、知识消化能力、知识转化能力和知识利用能力，符合理论假设。

表 5-13　　　　　　　吸收能力探索性因子分析

题项	因子 1	因子 2	因子 3	因子 4
AAO2	0.508	0.255	0.339	0.354
AAO3	0.664	0.153	0.306	0.307
AAO4	0.760	0.206	0.176	0.239
AAD1	0.304	0.823	0.130	0.155
AAD2	0.297	0.812	0.094	0.156
AAD3	0.138	0.825	0.316	0.318
AAD4	0.324	0.665	0.238	0.183
AAD5	0.116	0.574	0.339	0.307
AAD6	0.253	0.578	0.214	0.224

续表

题项	因子1	因子2	因子3	因子4
AAT1	0.201	0.204	0.752	0.298
AAT2	0.289	0.243	0.534	0.320
AAT3	0.156	0.154	0.606	0.191
AAT4	0.226	0.096	0.520	0.180
AAT5	0.324	0.175	0.664	0.225
AAE2	0.099	0.379	0.304	0.735
AAE3	0.422	0.406	0.115	0.696
AAE4	0.343	0.142	0.366	0.755
AAE5	0.263	0.343	0.244	0.511
KMO值	0.900			
Bartlett检验卡方值	1484.135			
显著性概率	0.000			
可解释的方差比例（%）	24.449	20.817	20.797	16.549

资料来源：笔者根据数据分析整理所得。

（四）知识特征的信度分析和效度分析

从表5-14中可以看出，知识特征变量的内隐性维度3个测量题项α系数0.836，具有良好的内部一致性，说明无须剔除。另外，知识复杂性维度6个题项的CITC系数也均大于0.35，Cronbach's α系数为0.901，也具有良好的内部一致性，说明知识复杂性量表也符合研究要求。

表 5-14　知识特征的 CITC 和内部一致性信度分析

题项	分量表 CITC	删除题项后的信度	分量表信度	总量表 CITC	删除题项后的信度	信度系数
CKT1	0.606	0.826	0.836	0.761	0.894	0.908
CKT2	0.780	0.658		0.709	0.896	
CKT3	0.670	0.772		0.670	0.900	
CKC1	0.743	0.882	0.901	0.666	0.900	
CKC2	0.727	0.884		0.761	0.892	
CKC3	0.822	0.869		0.743	0.894	
CKC4	0.817	0.870		0.575	0.908	
CKC5	0.631	0.898		0.798	0.888	
CKC6	0.647	0.896		0.725	0.895	

资料来源：笔者根据数据分析整理所得。

对知识特征的 9 个题项的样本充分性及其分布检验看出，KMO 统计值为 0.894，Bartlett 检验卡方值为 348.409，显著性概率为 0.000（见表 5-15），说明知识特征量表适合进行探索性因子分析。采用主成分分析法对知识特征量表的 9 个题项进行因子提取，共得到 2 个特征值大于 1 的因子，其中，知识内隐性维度 3 个题项在因子 1 上的载荷分别为 0.752、0.730、0.926；知识复杂性维度 6 个题项在因子 2 上的载荷分别为 0.724、0.704、0.792、0.920、0.673、0.701，均大于 0.5。而因子累计解释方差比例为 71.540%，也超过 50% 的最低接受值。所以，探索性因子分析发现知识特征的结果与本研究的理论假设相一致。

表 5-15　　　　　　　知识特征探索性因子分析

题项	因子1	因子2
CKT1	0.752	0.337
CKT2	0.730	0.448
CKT3	0.926	0.154
CKC1	0.264	0.724
CKC2	0.318	0.704
CKC3	0.283	0.792
CKC4	0.184	0.920
CKC5	0.293	0.673
CKC6	0.258	0.701
KMO 值	0.894	
Bartlett 检验卡方值	348.409	
显著性概率	0.000	
可解释的方差比例（%）	38.134	33.406

资料来源：笔者根据数据分析整理所得。

（五）合作主体差异性的信度分析和效度分析

如表 5-16 所示，合作主体差异性变量的目标差异维度测量题项 TAH2 的删除题项后的 Cronbach's α 系数 0.852 大于 0.801 这一初始分量表 α 系数，故而将其删除。其余的测量题项 CITC 系数均大于 0.35，各分量表最终的 Cronbach's α 系数分别为 0.862、0.852，删除 TAH2 题项之后，合作主体差异性量表总体 Cronbach's α 系数为 0.858，CITC 系数和删除题项后的 Cronbach's α 系数均在接受范围之内，内部一致性较好，意味着净化后的测量题项符合本研究要求。

表5-16　合作主体差异性的CITC和内部一致性信度分析

题项	分量表CITC	删除题项后的信度		分量表信度	总量表CITC	删除题项后的信度	信度系数
		初始	最终				
KHC1	0.692	0.830		0.862	0.589	0.850	0.858
KHC2	0.716	0.823			0.617	0.849	
KHC3	0.647	0.842			0.687	0.855	
KHH1	0.633	0.844			0.684	0.851	
KHH2	0.722	0.824			0.682	0.850	
TAH1	0.650	0.733	0.824	初始0.801,最终0.852	0.507	0.854	
TAH2	0.391	0.852	删除				
TAH3	0.778	0.671	0.716		0.678	0.855	
TAH4	0.668	0.724	0.835		0.672	0.857	

资料来源：笔者根据数据分析整理所得。

通过信度分析净化之后，将合作主体差异性量表的8个测量题项进一步进行结构效度分析。如表5-17所示，合作主体差异性量表KMO值为0.846，大于0.7这一接受值，Bartlett检验卡方值为889.002，显著性概率为0.000，说明适合进行因子分析。采用主成分分析法对8个测量题项进行因子提取，共得到2个特征值大于1的因子，累计方差解释率为69.922%，大于50%的阈值。知识技术差异维度的5个题项在因子1上的因子载荷分别为0.817、0.755、0.696、0.776、0.808；目标差异维度的3个题项在因子3上的因子载荷分别为0.846、0.916、0.859，均大于0.5。因此，能够推断合作主体差异性量表的两个因子分别表示知识技术差异和目标差异，符合理论假设。

表 5-17　　　　　合作主体差异性探索性因子分析

题项	因子 1	因子 2
KHC1	0.817	0.107
KHC2	0.755	0.050
KHC3	0.696	0.074
KHH1	0.776	0.123
KHH2	0.808	0.060
TAH1	0.214	0.846
TAH3	0.107	0.916
TAH4	0.156	0.859
KMO 值	0.846	
Bartlett 检验卡方值	889.002	
显著性概率	0.000	
可解释的方差比例（%）	38.184	31.738

资料来源：笔者根据数据分析整理所得。

（六）关系强度的信度分析和效度分析

如表 5-18 所示，关系强度变量的 4 个测量题项 CITC 系数均大于 0.35，删除题项后的 α 系数都小于该量表的 Cronbach's α 系数 0.939。以上 CITC 系数和删除题项后的 α 系数方面均说明关系强度量表具有良好的内部一致性，量表符合研究要求。

表 5-18　　　　关系强度的 CITC 和内部一致性信度分析

题项	CITC 系数	删除题项后的信度系数	信度系数
REH1	0.883	0.908	0.939
REH2	0.851	0.920	
REH3	0.843	0.922	
REH4	0.836	0.924	

资料来源：笔者根据数据分析整理所得。

对关系强度的 4 个题项的样本充分性及其分布检验看出，KMO 统计值为 0.852，Bartlett 检验卡方值为 183.664，显著性概率为 0.000（见表 5-19），说明关系强度量表适合进行探索性因子分析。采用主成分分析法对关系强度量表的 4 个题项进行因子提取，仅有一个特征值大于 1 的因子，并且 4 个题项在该因子上的载荷分别为 0.892、0.812、0.851、0.869，均大于 0.5。而因子累计解释方差比例为 65.281%，也超过 50% 的最低接受值。所以，探索性因子分析发现关系强度的结果与本研究的理论假设相一致。

表 5-19　　　　　　　关系强度探索性因子分析

题项	因子 1
REH1	0.892
REH2	0.812
REH3	0.851
REH4	0.869
KMO 值	0.852
Bartlett 检验卡方值	183.664
显著性概率	0.000
可解释的方差比例（%）	65.281

资料来源：笔者根据数据分析整理所得。

通过小样本预测试，本研究对初始问卷进行了必要的净化，删除了一些不合要求的题项，从而致使修订后的问卷具有良好的内部一致性。并在较高的内部一致性前提下，运用探索性因子分析法对各个变量进行了结构效度检验，结果也表明各变量具有良好的结构效度，从而为大规模的样本调查提供了更加科学的测量工具。

第六章　假设检验与结果讨论

第一节　数据收集与描述性统计

一、数据收集与样本描述

研究样本选择是保障研究结论是否具有普适性的关键步骤（李怀祖，2004）。结合研究目标，本章将样本限定为参与产学研合作的企业，同时为保证样本质量，对问卷的投放区域，渠道等都进行了严格的限制。

调查问卷发放区域方面，为控制区域经济发展水平造成的样本系统误差，同时，考虑到发放问卷地区可利用社会资源情况，本研究针对全国产学研合作企业进行问卷调查，并选择主要在广东省、浙江省、辽宁省、江西省、湖南省以及四川省进行。

调查问卷发放渠道方面，出于样本数据的可靠性考虑，本章主要采用如下几种发放方式：（1）针对华南理工大学、中山大学、广东工业大学 MBA/EMBA 学员现场发放；（2）利用政府相关合作机构对相关企业样本进行发放；（3）借助亲朋、同学以及校友关系发放调查问卷；（4）企业实地调研访谈之时发放。

由于问卷中题项主要涉及产学研合作的相关情况，因此在选择问卷被试时必须要求回答者应该对企业产学研合作研发具有比较熟悉的了解。基于此，问卷被试主要对象为企业技术部门负责人、企业主管。

根据上述方式与原则，在2015年9至2016年1月历时5个月，共发放问卷836份，最终回收问卷307份，问卷回收率36.72%。笔者对回收的问卷进行初步检查，剔除存在漏填、回答不完整以及回答具有明显规律性（问卷填答高度一致）的问卷，最终有效问卷211份，总体问卷有效回收率为25.24%。问卷发放与回收情况如表6-1所示。

表6-1　　　　　　　　问卷发放与回收情况

问卷发放形式	发放量	回收量	回收率(%)	有效量	有效回收率(%)
MBA/EMBA学员现场发放	85	41	48.24	37	43.53
委托政府相关机构发放	455	137	30.11	68	14.95
委托亲朋、同学和校友发放	254	99	38.98	83	32.68
企业现场发放	42	30	71.43	23	54.76
合计	836	307	36.72	211	25.24

注：回收率=回收量/发放量；有效回收率=有效量/发放量。
资料来源：笔者根据调查问卷数据整理。

通过问卷样本基本信息题项，对样本企业基本特征进行简要描述性统计分析，具体如表6-2所示。从表6-2中可以看出，样本企业均开展过产学研合作，并且均有独立的研发部门（没有产学研合作经历的样本企业已剔除，故在表6-2中未对该两项描述）。成立时间6年以上企业共有154家；从企业规模来看，员工人数2000人以上78家，占比36.97%，其余层次差距不大。从企业性质来看，民营企业在样本中占比最大，达到62.56%，共有132家，其次为外资企业、合资企业和国有企业。从行业分布来看，信息技术等技术密集行业企业103家，而诸如化工、纺织等传统制造业72家，农业公司21家。211家样本企业中，销售收入100亿元以上48家，其余档次较为平均。研发力量方面，研发人数50人以上的企业128家，研发强度低于1%的仅有7家，大部分企业研发强度处于3%~12%。

表6-2 样本基本情况与特征

特性	分类	样本量	百分比（%）	特性	分类	样本量	百分比（%）
行业属性	信息技术、电信类；生物、制药、新材料、新能源类	103	48.82	成立年限	2年以下	29	13.74
	化工、纺织、传统制造业	71	33.65		3~6年	28	13.27
	服务业	12	5.69		7~10年	34	16.11
	农业	21	9.95		11~20年	64	30.33
	其他	4	1.90		21年以上	56	26.54
企业性质	国有企业	21	9.95	研发人员数量	10人以下	18	8.53
	民营企业	132	62.56		10~30人	36	17.06
	外资企业	24	11.37		30~50人	29	13.74
	合资企业	22	10.43		50~100人	68	32.23
	其他	12	5.69		100人以上	60	28.44
销售收入	少于1000万元	31	14.69	研发强度	小于1%	7	3.32
	1000万~5000万元	28	13.27		1%~3%	29	13.74
	5000万~1亿元	20	9.48		3%~6%	32	15.17
	1亿~5亿元	25	11.85		6%~9%	57	27.01
	5亿~10亿元	13	6.16		9%~12%	32	15.17

第六章 假设检验与结果讨论

续表

特性	分类	样本量	百分比（%）	特性	分类	样本量	百分比（%）
销售收入	10亿~20亿元	8	3.79	研发强度	12%~15%	23	10.90
	20亿~50亿元	15	7.11		15%~18%	16	7.58
	50亿~100亿元	23	10.90		18%~21%	10	4.74
	100亿元及以上	48	22.75		21%以上	5	2.37
员工规模	50人以下	29	13.74	合作研发内容	技术研发	122	57.82
	50~100人	25	11.85		产品设计	72	34.12
	100~200人	16	7.58		产品制造	6	2.84
	200~300人	13	6.16		产品销售	6	2.84
	300~500人	13	6.16		咨询服务	3	1.42
	500~1000人	21	9.95		其他	2	0.95
	1000~2000人	16	7.58				
	2000人以上	78	36.97				

资料来源：笔者根据调查问卷数据整理。

· 177 ·

二、数据正态性检验

为保证本次调查数据能够进行验证性因子分析和回归分析，本章首先需要对数据的正态性进行检验（侯杰泰、温忠麟、成子娟，2004）。样本数据正态性检验一般采用偏度（Skewness）与峰度（Kurtosis）两指标进行评判，其中，偏度主要测度数据非对称性，峰度则是观察样本数据尖峰与平坦的分布状态（邱皓政，2011）。克莱恩（Kline，1998）以峰度系数绝对值小于10，并且偏度系数绝对值小于3为阈值进行正态性判断（黄芳铭，2005）。本文运用 SPSS 23.0 对样本数据进行正态性检验，结果如表6-3所示，从表中不难看出，样本数据的偏度系数绝对值处于0.010~1.242范围之内，峰度系数绝对值处于0.039~1.746范围之内，均低于克莱恩（Kline，1998）提出的评判值，说明本次调查研究所得样本数据服从正态分布，符合验证性因子分析和回归分析的数据要求。

表6-3　　　　各测量题项观测数据的描述性统计量

	平均值	标准差	偏度		峰度	
	统计	统计	统计	标准误差	统计	标准误差
KHC1	4.770	1.606	-0.647	0.167	-0.318	0.333
KHC2	4.580	1.675	-0.400	0.167	-0.639	0.333
KHC3	4.520	1.599	-0.560	0.167	-0.500	0.333
KHH1	4.680	1.487	-0.750	0.167	0.318	0.333
KHH2	4.900	1.467	-1.034	0.167	0.703	0.333
TAH1	4.130	1.661	-0.161	0.167	-0.963	0.333
TAH3	4.540	1.657	-0.566	0.167	-0.632	0.333
TAH4	3.900	1.591	0.058	0.167	-0.812	0.333
REH1	4.420	1.530	-0.390	0.167	-0.599	0.333
REH2	4.480	1.497	-0.453	0.167	-0.493	0.333

续表

	平均值	标准差	偏度		峰度	
	统计	统计	统计	标准误差	统计	标准误差
REH3	4.340	1.511	-0.395	0.167	-0.741	0.333
REH4	4.470	1.547	-0.678	0.167	-0.402	0.333
LW1	5.450	1.331	-1.224	0.167	1.548	0.333
LW2	5.220	1.374	-1.242	0.167	1.489	0.333
LW3	5.330	1.367	-0.981	0.167	0.783	0.333
LW4	5.430	1.366	-1.203	0.167	1.746	0.333
LW5	4.770	1.588	-0.693	0.167	-0.306	0.333
AAO2	4.740	1.465	-0.659	0.167	-0.210	0.333
AAO3	4.700	1.491	-0.705	0.167	-0.163	0.333
AAO4	4.700	1.518	-0.554	0.167	-0.322	0.333
AAD1	4.340	1.450	-0.357	0.167	-0.467	0.333
AAD2	4.400	1.422	-0.268	0.167	-0.459	0.333
AAD3	4.480	1.398	-0.467	0.167	-0.188	0.333
AAD4	4.440	1.428	-0.563	0.167	-0.128	0.333
AAD5	4.580	1.340	-0.640	0.167	0.246	0.333
AAD6	4.750	1.403	-0.713	0.167	0.332	0.333
AAT1	5.140	1.185	-0.893	0.167	1.196	0.333
AAT2	4.910	1.293	-0.698	0.167	0.436	0.333
AAT3	5.150	1.306	-1.116	0.167	1.008	0.333
AAT4	4.960	1.343	-0.815	0.167	0.473	0.333
AAT5	4.960	1.414	-0.963	0.167	0.645	0.333
AAE2	5.040	1.407	-1.010	0.167	0.930	0.333
AAE3	4.960	1.294	-1.047	0.167	1.215	0.333
AAE4	5.060	1.438	-1.060	0.167	0.737	0.333
AAE5	4.940	1.355	-1.033	0.167	0.929	0.333
CKT1	4.600	1.339	-0.504	0.167	-0.168	0.333
CKT2	4.750	1.257	-0.634	0.167	0.523	0.333
CKT3	4.970	1.164	-0.757	0.167	0.597	0.333
CKC1	4.480	1.285	-0.476	0.167	-0.308	0.333
CKC2	4.690	1.237	-0.543	0.167	0.178	0.333

续表

	平均值	标准差	偏度		峰度	
	统计	统计	统计	标准误差	统计	标准误差
CKC3	4.730	1.271	-0.698	0.167	0.183	0.333
CKC4	4.900	1.199	-0.786	0.167	0.572	0.333
CKC5	4.840	1.273	-0.686	0.167	0.391	0.333
CKC6	4.960	1.310	-0.946	0.167	0.774	0.333
KTS1	4.570	1.279	-0.402	0.167	-0.034	0.333
KTS2	4.550	1.363	-0.511	0.167	-0.096	0.333
KTS3	4.530	1.274	-0.548	0.167	-0.070	0.333
KTS4	4.680	1.305	-0.639	0.167	0.039	0.333
KTS5	4.710	1.355	-0.680	0.167	0.143	0.333
KTC1	4.380	1.480	-0.425	0.167	-0.588	0.333
KTC2	4.480	1.458	-0.501	0.167	-0.434	0.333
KTC3	4.370	1.449	-0.515	0.167	-0.394	0.333
KTP1	4.820	1.249	-0.695	0.167	0.527	0.333
KTP2	4.930	1.244	-0.832	0.167	0.811	0.333
KTP3	4.970	1.189	-0.657	0.167	0.668	0.333
KTP4	4.980	1.130	-0.763	0.167	1.105	0.333
KTP5	4.980	1.171	-0.897	0.167	0.962	0.333
KTM1	4.790	1.232	-0.798	0.167	0.650	0.333
KTM2	4.960	1.199	-0.680	0.167	0.685	0.333
KTM3	4.830	1.206	-0.829	0.167	0.826	0.333
KTM4	5.020	1.272	-0.932	0.167	1.283	0.333
KTM5	4.870	1.298	-0.869	0.167	0.774	0.333

资料来源：笔者根据调查问卷数据整理所得。

三、共同方法偏差

问卷调查容易出现共同方法偏差（又名同源偏差，common method variance，CMV）和未响应偏差（Non-response bias）两种影响数据可靠性的问题。由于每份调查问卷均是由单一被试在同一时间内独立完成，故而容易出现共同方法偏差（周浩和龙立荣，2004），在问卷调查之初，为了很好地规避这一问题，问卷以匿名的方式进行；另外，再回收问卷之后，采用单因素因子分析方法，将问卷所有条目一起进行因子分析，本章中，未旋转时得到的第一个主成分解释率为13.251%，并未占到多数，故而本研究中共同方法偏差不严重。

第二节 信度与效度分析

为保证数据能够适用于回归分析，首先应该对变量测量工具进行可靠性和有效性检验。而变量测量工具可靠性和有效性检验主要是指测量工具的信度及其效度评估。

一、信度分析

小样本预测试中虽然已经对变量测量工具的信度进行了详细的分析，也以小样本预测试结果为标准进行量表的修订。所以大样本检验时，仍然有必要对其进行重新地验证。与小样本预测试时的方法一致，采用 CICT 系数和 Cronbach's α 系数为评估指标。

（一）知识转移的信度分析

根据小样本预测试的修订，本章对知识转移的测量共有 18 个题项，其中知识转移速度 5 题项，知识转移成本 3 题项，所转移知识有用性 5 题项，知识转移满意度 5 题项。表 6-4 结果显示，知识转移量表 Cronbach's α 系数为 0.958，而四个分量表的 Cronbach's α 系数均大于 0.7 这一最低接受值。CICT 系数方面，不论是各分量表还是知识转移量表均符合要求。且相较于小样本预测试结果，大样本调研中的知识转移量表信度系数也得到了提升。

表6-4 知识转移的CITC和内部一致性信度分析

题项	分量表CITC	删除题项后的信度	分量表信度	总量表CITC	删除题项后的信度	信度系数
KTS1	0.798	0.905	0.923	0.731	0.955	0.958
KTS2	0.812	0.902		0.753	0.955	
KTS3	0.813	0.902		0.756	0.955	
KTS4	0.764	0.912		0.736	0.955	
KTS5	0.808	0.903		0.788	0.954	
KTC1	0.779	0.861	0.894	0.668	0.957	
KTC2	0.813	0.831		0.700	0.956	
KTC3	0.784	0.856		0.719	0.956	
KTP1	0.639	0.868	0.877	0.707	0.956	
KTP2	0.703	0.853		0.710	0.956	
KTP3	0.766	0.837		0.754	0.955	
KTP4	0.743	0.844		0.697	0.956	
KTP5	0.698	0.854		0.702	0.956	
KTM1	0.739	0.911	0.919	0.742	0.955	
KTM2	0.775	0.904		0.732	0.955	
KTM3	0.828	0.894		0.770	0.955	
KTM4	0.820	0.895		0.776	0.955	
KTM5	0.797	0.900		0.748	0.955	

资料来源：笔者根据数据分析整理所得。

（二）学习意愿信度分析

在小样本预测试基础上对学习意愿的5个题项进行内部一致性检验，结果如表6-5所示，CICT系数分别为0.674、0.804、0.681、0.822和0.684，均大于0.35。删除题项后的α系数都小于该量表的

Cronbach's α 系数 0.888，通过对比发现，学习意愿量表信度系数比小样本预测试时更加高。

表 6-5　学习意愿的 CITC 和内部一致性信度分析

题项	CITC 系数	删除题项后的信度	信度系数
LW1	0.674	0.876	0.888
LW2	0.804	0.847	
LW3	0.681	0.875	
LW4	0.822	0.843	
LW5	0.684	0.878	

资料来源：笔者根据数据分析整理所得。

（三）吸收能力信度分析

通过对吸收能力共 18 个题项进行信度分析可知，知识获取能力量表 Cronbach's α 系数为 0.894，CICT 系数均大于 0.35；知识消化能力量表 Cronbach's α 系数为 0.943，CICT 系数处于 0.794～0.871，均大于 0.35；知识转化能力量表 Cronbach's α 系数为 0.917，CICT 系数在 0.750～0.823，均大于 0.35；知识利用能力量表 Cronbach's α 系数为 0.915，CICT 系数均大于 0.35。最后，以 18 个题项整体进行信度分析，发现其 CICT 系数介于 0.736～0.844，显然大于 0.35 这一判定值，而 Cronbach's α 系数也为 0.969，所有题项符合信度要求。与小样本预测试的结果相比，大样本调研中吸收能力的信度系数均有所提高（见表 6-6）。

表6-6　　吸收能力的CITC和内部一致性信度分析

题项	分量表CITC	删除题项后的信度	分量表信度	总量表CITC	删除题项后的信度	信度系数
AAO2	0.772	0.864		0.751	0.967	
AAO3	0.834	0.811	0.894	0.790	0.967	
AAO4	0.768	0.869		0.786	0.967	
AAD1	0.794	0.937		0.746	0.967	
AAD2	0.810	0.935		0.753	0.967	
AAD3	0.871	0.927		0.808	0.967	
AAD4	0.852	0.930	0.943	0.795	0.967	
AAD5	0.836	0.932		0.844	0.966	
AAD6	0.807	0.935		0.826	0.966	0.969
AAT1	0.783	0.900		0.736	0.968	
AAT2	0.792	0.897		0.751	0.967	
AAT3	0.823	0.891	0.917	0.743	0.967	
AAT4	0.796	0.897		0.778	0.967	
AAT5	0.750	0.907		0.783	0.967	
AAE2	0.797	0.892		0.778	0.967	
AAE3	0.775	0.900	0.915	0.778	0.967	
AAE4	0.832	0.880		0.835	0.966	
AAE5	0.819	0.884		0.810	0.967	

资料来源：笔者根据数据分析整理所得。

（四）合作主体差异性信度分析

根据小样本预测试的净化测量工具，对合作主体差异性变量进行内部一致性分析。如表6-7所示，知识技术差异量表Cronbach's α系数为0.921，CICT系数均大于0.35；目标差异量表Cronbach's α系数为 0.895，CICT 系数 0.792、0.832、0.759，均大于 0.35。最后，以 8 个题项整体进行信度分析，发现其 CICT 系数介于 0.607~0.749，显然大于 0.35 这一判定值，而 Cronbach's α 系数也为 0.922，所有题项符合信度要求。与小样本预测试的结果相比，大样本调研中合作主体差异性的信度系数均有所提高。

表 6-7　合作主体差异性的 CITC 和内部一致性信度分析

题项	分量表 CITC	删除题项后的信度	分量表信度	总量表 CITC	删除题项后的信度	信度系数
KHC1	0.794	0.903		0.711	0.915	
KHC2	0.839	0.894		0.749	0.914	
KHC3	0.767	0.908	0.921	0.721	0.915	
KHH1	0.776	0.907		0.728	0.915	0.922
KHH2	0.804	0.902		0.743	0.915	
TAH1	0.792	0.853		0.694	0.915	
TAH3	0.832	0.817	0.895	0.630	0.916	
TAH4	0.759	0.880		0.607	0.917	

资料来源：笔者根据数据分析整理所得。

（五）关系强度信度分析

在小样本预测试基础上对关系强度的 4 个题项进行内部一致性检验，结果如表 6-8 所示，CICT 系数分别为 0.826、0.849、0.847 和 0.735，均大于 0.35。删除题项后的 α 系数都小于该量表的 Cronbach's α 系数 0.921，通过对比发现，关系强度量表信度系数比小样本预测试时更加高。

表 6-8　关系强度的 CITC 和内部一致性信度分析

题项	CITC 系数	删除题项后的信度	信度系数
REH1	0.826	0.890	0.921
REH2	0.849	0.883	
REH3	0.847	0.883	
REH4	0.735	0.919	

资料来源：笔者根据数据分析整理所得。

（六）知识特征的信度分析

在小样本预测试基础上，对知识特征的 9 个题项进行信度分析。从表 6-9 中可以发现，知识内隐性量表的 Cronbach's α 系数为 0.814，CICT 系数分别为 0.626、0.739 和 0.639，均大于 0.35。而知识复杂性量表的 Cronbach's α 系数为 0.873，CICT 系数介于 0.558～0.765。而知识特征量表的 Cronbach's α 系数更是达到 0.905。

表 6-9　知识特征的 CITC 和内部一致性信度分析

题项	分量表 CITC	删除题项后的信度	分量表信度	总量表 CITC	删除题项后的信度	信度系数
CKT1	0.626	0.790	0.814	0.603	0.901	0.905
CKT2	0.739	0.666		0.612	0.900	
CKT3	0.639	0.772		0.688	0.894	
CKC1	0.558	0.871	0.873	0.693	0.894	
CKC2	0.618	0.861		0.758	0.889	
CKC3	0.704	0.846		0.736	0.891	
CKC4	0.692	0.849		0.603	0.901	
CKC5	0.765	0.836		0.734	0.891	
CKC6	0.717	0.844		0.703	0.894	

资料来源：笔者根据数据分析整理所得。

二、效度分析

效度主要是指变量测量工具的正确性，换言之，测量工具准确测量构念的程度。效度越高，则其对于所测变量的构念表征就越准确（邱皓政，2011）。李怀祖（2004）将效度分为内容效度和结构效度两种类型，其中结构效度又涵盖聚合效度和判别效度。故而，本章对测量工具的效度分析共包含内容效度（Content Validity）、聚合效度（Convergent Validity）和判别效度（Discriminant Validity）三个指标。

（一）内容效度分析

内容效度是指测量工具能够测量被测构念全部含义的程度（朱智贤，1989），其主要用于评估测量工具是否能够对被测构念的全部内容进行测度，换言之，考察调查问卷是否体现研究构念的基本内容（杜智敏，2010），以测量题项与构念之间的逻辑关系为标的。双方之间的逻辑关系越紧密，则表明测量工具对构念包含程度越高，相应的内容效度就越高。

本研究所用变量测量工具，均主要借鉴于经典文献中的成熟量表，总体而言测量题项已经具有良好的信度和效度，当然，因为有些题项来源于英文文献，考虑到不同的情境，本研究专门延请相关领域的专家以及企业界人士对问卷进行了逐项阅读，并根据上述人士的宝贵意见，对题项进行了适当的修改，尽可能使之中国化。从以上测量工具的设计流程来看，本研究所使用的量表测量工具具有良好的内容效度。

（二）聚合效度分析

聚合效度是指不同的观察变量能否用于对同一潜变量进行测度（陈晓萍等，2012），主要用于评估同一构念中的不同测量指标之间的一致性，从而达到消除测量题项的多因子的情况，进而提高测量指标的解释力（朱亚丽，2009）。学术界普遍采用验证性因子分析（Comfirmary Factor Analysis，CFA）检验测量工具的聚合效度（吴明隆，2010），本书参照前人经验，也以验证性因子分析方法评价聚合效度。

验证性因子分析主要包含如下两个步骤：首先，对测量模型整体拟合系数进行检验，并评估每一题项标准化因子载荷系数；其次，检验测量指标的平均提取方差值（Average Variance Extracted，AVE）。本研究借鉴了已有研究的经典方法，选取了以下几类测量模型拟合指标以评估测量工具的聚合效度：卡方自由度比（CMIN/DF）、近似误差均方根（Root Mean Square Error of Approximation，缩写 RMSEA）、增值适配指标（Incremental Fit Index，缩写 IFI）、非规准适配指标（Tacker-Lewis Index，缩写 TLI）、比较适配指数（Comparative Fit Index，缩写 CFI），模型检验指标及其具体的判别标准如表 6-10 所示。

表 6-10　　　　　　　　模型适配度指标及其判别标准

指标	数值范围	判别标准
CMIN/DF	大于 0	小于 5 可以接受，小于 3 良好（吴明隆，2010）
RMSEA	大于 0	小于 0.1 可以接受，小于 0.05 良好（Sugawara and MacCallum，1993；MacCallum，1996；Steiger，1990；黄芳铭，2004）
IFI	0~1	大于 0.9（吴明隆，2010）
TLI	0~1	大于 0.9（吴明隆，2010）
CFI	0~1	大于 0.9（吴明隆，2010）
AVE	大于 0	大于等于 0.5（吴明隆，2010）
λ	0~1	大于 0.5（吴明隆，2010）

资料来源：笔者根据相关文献整理所得。

通过上述5个测量模型适配度指标能够对测量模型与样本数据的拟合情况进行整体的评估,从而检验测量模型是否具有有效性。并以此为基础,检验各题项在所测量的维度上的标准化因子载荷系数(λ),因子载荷越大,表明该题项对所测维度解释力越强,聚合效度也越高,当然,因子载荷必须达到显著水平。一般情况下,标准化因子载荷大于0.5,并且显著就可以判定测量模型具有良好的适配度(吴明隆,2010)。

完成题项因子载荷之后,进一步考察潜变量 AVE 值,一般而言,AVE 大于0.5就能够说明潜变量题项变异量解释率高于测量误差的题项变异量解释率,进而表明该变量具有良好的聚合效度(吴明隆,2010)。故而本研究将 AVE 最低水平定为0.5。

(1)知识转移。由表6-11可以看出,知识转移的知识转移速度、知识转移成本、所转移知识有用性和知识转移满意度四个维度的绝对适配度指标 CMIN/DF 分别为2.563、2.258、1.646和2.318,均小于3;RMSEA 值分别为0.030、0.041、0.024和0.044,小于0.05;相对适配指标 IFI、TLI 和 CFI 三个指标也均大于0.9,说明知识转移各维度的测量模型拟合效果比较理想。另外,各测量题项对所测潜变量的标准化因子载荷系数分别处于0.795~0.860、0.839~0.892、0.751~0.841和0.769~0.874,均大于0.7这一阈值,且均在 $P<0.001$ 水平上显著。四个潜变量的 AVE 值为0.582、0.571、0.504和0.600,也都大于0.5,通过以上分析发现,知识转移四个维度均具有较好的聚合效度。

表 6-11　　　　　　　　　知识转移的验证性因子分析

变量	题项	标准化因子载荷	标准误差（S.E.）	临界比（C.R.）	AVE
知识转移速度	KTS1	0.839***	—	—	0.582
	KTS2	0.795***	0.065	13.951	
	KTS3	0.860***	0.063	15.238	
	KTS4	0.859***	0.068	15.203	
	KTS5	0.843***	0.064	14.720	
模型适配度指标	CMIN/DF=2.563，RMSEA=0.030，IFI=0.977，TLI=0.953，CFI=0.977				
知识转移成本	KTC1	0.839***	—	—	0.571
	KTC2	0.892***	0.070	14.919	
	KTC3	0.847***	0.069	14.327	
模型适配度指标	CMIN/DF=2.258，RMSEA=0.041，IFI=0.982，TLI=0.974，CFI=0.982				
所转移知识有用性	KTP1	0.784***	—	—	0.504
	KTP2	0.765***	0.114	9.772	
	KTP3	0.841***	0.112	10.476	
	KTP4	0.805***	0.103	10.334	
	KTP5	0.751***	0.106	9.694	
模型适配度指标	CMIN/DF=1.646，RMSEA=0.024，IFI=0.964，TLI=0.950，CFI=0.964				
知识转移满意度	KTM1	0.769***	—	—	0.600
	KTM2	0.810***	0.082	12.565	
	KTM3	0.874***	0.081	13.652	
	KTM4	0.873***	0.088	13.392	
	KTM5	0.843***	0.089	12.985	
模型适配度指标	CMIN/DF=2.318，RMSEA=0.044，IFI=0.986，TLI=0.977，CFI=0.986				

注：*** 表示在 $P<0.001$ 水平上显著。
资料来源：笔者根据调查问卷数据整理。

(2) 学习意愿。由表 6-12 可以看出，学习意愿测量模型绝对适配指标 CMIN/DF 为 2.103，小于 3；RMSEA 值为 0.032，小于 0.05；相对适配指标 IFI、TLI 和 CFI 分别为 0.991、0.981 和 0.991，均大于 0.9，通过上述两类指标发现学习意愿测量模型整体拟合效果很理想。另外，学习意愿 5 个题项标准化因子载荷系数分别为 0.739、0.869、0.715、0.888 和 0.731，均大于 0.7，均在 P<0.001 水平上显著。潜变量的 AVE 为 0.875，大于 0.5 的判定标准。上述指标说明，学习意愿具有较好的收敛效度。

表 6-12　　　　　　　学习意愿的验证性因子分析

变量	题项	标准化因子载荷	标准误差（S.E.）	临界比（C.R.）	AVE
学习意愿	LW1	0.739***	—		0.875
	LW2	0.869***	0.096	12.680	
	LW3	0.715***	0.098	10.168	
	LW4	0.888***	0.097	12.677	
	LW5	0.731***	0.115	10.302	
模型适配度指标	CMIN/DF = 2.103，RMSEA = 0.032，IFI = 0.991，TLI = 0.981，CFI = 0.991				

注：*** 表示在 P<0.001 水平上显著。
资料来源：笔者根据调查问卷数据整理。

(3) 吸收能力。由表 6-13 可以看出，吸收能力的获取能力、消化能力、转化能力和利用能力四个维度的绝对适配度指标 CMIN/DF 分别为 1.436、1.175、1.538 和 1.374，均小于 3；RMSEA 值分别为 0.031、0.026、0.034 和 0.022，小于 0.05；相对适配指标 IFI、TLI 和 CFI 三个指标也均大于 0.9，说明吸收能力各维度的测量模型拟合效果比较理想。另外，各测量题项对所测潜变量的标准化因子载荷系数分别处于 0.822~0.926、0.809~0.906、0.785~0.874 和 0.812~0.891，均大于 0.7 这一阈值，且均在 P<0.001 水平上显著。四个潜变量的 AVE 值分别为 0.563、0.584、0.567 和 0.592，也都大于 0.5，通过以上分析发现，吸收能力四个维度均具有较好的聚合效度。

表 6-13　　　　　　　　　吸收能力的验证性因子分析

变量	题项	标准化因子载荷	标准误差（S.E.）	临界比（C.R.）	AVE
知识获取能力	AA02	0.830***	—	—	0.563
	AA03	0.926***	0.075	15.144	
	AA04	0.822***	0.074	13.897	
模型适配度指标	CMIN/DF=1.436，RMSEA=0.031，IFI=0.941，TLI=0.934，CFI=0.941				
知识消化能力	AAD1	0.809***	—	—	0.584
	AAD2	0.825***	0.070	14.260	
	AAD3	0.906***	0.067	16.016	
	AAD4	0.889***	0.069	15.588	
	AAD5	0.867***	0.067	14.843	
	AAD6	0.846***	0.071	14.259	
模型适配度指标	CMIN/DF=1.175，RMSEA=0.026，IFI=0.946，TLI=0.937，CFI=0.946				
知识转化能力	AAT1	0.827***	—	—	0.567
	AAT2	0.842***	0.076	14.606	
	AAT3	0.874***	0.076	15.341	
	AAT4	0.833***	0.081	14.140	
	AAT5	0.785***	0.087	13.070	
模型适配度指标	CMIN/DF=1.538，RMSEA=0.034，IFI=0.986，TLI=0.965，CFI=0.986				

续表

变量	题项	标准化因子载荷	标准误差（S.E.）	临界比（C.R.）	AVE
知识利用能力	AAE2	0.838***	—	—	0.592
	AAE3	0.812***	0.063	14.075	
	AAE4	0.891***	0.068	16.079	
	AAE5	0.873***	0.065	15.372	
模型适配度指标	CMIN/DF = 1.374，RMSEA = 0.022，IFI = 0.991，TLI = 0.988，CFI = 0.991				

注：*** 表示在 $P<0.001$ 水平上显著。
资料来源：笔者根据调查问卷数据整理。

（4）合作主体差异性。由表 6 - 14 可以看出，合作主体差异性的知识技术差异和目标差异的绝对适配度指标 CMIN/DF 分别为 0.972 和 1.015，均小于 3；RMSEA 值分别为 0.025 和 0.033，小于 0.05；相对适配指标 IFI、TLI 和 CFI 三个指标也均大于 0.9，说明合作主体差异性各维度的测量模型拟合效果比较理想。另外，各测量题项对所测潜变量的标准化因子载荷系数分别处于 0.809 ~ 0.885 和 0.716 ~ 0.843，均大于 0.7 这一阈值，且均在 $P<0.001$ 水平上显著。两个潜变量的 AVE 值为 0.521 和 0.535，也都大于 0.5，通过以上分析发现，合作主体差异性两个维度均具有较好的聚合效度。

表 6 - 14　　合作主体差异性的验证性因子分析

变量	题项	标准化因子载荷	标准误差（S.E.）	临界比（C.R.）	AVE
知识技术差异	KHC1	0.842***	—	—	0.521
	KHC2	0.885***	0.066	16.655	
	KHC3	0.809***	0.068	14.149	

续表

变量	题项	标准化因子载荷	标准误差（S.E.）	临界比（C.R.）	AVE
知识技术差异	KHH1	0.813***	0.067	13.324	0.521
	KHH2	0.835***	0.065	13.906	
模型适配度指标	CMIN/DF = 0.972，RMSEA = 0.025，IFI = 0.959，TLI = 0.936，CFI = 0.959				
目标差异	COH1	0.716***	—	—	0.535
	COH2	0.811***	0.107	10.972	
	COH3	0.843***	0.104	10.870	
	COH4	0.801***	0.108	10.476	
模型适配度指标	CMIN/DF = 1.015，RMSEA = 0.033，IFI = 0.988，TLI = 0.974，CFI = 0.988				

注：*** 表示在 $P < 0.001$ 水平上显著。
资料来源：笔者根据调查问卷数据整理。

（5）关系强度。由表 6-15 可以看出，关系强度测量模型绝对适配指标 CMIN/DF 为 1.494，小于 3；RMSEA 值为 0.040，小于 0.05；相对适配指标 IFI、TLI 和 CFI 分别为 0.976、0.960 和 0.976，均大于 0.9，通过上述两类指标发现关系强度测量模型整体拟合效果很理想。另外，关系强度 4 个题项标准化因子载荷系数分别为 0.901、0.922、0.861 和 0.749，均大于 0.7，均在 $P < 0.001$ 水平上显著。潜变量的 AVE 为 0.611，大于 0.5 的判定标准。上述指标说明，关系强度具有较好的收敛效度。

表 6-15　　　　　　　　关系强度的验证性因子分析

变量	题项	标准化因子载荷	标准误差（S.E.）	临界比（C.R.）	AVE
关系强度	REH1	0.901***	—	—	0.611
	REH2	0.922***	0.048	21.082	
	REH3	0.861***	0.054	17.390	
	REH4	0.749***	0.063	13.335	
模型适配度指标	CMIN/DF = 1.494，RMSEA = 0.040，IFI = 0.976，TLI = 0.960，CFI = 0.976				

注：*** 表示在 $P<0.001$ 水平上显著。
资料来源：笔者根据调查问卷数据整理。

（6）知识特征。由表 6-16 可以看出，知识特征的内隐性和复杂性两个维度的绝对适配度指标 CMIN/DF 分别为 1.112 和 1.236，均小于 3；RMSEA 值分别为 0.045 和 0.038，小于 0.05；相对适配指标 IFI、TLI 和 CFI 三个指标也均大于 0.9，说明知识特征两个维度的测量模型拟合效果比较理想。另外，各测量题项对所测潜变量的标准化因子载荷系数分别处于 0.724 ~ 0.904、0.758 ~ 0.884，均大于 0.7 这一阈值，且均在 $P<0.001$ 水平上显著。两个潜变量的 AVE 值为 0.597 和 0.537，也都大于 0.5，通过以上分析发现，知识特征两个维度均具有较好的聚合效度。

表 6-16　　　　　　　　知识特征的验证性因子分析

变量	题项	标准化因子载荷	标准误差（S.E.）	临界比（C.R.）	AVE
知识内隐性	CKT1	0.896***	—	—	0.597
	CKT2	0.904***	0.132	9.259	
	CKT3	0.724***	0.097	9.339	

续表

变量	题项	标准化因子载荷	标准误差（S.E.）	临界比（C.R.）	AVE
模型适配度指标	CMIN/DF = 1.112，RMSEA = 0.045，IFI = 0.967，TLI = 0.949，CFI = 0.967				
知识复杂性	CKC1	0.884***	—	—	0.537
	CKC2	0.861***	0.143	7.514	
	CKC3	0.758***	0.154	8.316	
	CKC4	0.758***	0.148	8.186	
	CKC5	0.849***	0.165	8.705	
	CKC6	0.787***	0.164	8.398	
模型适配度指标	CMIN/DF = 1.236，RMSEA = 0.038，IFI = 0.982，TLI = 0.969，CFI = 0.982				

注：*** 表示在 $P<0.001$ 水平上显著。
资料来源：笔者根据调查问卷数据整理。

(三) 判别效度分析

判别效度在于考察不同的潜变量间的差异是否显著（朱亚丽，2009；陈晓萍等，2012），换言之，反映每一潜变量的测量题项之间的差异以及不相关性。判别效度可以通过比较潜变量之间的标准化相关系数与每一个潜变量的 AVE 平方根来进行。如果潜变量的 AVE 平方根均大于该变量与其他潜变量的相关系数，则可以认为潜变量之间判别效度比较理想（Fornell and Larcker，1981）。

(1) 知识转移判别效度。本章的知识转移测量模型共包括知识转移速度、知识转移成本、所转移知识有用性和知识转移满意度四个潜在变量（见图 6-1），通过大样本对知识转移四个潜变量进行验证性因子分析，表 6-17 中显示，测量模型的拟合较为理想。其中，

CMIN/DF 为 2.392，小于 3；RMSEA 值为 0.031，小于 0.05。相对适配指标 IFI 值为 0.942，TLI 值为 0.931，CFI 值为 0.942，均大于 0.9，说明测量模型有效。

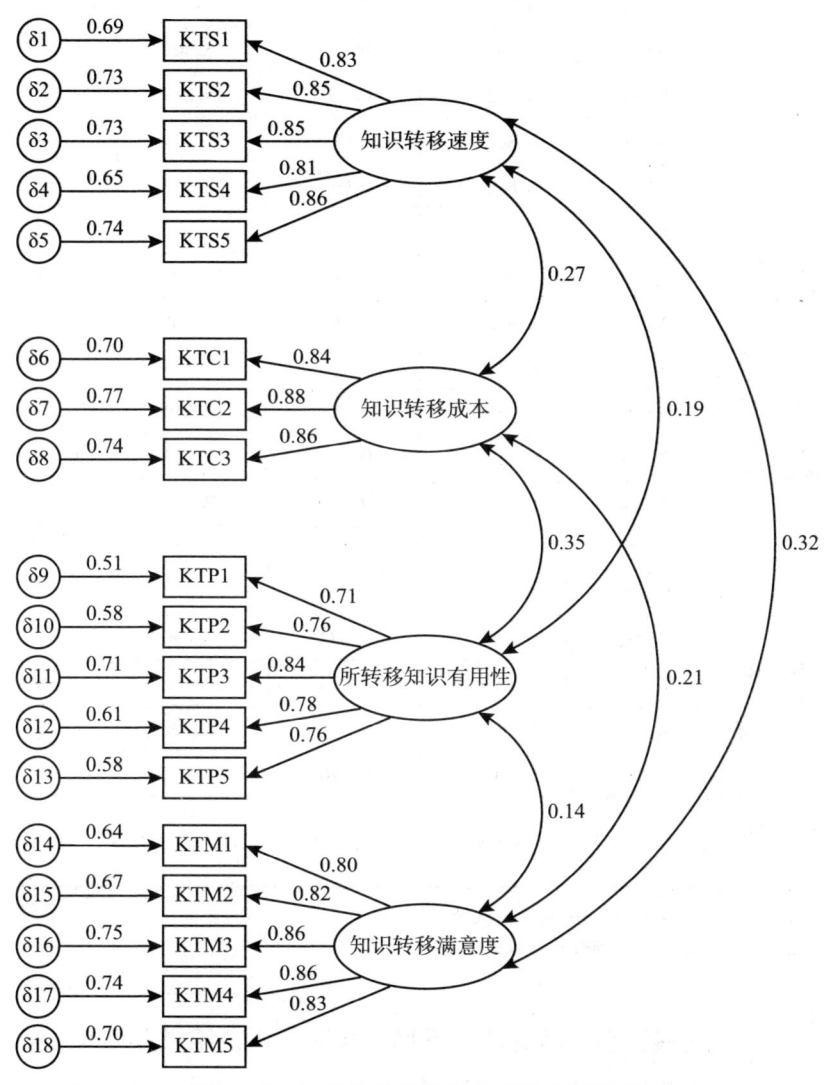

图 6-1 知识转移的验证性因子分析模型

表 6-17　　知识转移的验证性因子分析

变量	题项	标准化因子载荷	标准误差（S.E.）	临界比（C.R.）	AVE
知识转移速度	KTS1	0.831***	—	—	0.582
	KTS2	0.852***	0.071	15.301	
	KTS3	0.852***	0.067	15.289	
	KTS4	0.805***	0.072	13.749	
	KTS5	0.857***	0.073	15.047	
知识转移成本	KTC1	0.837***	—	—	0.571
	KTC2	0.879***	0.067	15.529	
	KTC3	0.863***	0.068	14.840	
所转移知识有用性	KTP1	0.713***	—	—	0.506
	KTP2	0.762***	0.101	10.519	
	KTP3	0.840***	0.098	11.453	
	KTP4	0.778***	0.092	10.776	
	KTP5	0.760***	0.095	10.516	
知识转移满意度	KTM1	0.800***	—	—	0.602
	KTM2	0.817***	0.074	13.496	
	KTM3	0.865***	0.073	14.487	
	KTM4	0.860***	0.078	14.206	
	KTM5	0.835***	0.080	13.773	
模型适配度指标	CMIN/DF=2.392，RMSEA=0.031，IFI=0.942，TLI=0.931，CFI=0.942				

注：*** 表示在 $P<0.001$ 水平上显著。
资料来源：笔者根据调查问卷数据整理。

对知识转移的四个潜变量进行判别效度分析，结果如表 6-18 所示，对角线内数字为潜变量 AVE 的平方根，其余为潜变量之间的相关系数。从表6-18中不难看出，知识转移速度、知识转移成本、所转移知识有用性和知识转移满意度四个潜变量 AVE 的平方根均大于其与其他潜变量的相关系数，进而说明知识转移测量模型具有良好的判别效度。

表6-18　　　　　　　　知识转移的判别效度检验

潜变量名称	1	2	3	4
1 知识转移速度	(0.763)			
2 知识转移成本	0.269**	(0.755)		
3 所转移知识有用性	0.194**	0.353**	(0.712)	
4 知识转移满意度	0.317*	0.213**	0.138**	(0.776)

注：*** 表示在 P<0.001 水平上显著；** 表示在 P<0.01 水平上显著；* 表示在 P<0.05 水平上显著。
资料来源：笔者根据调查问卷数据整理。

（2）合作主体差异性判别效度。合作主体差异性测量模型中共有知识技术差异和目标差异两个潜变量，对两个潜变量的验证性因子分析结果表明，合作主体差异性测量模型拟合结果很好（见图6-2）。其中，CMIN/DF 为 2.496，小于 3；RMSEA 值为 0.028，小于 0.05。相对适配指标 IFI 值为 0.923，TLI 值为 0.905，CFI 值为 0.922，均大于 0.9，如表6-19所示。

对合作主体差异性的两个潜变量进行判别效度分析，结果如表6-20所示，对角线内数字为潜变量 AVE 的平方根，其余为潜变量之间的相关系数。从表中不难看出，知识技术差异和目标差异等两个潜变量 AVE 的平方根均大于其与其他潜变量的相关系数，进而说明合作主体差异性测量模型具有良好的判别效度。

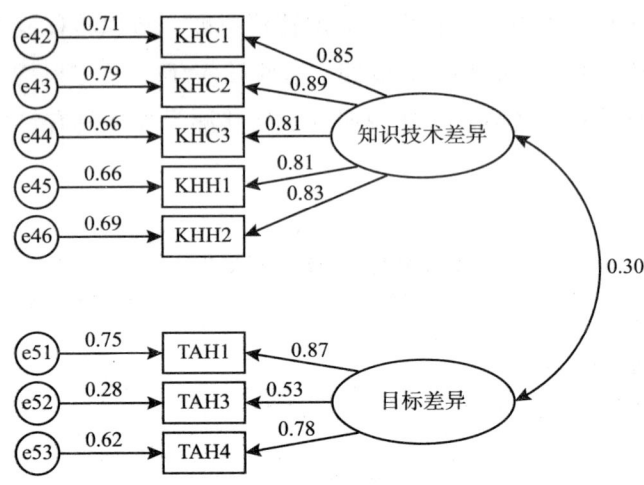

图 6-2　合作伙伴组织差异的验证性因子分析模型

表 6-19　合作主体差异性的验证性因子分析

变量	题项	标准化因子载荷	标准误差（S.E.）	临界比（C.R.）	AVE
知识技术差异	KHC1	0.845***	—	—	0.521
	KHC2	0.886***	0.074	14.899	
	KHC3	0.810***	0.074	13.422	
	KHH1	0.811***	0.070	13.738	
	KHH2	0.831***	0.069	14.368	
目标差异	TAH1	0.867***	—	—	0.507
	TAH3	0.531***	0.094	12.491	
	TAH4	0.784***	0.088	11.601	
模型适配度指标	CMIN/DF = 2.469，RMSEA = 0.028，IFI = 0.923，TLI = 0.905，CFI = 0.922				

注：*** 表示在 P < 0.001 水平上显著。
资料来源：笔者根据调查问卷数据整理。

表 6-20　　　　　　　合作主体差异性的判别效度检验

潜变量名称	1	2	3	4
1. 知识技术差异	(0.722)			
2. 目标差异	0.447*	(0.712)		

注：*** 表示在 P<0.001 水平上显著；** 表示在 P<0.01 水平上显著；* 表示在 P<0.05 水平上显著。
资料来源：笔者根据调查问卷数据整理。

（3）吸收能力判别效度。吸收能力测量模型中共有知识获取能力、知识消化能力、知识转化能力和知识利用能力等四个潜变量（见图 6-3），对四个潜变量的验证性因子分析结果表明，吸收能力测量模型拟合结果很好。其中，CMIN/DF 为 2.084，小于 3；RMSEA 值为 0.016，小于 0.05。相对适配指标 IFI 值为 0.928，TLI 值为 0.914，CFI 值为 0.928，均大于 0.9，如表 6-21 所示。

对吸收能力的四个潜变量进行判别效度分析，结果如表 6-22 所示，对角线内数字为潜变量 AVE 的平方根，其余为潜变量之间的相关系数。从表中不难看出，知识获取能力、知识消化能力、知识转化能力和知识利用能力四个潜变量 AVE 的平方根均大于其与其他潜变量的相关系数，进而说明吸收能力测量模型具有良好的判别效度。

（4）整体测量模型的判别效度。整体测量模型的验证性因子分析结果显示（因图形过于复杂，本文未将其列出），12 个潜变量的拟合结果理想。绝对适配指标 CMIN/DF 为 2.119，小于 3；RMSEA 值为 0.023，小于 0.05。相对适配指标 IFI 值为 0.959，TLI 值为 0.945，CFI 值为 0.959，均大于 0.9，说明整体测量模型有效。整体测量模型的区分效度检验表明，各潜变量 AVE 的平方根都大于其所在行和列上的数值（见表 6-23），说明所有潜变量具有良好的区分效度。

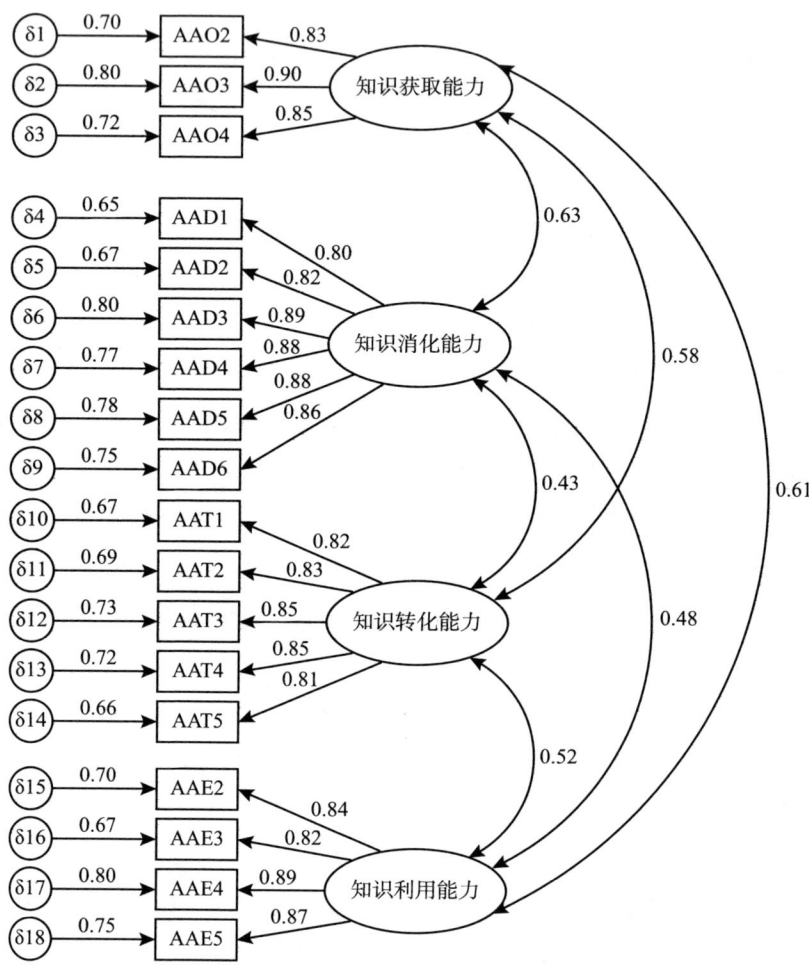

图 6-3 吸收能力的验证性因子分析模型

表6-21　　　　　吸收能力的验证性因子分析

变量	题项	标准化因子载荷	标准误差（S.E.）	临界比（C.R.）	AVE
知识获取能力	AAO2	0.834***	—	—	0.564
	AAO3	0.896***	0.067	16.432	
	AAO4	0.851***	0.071	14.813	
知识消化能力	AAD1	0.805***	—	—	0.584
	AAD2	0.817***	0.071	13.990	
	AAD3	0.893***	0.068	15.675	
	AAD4	0.879***	0.070	15.297	
	AAD5	0.884***	0.067	15.213	
	AAD6	0.864***	0.071	14.654	
知识转化能力	AAT1	0.818***	—	—	0.570
	AAT2	0.832***	0.077	14.358	
	AAT3	0.854***	0.077	14.928	
	AAT4	0.847***	0.081	14.528	
	AAT5	0.812***	0.087	13.679	
知识利用能力	AAE2	0.837***	—	—	0.592
	AAE3	0.817***	0.062	14.519	
	AAE4	0.892***	0.065	16.734	
	AAE5	0.869***	0.063	15.908	
模型适配度指标	CMIN/DF=2.084，RMSEA=0.016，IFI=0.928，TLI=0.914，CFI=0.928				

注：***表示在 $P<0.001$ 水平上显著。
资料来源：笔者根据调查问卷数据整理。

表6-22　　　　　　　　吸收能力的判别效度检验

潜变量名称	1	2	3	4
1. 知识获取能力	(0.751)			
2. 知识消化能力	0.632**	(0.764)		
3. 知识转化能力	0.577**	0.427**	(0.755)	
4. 知识利用能力	0.609**	0.480**	0.524**	(0.769)

注：*** 表示在 P<0.001 水平上显著；** 表示在 P<0.01 水平上显著；* 表示在 P<0.05 水平上显著。
资料来源：笔者根据调查问卷数据整理。

表6-23　　　　　　　　整体测量模型的判别效度检验

潜变量	1	2	3	4	5	6
1. 知识获取能力	(0.751)					
2. 知识消化能力	0.629**	(0.764)				
3. 知识转化能力	0.699**	0.615**	(0.755)			
4. 知识利用能力	0.676**	0.651**	0.685**	(0.769)		
5. 知识技术差异	0.651**	0.640	0.652**	0.706**	(0.712)	
6. 目标差异	0.603**	0.648	0.569**	0.687**	0.605**	(0.698)
7. 关系强度	0.614**	0.654**	0.522**	0.622	0.634**	0.661**
8. 知识转移速度	0.564**	0.608**	0.617**	0.689**	0.466	0.415
9. 所转移知识有用性	0.656**	0.679**	0.561**	0.686**	0.550**	0.527**
10. 知识转移满意度	0.729**	0.742**	0.633**	0.620**	0.528**	0.526**
11. 知识转移成本	0.533	0.530	0.521	0.522	0.392	0.345
12. 学习意愿	0.592**	0.728**	0.583**	0.716**	0.664**	0.667**

潜变量	7	8	9	10	11	12
7. 关系强度	(0.782)					
8. 知识转移速度	0.367	(0.763)				
9. 所转移知识有用性	0.429	0.690**	(0.724)			

续表

潜变量	7	8	9	10	11	12
10. 知识转移满意度	0.448	0.676**	0.708**	(0.776)		
11. 知识转移成本	0.320	0.752**	0.720**	0.665**	(0.756)	
12. 学习意愿	0.530**	0.548	0.687**	0.710**	0.439	(0.755)

资料来源：笔者根据调查问卷数据整理。

第三节 假 设 检 验

根据上面的样本正态性检验，以及测量量表的信度和效度分析可知，本章的量表完全符合研究要求，从而从根本上保证了问卷调查数据的质量。在此基础上，运用层次回归对本文的研究假设进行实证检验。首先，将控制变量纳入回归模型形成零模型；其次，将自变量引入零模型之中，分析自变量对因变量的直接影响效应；再次，将调节变量、自变量和控制变量同时引入回归模型，进行调节效应检验。最后，为了避免回归分析过程中变量间的多重共线性问题，本章将平方项和调节效应中的变量均进行了中心化处理。

本章共通过三个步骤对合作主体差异性和关系强度对学习意愿和吸收能力与知识转移的关系调节作用进行回归分析：（1）检验控制变量企业性质、企业规模、研发强度、所属行业对知识转移的影响；（2）检验自变量学习意愿和吸收能力以及知识特征对产学研知识转移的影响；（3）将合作主体差异性的知识技术差异和目标差异以及关系强度引入自变量模型之中，对其调节效应进行检验。具体的层次回归分析结果如表6-24所示。

表6-24　知识转移层次回归分析结果

	产学研知识转移					
	模型1	模型2	模型3	模型4	模型5	模型6
控制变量						
企业性质	0.132*	0.071	0.061	0.056	0.064	0.042
行业属性	-0.115*	-0.094	-0.082	-0.080	-0.085	-0.098
企业规模	0.035	-0.037	-0.040	-0.039	-0.039	-0.037
研发强度	0.039	0.084	0.098	0.100	0.094	0.100
自变量						
知识特征		-0.235+	-0.206+	-0.213+	-0.209+	-0.252+
学习意愿		0.374*	0.353*	0.336*	0.342*	0.324*
吸收能力		0.475**	0.326**	0.327**	0.371**	0.313**
知识技术差异			0.098	0.119	0.120	0.113
知识技术差异^2			-0.287**	-0.291**	-0.245**	-0.267**
目标差异			-0.301**	-0.321**	-0.324**	-0.340**
关系强度			0.297*	0.281*	0.284*	0.270*
调节变量						
目标差异×学习意愿				-0.269***		-0.266**
关系强度×学习意愿				0.294***		0.279**
知识技术差异×吸收能力					-0.164	-0.187
知识技术差异^2×吸收能力					-0.375**	-0.328**
目标差异×吸收能力					-0.278*	-0.241*

续表

调节变量	产学研知识转移					
	模型1	模型2	模型3	模型4	模型5	模型6
关系强度×吸收能力					0.273*	0.217*
R^2	0.424	0.597	0.609	0.611	0.616	0.638
Adj R^2	0.410	0.583	0.585	0.581	0.582	0.600
ΔR^2		0.174	0.012	0.002	0.007	0.038
F值	30.136	43.004	25.711	20.438	18.234	16.757
P值	0.000	0.000	0.000	0.000	0.000	0.000

注：*** 表示 $p<0.001$；** 表示 $p<0.01$；* 表示 $p<0.05$；+ 表示 $p<0.1$。
资料来源：笔者根据调查问卷数据整理。

从表6-24中可以看出，6个模型的F值均在0.001水平下显著，这说明六个模型形成的回归方程均成立。回归模型解释力方面，六个模型的R方均比基准模型有所提升，ΔR^2 分别为 0.174、0.012、0.002、0.007 和 0.027，说明回归模型相较于前一基准模型而言对因变量更加具有解释力。另外，各个变量的方差膨胀因子（VIF）介于1.012~5.293，均低于10这一判断阈值，这也充分说明各变量之间多重共线性不存在或者对本研究的影响可以忽略。

模型1主要以企业性质、行业属性、企业规模、研发强度4个控制变量为自变量对产学研知识转移进行回归模型分析。结果显示，企业性质、行业属性与产学研知识转移之间存在显著的关系，其中，企业性质正向影响（$\beta=0.132$，$p<0.05$）知识转移，说明私营企业相比国有企业更加倾向于产学研知识转移；行业属性与知识转移存在负向关系（$\beta=-0.115$，$p<0.05$），换言之，信息技术、电信类和生物制药及新能源、新材料类的企业比传统制造业的产学研知识转移更加

活跃；企业规模和研发强度则对产学研知识转移影响不显著。

为检验研究假设 H1 和 H2 以及 H6，模型 2 在控制变量为自变量的零模型基础上引入学习意愿、吸收能力和知识特征作为自变量。回归分析结果显示，学习意愿对产学研知识转移具有显著的正向影响（$\beta = 0.374$，$p < 0.05$），说明企业学习意愿越强烈，企业通过产学研合作获得的知识转移越充分，假设 H1 得到支持和验证；同样，吸收能力对产学研知识转移也存在显著的正向促进作用（$\beta = 0.475$，$p < 0.01$），表明企业吸收能力对企业产学研知识转移具有正向促进效应，换言之，企业吸收能力越强，其从大学和科研院所获得的知识转移就越多，假设 H2 得到验证；知识特征与知识转移之间存在负向关系（$\beta = -0.235$，$p < 0.1$），说明所转移知识的内隐性和复杂性越高，知识转移越低。

模型 3 在模型 2 的基础上进一步将知识技术差异和知识技术差异平方项、目标差异以及关系强度引入回归模型，为后续的调节效应检验进行基准模型检验。由表 6-24 中可以看出，目标差异（$\beta = -0.301$，$p < 0.01$）对产学研知识转具有负向调节作用，关系强度（$\beta = 0.297$，$p < 0.01$）对于产学研知识转移则具有正向的影响作用，而知识技术差异对产学研知识转移的影响（$\beta = 0.098$，ns）不显著，但是知识技术差异平方项却对产学研知识转移存在显著的负向关系（$\beta = -0.287$，$p < 0.01$）。根据上述数据显示，合作主体差异性对于产学研知识转移存在显著的影响，其中，目标差异对产学研知识转移具有负向影响，而知识技术差异则与产学研知识转移之间存在倒"U"型关系；而关系强度对于产学研知识转移存在正向调节作用。

模型 4 以及模型 5 主要在于检验合作主体差异性和关系强度对于学习意愿和吸收能力的调节作用，两个模型均以模型 3 为基准。模型 4 在模型 3 的基础上引入学习意愿与目标差异和关系强度的 2 个相互项，同时为了避免多重共线性的问题，还在回归分析之初就对数据中的交互项和平方项进行了中心化处理。在此基础上检验目标差异和关系强度对学习意愿与知识转移关系的调节效应。回归结果表明，目标差异与学习意愿的交互项对产学研知识转移呈现显著的负向影响（$\beta = -0.269$，$p < 0.001$），关系强度与学习意愿的交互项对产学研知识转移呈现显著的正向影响（$\beta = 0.294$，$p < 0.001$）。上述实证分析充分说明，企业与大学和科研院所存在较大目标差异的情况下，企业学习意愿对于产学研知识转移的促进作用将会削弱，而在目标差异较小的情况，学习意愿对于产学研合作的促进作用将得到强化，同理，产学研合作主体间关系强度较强时，学习意愿对于知识转移的促进作用将得到强化。从而支持了假设 H4a 和 H5a。

与模型 4 相同，模型 5 也是在模型 3 的基础上进一步引入合作主体差异性、关系强度与吸收能力的交互项作为自变量进行回归，用于检验假设 H3、H4b 和 H5b 三个假设。如前面所述，本次处理之初也对相关交互项进行了中心化处理。根据表 6 - 24 显示，知识技术差异与吸收能力的交互项与知识转移之间的关系并不显著，而知识技术差异平方项与吸收能力的交互项却对产学研知识转移呈现显著的负向影响作用（$\beta = -0.375$，$p < 0.01$），假设 H3 得到实证分析的支持。目标差异与吸收能力交互项（$\beta = -0.278$，$p < 0.05$）对产学研知识转移具有负向影响作用，假设 H4b 得到验证；关系强度与吸收能力交互项（$\beta = 0.273$，$p < 0.05$）对产学研知识转移具有正向促进作用，这也验证了研究假设 H5b 的正确性。换言之，企业吸收能力对产学研知识转移具有正向的促进作用，但是此种促进作用受到合作主体差异性以及关系强度的影响，其中，知识技术差异对其具有倒"U"型的影响作用，也即当知识技术差异达到一定程度的时候，其对该种影响作用最大。而目标差异则对这种促进作用存在负向的减弱效应，关系强度则对此种促进作用具有强化作用。

最后，为了保证调节效应检验的完整性和正确性，进行了模型 6

回归分析，以模型 3 为基准，将学习意愿与合作主体差异性交互项和吸收能力与合作主体差异性交互项，以及关系强度与学习意愿和吸收能力的交互项同时引入回归模型。实证分析显示，全模型中目标差异与学习意愿交互项（$\beta = -0.266$，$p<0.01$）和与吸收能力交互项（$\beta = -0.241$，$p<0.05$）对于知识转移均呈现显著负向影响；关系强度与学习意愿交互项（$\beta = 0.279$，$p<0.01$）和与吸收能力交互项（$\beta = 0.217$，$p<0.05$）对于知识转移均呈现显著正向影响；而知识技术差异平方与吸收能力交互项也对产学研知识转移呈现负向影响关系（$\beta = -0.328$，$p<0.01$）。以上回归结果与模型 4 和模型 5 所得结论一致。

第四节 稳健性检验

为保证本书研究结果的稳健性，本研究设计了配对样本数据，即每一样被企业选取两名被试进行填写以完成一组配对数据。并借鉴佩雷斯·卢尼奥等（Pérez-Luño et al., 2011）的建议，使用不同评分者评分的一致性测量，由詹姆斯等（James et al., 1984）提出的一致性系数（r_{ag}）主要在于评估企业管理人员之间的一致性，通过计算样本企业两个受访者间的一致性系数，发现产学研知识转移一致性系数为 0.891，学习意愿一致性系数为 0.843，吸收能力一致性系数为 0.824，知识技术差异和目标差异以及关系强度的一致性系数分别为 0.851、0.864 和 0.870，均超过 0.6 这一阈值。故而，配对样本数据适合将变量聚合为群体水平变量以进行高阶分析。以此数据为基础，对 54 组配对样本进行均值化处理，对本研究结果进行稳健性检验。回归分析结果如表 6-25 所示。

表 6-25　产学研知识转移回归分析—稳健性分析

	M1$_{RT}$	M2$_{RT}$	M3$_{RT}$	M4$_{RT}$	M5$_{RT}$	M6$_{RT}$
控制变量						
企业性质	0.022	0.014	0.010	0.010	0.015	0.014
行业属性	-0.019	-0.015	-0.017	-0.114	-0.109	-0.025
企业规模	0.025	0.032	0.103	0.074	0.100	0.021
研发强度	-0.045	-0.033	-0.051	-0.041	-0.042	0.036
自变量						
知识特征		-0.336*	-0.331*	-0.326*	-0.318*	-0.309*
学习意愿		0.353*	0.346*	0.340*	0.335*	0.317*
吸收能力		0.366**	0.360**	0.351**	0.342**	0.320*
知识技术差异			0.009	0.126	0.138	0.109
知识技术差异^2			-0.325**	-0.321**	-0.322**	-0.333**
目标差异			-0.311**	-0.304**	-0.300**	-0.267**
关系强度			0.286*	0.278*	0.273*	0.265*
调节变量						
目标差异×学习意愿				-0.284**		-0.261*
关系强度×学习意愿				0.288**		0.272*
知识技术差异×吸收能力					-0.134	-0.120
知识技术差异^2×吸收能力					-0.366*	-0.343*
目标差异×吸收能力					-0.265*	-0.254*
关系强度×吸收能力					0.289*	0.262*
R^2	0.544	0.603	0.616	0.631	0.629	0.663
Adj R^2	0.538	0.594	0.611	0.627	0.622	0.649

续表

	M1$_{RT}$	M2$_{RT}$	M3$_{RT}$	M4$_{RT}$	M5$_{RT}$	M6$_{RT}$
调节变量						
ΔR^2		0.059	0.013	0.015	0.013	0.034
F 值	24.460	31.221	19.118	23.514	19.115	15.604
P 值	0.000	0.000	0.000	0.000	0.000	0.000

注：n=66，标准化之后的系数；*** 表示 $p<0.001$；** 表示 $p<0.01$；* 表示 $p<0.05$；+ 表示 $p<0.1$。

资料来源：笔者根据调查问卷数据整理。

通过上述稳健性检验的回归分析结果显示，除了个别差异以及显著性水平之外，本次回归分析与 211 样本的回归分析并无本质区别，合作主体差异性以及关系强度的调节作用与前面相一致，从而更加证实前面结论的可靠性。

第五节 结果讨论

一、假设检验结果

本研究通过大样本实证分析对研究假设进行了验证，具体验证结果如表 6-26 所示。

表 6-26　　　　　假设检验结果汇总

序号	研究假设	检验结果
学习意愿、吸收能力和知识特征与产学研知识转移的关系		
H1	企业学习意愿对产学研知识转移具有正向影响	支持

续表

序号	研究假设	检验结果
学习意愿、吸收能力和知识特征与产学研知识转移的关系		
H2	企业吸收能力对产学研知识转移具有正向影响	支持
H6	所转移知识的内隐性和复杂性对产学研知识转移具有负向影响	支持
知识技术差异的调节效应		
H3	合作主体知识技术差异对吸收能力和产学研知识转移的关系具有倒"U"型调节效应	支持
目标差异的调节效应		
H4a	合作主体目标差异对学习意愿和产学研知识转移的关系具有负向调节效应	支持
H4b	合作主体目标差异对吸收能力和产学研知识转移的关系具有负向调节效应	支持
关系强度的调节效应		
H5a	合作主体关系强度对学习意愿和产学研知识转移的关系具有正向调节效应	支持
H5b	合作主体关系强度对吸收能力和产学研知识转移的关系具有正向调节效应	支持

资料来源：笔者根据实证分析结果整理。

二、控制变量对产学研知识转移的影响

借鉴以往研究成果，本章在假设检验中一共考虑了企业性质、所属行业、企业规模和研发强度4个控制变量。回归分析结果显示企业性质、行业属性对产学研知识转移影响效应显著，而企业规模和研发强度对其影响则不显著。

其中，企业性质与知识转移呈正相关关系，换言之，民营企业、外资企业和合资企业相比于国有企业来说，更倾向于进行产学研知识

转移。随着国有企业改革的不断深化,退出了众多竞争性市场,并逐渐向关系国计民生领域转移,且规模都相当大,具备相当的自主创新能力,所以国有企业大部分是通过自主研发解决创新问题。而民营企业、外资企业和合资企业等私营企业相对来说面临着更加严峻的市场竞争压力,且规模适中,企业无法进行大量的科技研发投入,所以需要通过"外脑"进行一定的技术研发工作,所以呈现正向影响关系。

根据预设,企业规模及其研发强度越高,其学习能力相对而言越高,学习意愿也越高,对产学研知识转移促进作用则越明显。然而,回归分析显示企业规模和研发强度与产学研知识转移之间的关系不显著。可能的原因是企业规模和研发强度大则表示企业具有更加充分的技术积累和冗余资源开展自主创新,故而与外部研究机构的合作倾向不足。另外,行业属性方面,本章将该变量划分为:(1)信息技术类,生物制药,新材料和新能源类;(2)化工、纺织等传统制造类;(3)农业;(4)服务业。实证分析发现行业属性与产学研知识转移呈负相关关系,且在0.05水平下显著。也即第一类高新技术类企业比其余几类企业产学研知识转移更多,因为高新技术企业多成立时间不长,且属于技术密集型企业,产品和技术更新换代速度比较快,企业依靠自身力量无法适应市场环境变化和满足消费者不断变化的产品需求,所以需要依赖于与大学和科研院所的合作进行技术和产品的研发活动,并通过合作提升企业内部研发实力,为实现自主创新提供知识和技术的积累。

三、学习意愿对产学研知识转移的影响

本研究所提的第一个假设(H1)即是企业学习意愿对产学研知识转移具有积极的促进作用。从上述实证分析结果来看,这一假设得到统计检验的支持。

根据假设 1 的观点，产学研合作是一个涉及企业和大学、科研院所等两类属性不同的参与主体，大学和科研院所作为知识源向企业提供知识，而企业作为知识接收方对大学和科研院所转移的知识进行消化、吸收和利用，并创造新知识。而企业对来源于大学和科研院所的知识存在主观的学习意愿。在产学研知识转移过程中，企业强烈的学习意愿是知识转移得以高效完成的基础条件（Mowery et al., 1996; Easterby-Smith et al., 2008）。一般而言，学习意愿越强，其学习主动性也越高，进而导致更佳的学习效果（刘璇华，2007；王红丽等，2011；于米，2011；屠兴勇，杨百寅，张琪，2016）。企业参与产学研合作主要原因可能包含如下几个方面：节约研发成本、提高研发效率、获取大学优异的资源以及申请政府补贴等。不同的合作目的导致其对产学研知识转移的态度和努力程度也有较大的出入。当企业对于所将转移的知识具有强烈的学习意愿时，它将投入必要甚至超量的资源，通过一切正式的渠道，尽可能多的吸收大学知识。但是如果企业仅仅将产学研作为瓜分国家财政补贴的手段时，因为它更多地注重形式而对于对方大学的知识却并不感兴趣，换言之，企业学习意愿很弱，大学的知识无法被企业获取。

实证分析发现学习意愿对知识转移呈显著的正相关关系，其对知识转移的回归系数为 0.374（$p<0.05$）。该结果再次证实苏兰斯基（Szulanski, 1995）、吴晓波等（2008）、陈怡安等（2009）以及耿紫珍等（2012）的结论。同时，这一结果也与前面的案例研究结论一致。在 $KF-U_{1A}$、$KS-U_{2A}$、$MC-U_{3A}$ 的合作中，企业均表现出强烈的学习意愿，为此，企业投入大量的研发资源配合产学研项目，并且积极通过正式的学术和技术报告会以及非正式的双方研发人员之间的交流畅通大学显性知识和隐性知识的流动渠道。

四、吸收能力对产学研知识转移的影响

本章的假设 H2 描述了产学研合作中企业吸收能力对知识转移的影响效应。从实证分析结果来看，该假设得到了统计数据的显著性检验，吸收能力对产学研知识转移存在显著的正向促进作用。

根据假设 H2 的观点，吸收能力作为将企业获取的新知识进行同化和内化的重要能力，对知识转移效果存在正向的影响作用。具体而言，吸收能力主要表现于知识获取、消化、转化和利用的能力，知识转移顺利实现首先需要作为知识源的大学和科研院所愿意进行知识转移，并且具备将其知识编码为企业能够理解的知识；与此同时，企业能否识别哪些知识对企业具有价值，并且内部拥有较为充裕的冗余资源以消化和利用此种知识（李梓涵昕等，2015）。如果企业不具备识别外部知识价值的能力，则企业难以从双方形成的知识场中发现并遴选出有价值且企业稀缺的关键性技术知识以及人才，从而使得双方之间的合作沦为毫无意义的形式主义。故而，知识识别和获取能力成为知识转移的首要条件。不仅如此，通过合作从大学和科研院所获取的知识，企业需要进行准确的注解和内部化成为适应企业内部语言的形式，即需要经由企业知识消化和转化能力，才能使知识转移最终成为企业提升内部知识存量的方式。此外，企业进行产学研知识转移的重要目的在于完成其产品和技术的转型升级，构建自身的技术体系以搭建和维持核心竞争优势，所以企业将新获得的外部新知识加以利用，形成竞争力也成为影响知识转移最终是否成功的因素。

由此可见，企业吸收能力主要通过知识获取、消化、转化以及利用等步骤对产学研知识转移构成正向的促进作用。案例分析也很好地佐证了这一论断。例如，由于吸收能力之间的差距，$KF-U_{1A}$ 合作中表现出的吸收能力明显强于 $KS-U_{2A}$ 和 $MC-U_{3A}$，而 $KS-U_{2A}$ 显然吸

收能力也比 MC - U$_{3A}$稍强,虽然三者之间的学习意愿程度几乎一致,但是产学研知识转移却呈现明显不同的结果,KF 公司通过与 U$_{1A}$大学的合作,一举解决了阻燃耐火材料的基础性知识的积累,为其后续的系列产品打下坚实的基础,反观 MC 公司,其合作也仅是部分解决了镍氢电池的技术,距离其完整地掌握技术还存在较大的差距。

五、合作主体差异性的调节作用

(一)合作主体目标差异对学习意愿与知识转移关系的调节作用

本章假设 H4a 认为,合作主体差异性对学习意愿与知识转移之间的关系存在调节效应,目标差异对其关系具有负向的调节作用,即目标差异越大,吸收能力对产学研知识转移的促进作用越弱。从实证分析结果来看,该假设得到了统计数据的检验。

假设 H4a 认为,企业作为营利性机构,在产学研合作中以降低企业研发成本、分散创新风险、促进合作伙伴间的资源共享及能力互补为重要目标(Perkmann et al., 2011;樊霞等,2011),大学和科研院所对产学研合作的目标主要体现在将研究成果向企业的转移,以实现技术产业化(Laursen and Salter, 2006;郭斌等,2006),以及从企业界的实践中提炼科学问题等方面(Gibbons et al., 1994)。此种基本目标的差异将导致其在产学研合作项目中表现出不同的关注点,进一步导致双方产学研项目目标的分歧。学习意愿虽然有助于知识转移的完成,但是双方目标差异程度却容易弱化此种影响关系。对企业而言,技术生命周期内不同阶段开展产学研的目标不同,可能由产品性技术逐渐向应用性共性技术升级,甚至到后期的基础性共性技术。而大学由于研究侧重点不同,可能仅仅善于某个层面的技术,例如,马卫华等(2011)指出低水平大学获取政府资助有限,往往为了获取科研经费更加乐于参与产学研合作,并且多以产品技术层面合作为主。所以合作伙伴目标的不匹配可能会削弱企业接受大学、科研院所转移知识的意愿强度,进而不利于知识转移。

由此可见,企业学习意愿对知识转移的正相关关系受到合作主体目标差异的调节。而且,上述调节效应均呈现为反向,也即产学研合作目标差异程度越大,企业学习意愿对知识转移的影响越弱。案例分析中一定程度上佐证了上述观点。例如,由于合作主体目标差异程度的不同,尽管 $KS-U_{2A}$ 与 $MC-U_{3A}$ 拥有同等程度的学习意愿,但是因为 $KS-U_{2A}$ 主体目标差异明显低于 $MC-U_{3A}$ 的合作主体目标差异程度,故而,整体而言,$KS-U_{2A}$ 知识转移效果好于 $MC-U_{3A}$。

(二) 关系强度对学习意愿、吸收能力与知识转移关系的调节作用

假设 H5a 指出,学习意愿影响知识转移效果,其中重要的机制在于通过组建互信互谅的知识共享氛围,推动大学和科研院所释放知识并帮助企业理解和内化知识,同时强化企业技术人员与对方研究人员的沟通热情,而这种良好的知识共享氛围的构建主要得益于双方较强的关系强度。另外,关系强度能够影响企业对于产学研合作伙伴知识有用性的信心,而此种心理也将促使其更加愿意学习对方所转移的知识(Inkpen and Tsang,2005)。强程度的关系强度还能有效地弱化产学研合作主体对投机行为的担心(Gulati,1995),促使双方加强沟通频繁度以及拓宽交流渠道,从广度和深度上提升沟通的等级,进而达到知识转移的效果。

根据 H5b 的观点,企业吸收能力对产学研知识转移的影响主要通过获取、消化、转化和利用四个方面进行,该四个方面存在一个时间先后的关系,首先只有知识获取之后才能进行后续的环节,所以知识转移至关重要的地方在于知识获取。知识获取涉及知识发送方和知识接收方两方面的共同参与和完成,只有当大学和科研院所愿意进行知

识释放时，企业才能有获取知识的可能性。大学知识释放行为的产生则依赖于双方关系强度的程度，因为有产学研合作合同的存在，其必须按照合同完成预定的成果，但是只有当双方之间具有良好的相互信任的氛围时，大学才会对企业技术研发人员进行详细的知识解码，所以说关系强度对于吸收能力与知识转移的关系存在影响效应。

（三）合作主体差异性对吸收能力与知识转移关系的调节作用

本文假设 H3 和 H4b 认为，合作主体差异性对吸收能力与知识转移之间的关系存在调节效应，其中，伙伴知识技术差异对吸收能力与知识转移之间的关系存在倒"U"型的调节效应，换言之，产学研合作伙伴间过高或者过低的知识技术差异都将弱化吸收能力对知识转移的正向促进作用。而目标差异则对其关系具有负向的调节作用，即目标差异越大，吸收能力对产学研知识转移的促进作用越弱。从实证分析结果来看，该假设得到了统计数据的检验。

根据假设 H3 的观点，由于企业与大学和科研院所合作情境不同，双方之间的知识结构和知识深度之间均存在一定的差异，并且此种差异随着双方不断地发展也处于动态波动的状态。叶江峰等（2014；2015）、林志镐和张家琦（Lin and zhang, 2015）认为双方之间的知识深度和知识结构的差异可能导致合作过程中不能很好地进行知识交流和互相理解，进而影响企业对知识的获取、消化和吸收。然而，该种观点仅发现知识基础的差异性可能阻碍企业对所转移知识内化，但是却忽视了差异之中也存在互补的效应。产学研合作存在价值在于互通有无，实现资源的优势互补。显然，企业与大学之间的知识基础差异过大将影响双方的知识交流和企业的知识吸收，同时，企业与大学之间的知识基础差异过小也将不利于吸收能力对知识转移的促进作用。因为，过小的知识基础差异说明大学与企业知识深度和知识结构方面互补性不足，企业无法从产学研合作中获取到有价值的知识和技术。

此外，企业与大学之间的合作还需要知识基础的匹配，大学和科研院所技术知识太过于领先合作企业，或者集中于基础性共性技术，则容易导致产学研合作的失败。因为企业内部缺乏相似的知识结构和深度去理解和消化来自大学的知识。由此可见，知识技术差异对吸收能力与知识转移之间的关系呈倒"U"型调节。

假设 H4b 表明，吸收能力的主要对象为知识，且为企业通过产学研合作实现的目标性知识。当大学和科研院所与企业在产学研项目合作目标尚存在较大的差异时，最终产出将可能与企业初衷形成较大的区别。从企业技术生命周期角度来看，企业技术存在导入期、生长期、成熟期和衰退期等生命周期，企业技术生命规律不仅对技术自身的发展具有重要的影响作用，同时也影响着企业技术管理的过程，进而使得企业在与组织外部，尤其是大学和科研院所合作中的目标呈现动态的变化（Kim, 2003；徐欣, 2013），在导入期阶段，企业由于毫无技术和知识基础，其产学研合作目标往往以技术预测与咨询为主导，随着产学研合作的顺利以及自身对该技术领域认识的提升，在生长期阶段逐渐追求产学研合作的产品技术和生产工艺的优化；而在成熟期阶段，企业则开始谋求产品转型和技术的升级，需要对产品平台性共性技术进行合作。所以企业与大学的合作在不同的产学研项目中呈现不同的需求，当双方之间的合作目标出现差异，例如，急需产品技术以完成产品更新的企业与较高层次的大学进行合作时出现的产品性技术需求与应用性共性技术供应的冲突，这将严重影响企业对于知识的获取。

由此可见，企业吸收能力对知识转移的正相关关系受到合作主体差异性的调节。而且，上述调节效应均呈现为反向，也即产学研合作主体差异性程度越大，企业吸收能力对知识转移的影响越弱。案例分析中一定程度上佐证了上述观点。例如，由于合作主体差异性程度的不同，尽管 $KS-U_{2A}$ 与 $MC-U_{3A}$ 吸收能力明显弱于 $KF-U_{1A}$ 的吸收能力,但是因为 $KS-U_{2A}$ 与 $MC-U_{3A}$ 的合作主体差异性低于 $KF-U_{1A}$,故而,整体而言,$KS-U_{2A}$ 与 $MC-U_{3A}$ 的知识转移更优于前一家公司。

第六节 本章小结

本章在前面小样本测试的基础上,开展了大样本问卷调查,对相关理论假设进行实证检验,并对统计结果进行了细致的分析与讨论,本章节共涉及以下五部分内容。第一,对大样本检验的数据进行描述性统计分析,形成了样本的初步认识,并在此基础上对样本数据进行了正态性检验和共同方法偏差检验,为下一步的回归分析进行数据检验。第二,利用 SPSS 23.0 分析软件和 AMOS 结构方程模型软件对各变量测量的数据进行信度和效度检验。结果显示,正式问卷中的各量表题项均符合研究的信度和效度要求。第三,运用 SPSS 软件对相关理论假设进行层次回归分析。统计分析结果表明,本章研究假设均获得实证支持。第四,为确保本章研究结果具有普适性和稳定性,进行了稳定性检验,采用配对样本数据的均值进行层次线性回归,发现所得结果与大样本检验结果基本一致,进一步证实研究结果具有相当的稳定性。第五,对统计回归结果开展分析和讨论。

第七章 结论与展望

前面各章围绕企业学习意愿、吸收能力以及合作主体差异性和关系强度对知识转移的影响进行了全面系统的文献回顾、探索性多案例研究、理论分析以及问卷调查。本章将在上述分析的基础上，对本次研究的主要结论、研究创新点和管理启示进行全面的总结，并对存在的研究局限进行客观地总结，同时指出未来可能的研究方向。

第一节 研究结论

本书通过多案例探索性分析，提出产学研合作主体差异性和关系强度对企业学习意愿和吸收能力与知识转移关系影响的初始命题。并以此为基础，进行理论分析和逻辑推导对初始命题进行进一步的细化及完善，以形成本研究的研究模型。并以211家企业数据为样本，运用AMOS和SPSS等统计软件对研究假设进行统计检验，通过理论分析和实证检验，本书得出以下几点主要结论：

（1）企业学习意愿有利于促进产学研知识转移。产学研合作中企业学习意愿的程度对于知识转移具有重要的影响作用，强烈的学习意愿有助于提升企业内部研发人员的主动性和努力程度，企业组织或个体都积极寻求产学研合作构建知识共享及交流互动平台，为大学、科研院所转移其知识提供良好的氛围,而且此种氛围还有利于内隐性和复杂性比较高的知识转移,例如,大学机构人员相关领域内前瞻性、预测性信息以及技术研发工作过程中"know-how"。如果企业自身缺乏学习意愿,大学和科研院所转移意愿再强,企业也无心从大学和科研院所的共享知识中获取宝贵稀缺技术,知识转移便无从谈起。一般情况下,企业参与产学研合作主要在于希望通过借助大学和科研院所的科研力量解决日常生产过程中遇到的技术难题,帮助优化工艺流程;另外,在自身技术研发过程中存在的技术瓶颈也需要外部科研机构给予相应的帮助。最后,大学和科研院所由于熟悉技术领域的发展脉络和轨迹,对于技术的发展方向具有较强的预测性。但是在我国当下情况中,为数众多的企业仅因为希望享受政策性补贴而选择进行产学研合作。故而其学习意愿较低,甚至缺乏学习意愿,最终产学研合作将沦为形式主义。该结论也与目前学术界主流观点保持一致。

(2) 企业吸收能力能够促进产学研知识转移的顺利进行。企业学习意愿和吸收能力作为源自企业方面影响知识转移的重要因素,其中学习意愿属于主观态度方面,而吸收能力则属于客观能力方面。吸收能力主要通过知识获取、消化、转化和利用四个方面影响产学研知识转移。企业如果不具备知识获取和识别能力,将无法从大学和科研院所众多知识中识别对企业有价值的知识和技术,而识别和获取知识只是产学研知识转移的开始,企业如果缺乏消化、转化和利用知识的能力,即使拥有接触大学和科研院所知识的机会,且能够识别知识是否对企业有价值,也无法完成知识内化,无法将对方知识转化为企业内部知识,进而形成自主创新能力。

(3) 合作主体知识技术差异对吸收能力与知识转移的关系具有显著的倒"U"型调节作用。企业与大学和科研院所之间的知识技术差异过大,即使企业拥有良好的吸收能力,也终将因为双方巨大的知识鸿沟,无法有效地消化和利用对方有价值的知识,导致知识转移效果欠佳。同样，如果企业与大学和科研院所之间的知识技术差异过小，则说明大学和科研院所知识深度和知识结构对于企业而言缺乏互补性，即使企业吸收能力很强，其所吸收的知识也将对企业价值不大，知识转移效果也将不好。可见，吸收能力对知识转移的影响还要视双方间知识技术差异情况而定。虽然并未有文献对知识技术差异影响知识转移的机理进行专门的讨论，但本文的结论可以被视作是一些相近研究的拓展。

（4）合作主体目标差异对企业学习意愿、吸收能力与知识转移的关系具有显著的调节效应。合作理论指出不同主体之间必然存在差异（胡冬雪、陈强，2013），而合作的基础正是共同的目标。以往学者在研究企业技术联盟合作中就曾指出，只有具备共同的合作目标情况下，双方才能积极进行资源的投入，从而共同努力完成合作目标（李莉、党兴华、张首魁，2007）。同理，产学研作为不同属性的组织间的合作，双方之间的组织目标存在巨大的差异，同时此种差异称为双方存在资源互补的可能。企业以产学研的方式降低研发成本，提高研发效率，完善自身技术体系，而大学和科研院所也通过产学研合作获得技术产品化和市场化的收益，培养科研人才，在生产实践中凝炼科学问题。换言之双方存在合作的基础，但是在产学研合作中针对具体的合作目标相互之间却可能存在差异，而且此种差异对于产学研知识转移的效果具有重要的影响作用。不同阶段的企业对合作研发需求类型（技术类型包含产品技术、应用性共性技术和基础性共性技术）不同，换言之，双方在研发合作主要解决何种技术类型存在差异，这种目标差异的程度将通过影响企业学习意愿以及吸收能力对知识转移效果形成负向的影响效应。

（5）产学研合作主体间关系强度对企业学习意愿和吸收能力与知识转移的关系存在显著的调节作用。企业与大学和科研院所关系强度较高则表明双方之间关系较为亲密且互信度比较高，在亲密且互信度高的关系中，双方可以通过一系列的正式或者非正式的渠道进行交流与沟通，从而在交流中增加相互了解程度，从而使企业对科研机构的知识有价值性更有信心，促使其更加愿意向科研机构学习知识，所以关系强度对学习意愿与知识转移之间存在重要的调节作用。同样，关系强度较高的产学研合作双方更加愿意向对方袒露自身的不足，让科研机构更好地了解企业的需求，进而有针对性地提供知识，为企业识别和获取知识节约了大量时间，另外，因为关系强度高，企业对科研机构的知识语言具有更高的了解度，从而更加方便其吸收科研机构的知识。

第二节 研究创新点

本书在已有的研究基础上，通过三家企业六组产学研合作的多案例探索性研究和理论与假设推导，以及问卷调查等系列研究方法，以合作主体差异性对产学研知识转移的影响为核心提出本研究的理论框架，并运用问卷调查所获的 211 份样本数据对相关假设进行了实证分析，深入细致地分析了合作主体差异性通过学习意愿和吸收能力影响产学研知识转移的机制。总体而言，本节主要在以下四方面做了创新性工作：

（1）本书进一步明晰了合作主体差异性的概念，将其归纳为知识技术差异和目标差异等两个维度，并设计了更细致和全面的合作主体差异性测度量表。

一直以来，学术界对于产学研合作伙伴相关的研究均将注意力倾向于产学研合作的强度以及机制方面，而忽视了合作伙伴之间的匹配性问题。而且多以笼统的"异质性"对伙伴组织间的不同进行定义，诚然，产学研合作主体从组织属性方面而言，确实存在"质"的区别,但是从合作的角度来看,双方之间的不同却不足构成质的区别,故而本研究以主体差异性对双方在产学研合作中的不同进行界定。另外,以往关于差异性的概念维度划分方面较为混乱,姚威(2009)将企业与学研机构之间的差异性界定为组织距离,并将组织距离划分为战略目标相似性、文化距离、知识距离、物理距离四个维度进行刻画。王涛(2012)将合作伙伴差异性划分为组织距离、关系距离和知识距离三个方面研究其对知识转移的影响。而巴洛等(Barlow et al.,2006)在研究创新网络成员差异过程中,将其划分为参与者目标、知识基础、能力、价值观、网络位置以及组织文化六个维度。本书借鉴以往研究成果,将合作主体差异性归纳为知识技术差异和目标差异两个维度。合作主体差异性概念和维度很好地对产学研合作主体间的匹配性问题进行了阐述和分析,为后续的产学研合作主体之间的匹配与选择的研究奠定了理论基础。

(2)分析了合作主体差异性对产学研知识转移影响路径,丰富了知识管理理论和产学研知识转移方面的研究。

作为刻画产学研合作伙伴匹配性的重要概念,合作主体差异性对于知识转移成效具有重要的影响作用。以往的关于知识转移影响因素的研究多关注于知识源特征(王毅、吴贵生,2001;卢兵、岳亮、廖貅武,2006)、知识接收方特征(王毅、吴贵生,2001;卢兵、岳亮、廖貅武,2006)、所转移知识特征(陈菲琼,2001;吴勇慧,2004)以及转移情景(Cho et al.,1998;Holtham and Courtney,2001)四方面的因素,而忽略了知识源与知识接收方之间匹配性的影响。所以本书通过探索性多案例分析以及实证分析对合作主体差异性对产学研知识转移的影响机理进行了详细的分析,并发现合作主体差异性的知识技术差异维度对于吸收能力与知识转移的正相关关系具有倒"U"型调节关系,即当知识技术差异程度过高或者过低的情况下,吸收能力对于知识转移的促进作用均会被削弱;目标差异则对学习意愿和吸收能力与知识转移的关系存在负向调节作用，也即当企业与大学和科研院所之间的目标差异很大时，即使拥有强烈的学习意愿和较高的吸收能力，其知识转移效果也将大打折扣。本研究结论对已有文献做了进一步的深化及拓宽，弥补了组织学习研究的片面观点，构建了相对完善的理论分析框架。

（3）探讨了企业学习意愿、吸收能力与知识转移关系的调节变量，完善了已有的相关研究。

已有的研究主要将学习意愿、吸收能力与知识转移的关系纳入知识转移"四因素"影响模型之中进行分析，而对于独立对学习意愿、吸收能力对产学研知识转移的影响研究却甚少。本书为更好地从企业视角下研究知识转移影响因素模型，将学习意愿、吸收能力与知识转移进行独立的研究，并将产学研合作主体差异性作为考量匹配性的变量引入该模型之中。并通过实证分析发现学习意愿和吸收能力对于产学研知识转移具有显著的正向影响作用，同时，此种影响作用还受到合作主体差异性的调节。该结论使学习意愿、吸收能力和知识转移关系的理论模型变得更加丰富和完整。

（4）关注了产学研主体间关系强度对主体差异性的补充作用，使本研究更具实际意义。

已有的研究较为分散，一方面，有学者指出产学研合作过程之中，关系强度较为紧密的情境下，有利于知识转移的实现，因为关系强度较高表明，企业对于学研方处于较高水平的信任，能够激发企业学习意愿和吸收能力对知识转移的作用；另一方面，正如本研究一般，主体差异性的不同维度通过不同的路径调节产学研知识转移的效果，其中，知识技术差异通过吸收能力对知识转移的影响，呈倒"U"型调节其效应；而目标差异则能够负向的调节吸收能力和学习意愿对知识转移的影响。总之，关系强度和主体差异性对知识转移的调节作用在学术界均存在一定的认可度。但是，以往的研究往往将上述两类调节变量进行孤立的研究，有鉴于此，本研究同时将关系强度和主体差异性同时纳入回归模型，以更加切合实际地考量主体差异性对知识转移的调节作用。通过对比发现关系强度能够有效地补充主体差异性对知识转移的负向调节作用。

第三节 管理实践启示

国家"十三五"规划纲要明确提出：以创新、协调、绿色、开放、共享为发展理念。产学研合作创新已然成为提升我国企业自主创新能力的重要途径，更是推动我国工业由制造型向创新型转变的主要抓手。而实现上述目标的关键在于如何促进大学和科研院所的知识准确而顺利地向企业流动。一方面政府机构需要我国科研体制的改革，促进大学和科研院所社会经济服务的功能的履行；另一方面，作为经济生活的重要主体，企业需要如何通过"自我修炼"更好地通过产学研合作完善自身技术体系，提升自主创新能力，实现核心竞争能力的持续增长。如何选择合适的产学研合作伙伴才能更好、更迅捷地实现技术突破的目的？本书对产学研合作主体差异性对知识转移影响机理的研究为上述企业管理实践问题提供了如下几点启示：

（1）学习意愿和吸收能力能够直接促进产学研知识转移。这些结论表明，企业需要提升知识转移效果首先需要提升内部吸收能力，而吸收能力水平主要包括知识识别能力、知识消化能力和知识利用能力等几方面，重视内部研发力量的建设，通过引进人才完善研发团队结构，夯实企业吸收能力的基础。如果企业缺乏强烈的学习意愿和良好的吸收能力，其对大学和科研院所的知识将"无心无力"，最终产学研知识转移将成为"黄粱美梦""一场空谈"。而现实中，我国企业均是出于短期利益才选择与大学进行产学研合作，缺乏长远的通过产学研合作实现自主创新能力提升的目标,从根本上导致产学研知识转移效果欠佳。企业应该从长远的战略目标出发,将科研机构的知识内化为自身的知识储备,并为知识转移准备充足的冗余资源。当然,企业仅有学习意愿仍然远远不够,如果缺乏充分的吸收能力,面对科研机构的知识也只能"仰天长叹""心有余而力不足"。所以企业在开展产学研合作之前就应该构建和培育企业内部的吸收能力,例如,加大研发投入力度、完善研发体系和机构、技术人员培训机制以及引进优秀的外部人才等。

(2) 重新认识产学研合作主体差异性并重视其对于产学研知识转移的重要影响。我国产学研虽然取得了一定的成果,但是也存在大量的失败案例,企业缺乏技术或者技术瓶颈无法突破,需要寻求科研机构的帮忙,然而大多数企业忽视了其与合作伙伴之间的差异,由于合作主体差异性对知识转移具有重要的影响作用,忽视双方之间的差异最终只能使产学研合作沦为低概率事件,合作主体差异性正常的巧合下,企业希望通过产学研实现技术突破的愿望才能得以实现。

(3) 在产学研合作伙伴选择时,应该坚持以企业自身实际情况为依据,不能盲目选择高水平研究型大学。产学研知识转移的实现有赖于企业自身强烈的学习意愿和自身的吸收能力,但是这些也仅仅是产学研知识转移的必要条件,要想提高产学研知识转移效率,首先需求要从源头上解决问题,寻找与企业发展情况和自身技术力量相匹配的合作伙伴,即选择那些知识深度和知识结构方面具有较强互补效应,合作目标、观念方面差异不大的高校,而并非盲目的与研究型综合实力较强的高校合作,因为该类型的高校知识深度较大且其知识结构和体系也较为完整,多以基础性和应用性共性技术为研究焦点,所以其对企业吸收能力要求较高。

第四节　研究局限性与未来展望

本研究立足于我国企业自主创新能力不足的现实，直面产学研知识转移困境，通过对合作伙伴组织差异对产学研知识转移的影响机理研究，得出了一些有意义的结论，具有一定的理论价值和现实意义。由于时间、人力、财力以及本人研究能力的限制，本书还存在一些局限之处：

（1）探索性多案例研究分析中，三家企业均来自广东地区，这在一定程度上影响了案例研究发现的可推广性。未来研究应酌情在全国范围内进行案例企业的选择，以增加案例分析的代表性和包容性，与此同时，还可进行不同地区之间的企业进行验证性案例比较研究，以进一步拓宽研究发现的普适性。

（2）在变量的测量中，尽管合作主体差异性逐渐引起学者们的关注，但是缺乏成熟可用的量表。因此本研究参考了众多文献中的观点，对变量测量题项进行了一定的删补。尽管从小样本预测试以及大样本检验中的信度和效度分析来看，均表现不错。后续的研究应该结合案例的访谈对中国情境下的量表进行重新调整。

（3）样本收集方面仍然存在一定的局限性。虽然通过师长、亲朋好友以及政府部门的帮忙在广东、浙江、辽宁、江西、湖南以及四川等省份进行了发放，而且最终仅收回有效问卷 211 份，但是仍然缺乏对整个中国情境的代表。后续的研究应该继续扩大问卷发放范围和规模，并对不同地区、行业和企业性质之间进行横向分析和比较，以期得到更加具有普适性的研究结果。

（4）本书所研究的产学研合作组织仅包含了企业这一主体，但现实中产学研均涉及企业与科研机构两个参与方组成，涉及更为复杂的意愿、能力和合作主体差异性与知识转移问题。未来的研究可以基于两方主体的产学研合作为研究对象,进一步探讨双主体之间的意愿、能力和合作主体差异性与知识转移关系。

附　　录

合作主体差异性、关系强度对产学研知识转移的影响研究调查问卷

尊敬的各位企业领导/技术负责人：

　　您好！真诚地感谢您参与此项调查。本问卷为华南理工大学技术创新评估研究中心所承担国家自然科学基金项目研究的重要一环，旨在探讨产学研合作主体差异性和关系强度对知识转移的影响。您的回答将仅供研究者进行数据统计分析之用，不会用于任何商业用途，我们承诺，您所提供的任何信息我们都将严格保密，请您放心并客观地填答。请根据您在一般情形下所持有的最直接的理解、感觉来作答，不需要考虑太久。您的问卷填写对此项研究的准确性至关重要，由于问卷讲求完整性，一题遗漏将会全部作废，因此还烦请仔细回答全部问项，尽量避免打一样的分。

　　您的回答对我们的研究非常重要，非常感谢您的大力支持！祝贵公司蒸蒸日上！祝您顺意安康、阖家欢乐！

　　问卷填写人：贵公司的技术总监、经理或主管。

　　衷心感谢您的热情参与！

华南理工大学技术创新评估研究中心

联系人：李梓涵昕；

TEL：159 - 1314 - 2154

　　问卷返回 E - mail：dxlizhx@ outlook. com

第一部分：基本情况（在对应的□上打"√"，谢谢！）

1. 您所在企业性质是：

    □国有企业　　□民营企业　　□外资企业　　□合资企业　　□其他

2. 您所在单位行业类别为：

    □信息技术、电信类；生物、制药、新材料、新能源类

    □化工、纺织、传统制造业　　□服务业　　□农业　　□其他

3. 您所在单位成立时间为：

    □2年以下　　□3~6年　　□7~10年　　□11~20年　　□21年以上

4. 公司近三年年均销售总额约为（单位：人民币）：

    □少于1000万元　　□1000万~5000万元　　□5000万~1亿元

    □1亿~5亿元　　□5亿~10亿元　　□10亿~20亿元

    □20亿~50亿元　　□50亿~100亿元　　□100亿元及以上

5. 您公司当前员工人数规模：

    □50人以下　　□51~100人　　□101~200人　　□201~300人

    □301~500人　　□501~1000人　　□1001~2000人

    □2001人及以上

6. 贵公司的研发人员数量为：

    □10人以下　　□11~30人　　□31~50人　　□51~100人

    □101人以上

7. 贵公司是否设有独立的研发部门：

    □是　　□否

8. 公司近三年研发经费占销售总额的平均比重约为：

    □小于1%　　□1%~3%　　□3%~6%　　□6%~9%　　□9%~12%

    □12%~15%　　□15%~18%　　□18%~21%　　□21%及以上

9. 贵公司是否与大学、科研院所等机构开展合作研发：

    □是　　□否

10. 贵公司与大学、科研院所开展合作的主要内容：
☐技术研发　☐产品设计　☐产品制造　☐产品销售
☐咨询服务　☐其他（请说明　　　　　　　）

第二部分：请根据您的真实感觉，对以下各个题项进行评价。谢谢！

1. 产学研合作主体差异性：

注意：请在每一题目后面最能代表您的意见的选项上画"√"或"○"（题项中1～7分值分别表示从"非常不符合"到"非常符合"依次递增）。

题项	非常不符合←→非常符合						
KHC1 我们企业能够有效吸收并且消化来自学研机构（大学和科研院所）的知识	1	2	3	4	5	6	7
KHC2 我们企业对于吸收转化来自学研机构的知识有研发投入	1	2	3	4	5	6	7
KHC3 我们企业与学研机构的知识构成差异较小，沟通障碍小	1	2	3	4	5	6	7
KHH1 学研机构的知识结构与我们企业的知识结构形成了有效互补	1	2	3	4	5	6	7
KHH2 我们企业与学研机构通过优势互补实现合作的目标	1	2	3	4	5	6	7
TAH1 我们企业与学研机构在组织目标方面存在很大的差异	1	2	3	4	5	6	7
TAH2 我们企业与学研机构在战略目标方面存在很大差异	1	2	3	4	5	6	7

续表

题项	非常不符合←→非常符合						
TAH3 我们企业与学研机构合作的项目成果偏向于产品技术	1	2	3	4	5	6	7
TAH4 我们企业与学研机构合作目标方面存在很大的差异	1	2	3	4	5	6	7

2. 合作主体间关系强度：

注意：请在每一题目后面最能代表您的意见的选项上画"√"或"○"（题项中1~7分值分别表示从"非常不符合"到"非常符合"依次递增）。

题项	非常不符合←→非常符合						
REH1 我们企业与学研机构之间沟通的很频繁	1	2	3	4	5	6	7
REH2 我们企业与学研机构之间的关系很紧密	1	2	3	4	5	6	7
REH3 我们企业与学研机构之间经常一起讨论共同关注的话题	1	2	3	4	5	6	7
REH4 我们企业与学研机构成员之间经常进行非正式的交流	1	2	3	4	5	6	7

3. 企业学习意愿（企业学习和吸收学研机构知识和技术的意愿和动机）：

注意：请在每一题目后面最能代表您的意见的选项上画"√"或"○"（题项中1~7分值分别表示从"非常不符合"到"非常符合"依次递增）。

题项	非常不符合←→非常符合						
LW1 我们认为与该大学（科研机构）合作是很好的学习机会	1	2	3	4	5	6	7
LW2 学习该合作机构的知识和技术是我们公司的合作目标之一	1	2	3	4	5	6	7
LW3 我们员工对新知识具有很强的学习兴趣	1	2	3	4	5	6	7
LW4 我们在合作中努力地学习和掌握该合作机构的知识和技术	1	2	3	4	5	6	7
LW5 我们公司投入了大量人力和其他资源来学习对方的知识和技术	1	2	3	4	5	6	7

4. 企业知识吸收能力（企业获取、消化、转化和利用来自学研机构新知识的能力）：

注意：请在每一题目后面最能代表您的意见的选项上画"√"或"○"（题项中 1~7 分值分别表示从"非常不符合"到"非常符合"依次递增）。

题项	非常不符合←→非常符合						
AAO1 我们经常关注学研机构取得的最新知识成果	1	2	3	4	5	6	7
AAO2 我们经常与学研机构接触以获得新知识	1	2	3	4	5	6	7
AAO3 我们与学研机构合作中使用相近的术语描述问题和概念	1	2	3	4	5	6	7
AAO4 我们阅读来自学研机构提供的文档资料时总能理解其中的术语	1	2	3	4	5	6	7

续表

题项	非常不符合←→非常符合						
AAD1 我们的工程师解决问题的方式与学研机构研究人员相似	1	2	3	4	5	6	7
AAD2 我们的工程师解决问题的技巧与学研机构研究人员相似	1	2	3	4	5	6	7
AAD3 我们与学研机构合作中总能准确分析遇到的问题	1	2	3	4	5	6	7
AAD4 我们与学研机构合作中总能快速解决遇到的问题	1	2	3	4	5	6	7
AAD5 我们与学研机构合作中掌握了解决问题的方法	1	2	3	4	5	6	7
AAD6 我们与学研机构合作中掌握了解决问题的技巧	1	2	3	4	5	6	7
AAT1 我们能够考虑到来自学研机构的新技术给市场需求带来的变化	1	2	3	4	5	6	7
AAT2 我们总能将来自学研机构的新知识记录下来以备不时之需	1	2	3	4	5	6	7
AAT3 我们能够意识到来自学研机构的知识的价值	1	2	3	4	5	6	7
AAT4 我们能够抓住来自学研机构新知识所提供的创新机会	1	2	3	4	5	6	7
AAT5 我们与学研机构讨论新技术相关产品的发展趋势	1	2	3	4	5	6	7
AAE1 合作过程中角色划分和职责规定很明确	1	2	3	4	5	6	7
AAE2 合作过程中清楚自己应该做什么	1	2	3	4	5	6	7

续表

题项	非常不符合 ←→ 非常符合						
AAE3 我们对于来自学研机构的合作抱怨会作出积极反应	1	2	3	4	5	6	7
AAE4 我们经常考虑如何更好地使用来自学研机构的新知识	1	2	3	4	5	6	7
AAE5 我们的员工对于产品服务采用相同的概念与术语进行交流	1	2	3	4	5	6	7

5. 产学研合作中所转移知识的特征：

注意：请在每一题目后面最能代表您的意见的选项上画"√"或"○"（题项中1~7分值分别表示从"非常不符合"到"非常符合"依次递增）。

题项	非常不符合 ←→ 非常符合						
CKT1 学研机构所要转移的知识不易用格式化的语言或书面方式描述	1	2	3	4	5	6	7
CKT2 我们从学研机构所要获取的知识需要通过经自行设计经验分享、共享心智模式等人际互动方式实现	1	2	3	4	5	6	7
CKT3 所转移的知识有赖于知识转移双方的信任、情感交流和广泛的互动来实现	1	2	3	4	5	6	7
CKC1 被转移的知识专业化程度非常高，难以用工作说明书、操作手册等书面方式进行表达	1	2	3	4	5	6	7
CKC2 被转移知识本身更新速度非常快	1	2	3	4	5	6	7
CKC3 被转移的知识和技术只有学研机构的专业人员才能够被清晰地表达和发送	1	2	3	4	5	6	7

续表

题项	非常不符合 ←→ 非常符合						
CKC4 企业内部只有专业人员才能理解和掌握从学研机构转移过来的知识	1	2	3	4	5	6	7
CKC5 我们必须投入新设备或进行人力资源培训，才能掌握所获得的知识	1	2	3	4	5	6	7
CKC6 我们与学研机构必须密切交流，并通过干中学的方式才能掌握被转移知识	1	2	3	4	5	6	7

6. 产学研知识转移：

注意：请在每一题目后面最能代表您的意见的选项上画"√"或"○"（题项中1~7分值分别表示从"非常不符合"到"非常符合"依次递增）。

题项	非常不符合 ←→ 非常符合						
KTS1 产学研合作项目能在计划的时间内完成，甚至提前完成	1	2	3	4	5	6	7
KTS2 我们完成产学研合作项目的速度比预期的速度快	1	2	3	4	5	6	7
KTS3 我们完成产学研合作项目所用时间比预先的估计时间少	1	2	3	4	5	6	7
KTS4 我们企业用很快的速度从学研机构获得并理解了新知识	1	2	3	4	5	6	7
KTS5 我们企业花费了很少的时间就从学研机构获得并理解了新知识	1	2	3	4	5	6	7
KTC1 获取并使用学研转移来的新知识所需要的成本很低	1	2	3	4	5	6	7

续表

题项	非常不符合←→非常符合						
KTC2 获取并使用学研机构转移来的新知识不需要利用公司太多的资源	1	2	3	4	5	6	7
KTC3 获取并使用学研机构转移来的新知识并没有耗费公司过多的财力	1	2	3	4	5	6	7
KTP1 从学研转移来的知识很有	1	2	3	4	5	6	7
KTP2 经过进一步的理解吸收后，我们发现从大学转移来的知识更有用	1	2	3	4	5	6	7
KTP3 从大学转移来的知识对项目的完成很有用	1	2	3	4	5	6	7
KTP4 从大学转移来的知识能够提高我们企业的产品或服务质量	1	2	3	4	5	6	7
KTP5 从大学转移来的知识提高了我们企业的组织能力	1	2	3	4	5	6	7
KTM1 我们企业对转移来的知识的质量感到非常满意	1	2	3	4	5	6	7
KTM2 我们企业对转移结果感到非常满意	1	2	3	4	5	6	7
KTM3 我们企业对转移知识的过程感到非常满意	1	2	3	4	5	6	7
KTM4 我们对转移中双方的沟通过程感到非常满意	1	2	3	4	5	6	7
KTM5 我们企业对转移流程感到非常满意	1	2	3	4	5	6	7

问卷到此结束，请再次确认没有漏填题项！

感谢您的支持！

祝您事业顺利！生活愉快！

参 考 文 献

[1] 曹霞、于娟、张路蓬：《不同联盟规模下产学研联盟稳定性影响因素及演化研究》，载《管理评论》2016年第2期。

[2] 曹霞、于娟：《产学研合作创新稳定性研究》，载《科学学研究》2015年第5期。

[3] 常荔、邹珊刚、李顺才：《基于知识链的知识扩散的影响因素研究》，载《科研管理》2001年第5期。

[4] 陈春花、刘祯：《案例研究的基本方法——对经典文献的综述》，载《管理案例研究与评论》2010年第2期。

[5] 陈菲琼：《我国企业与跨国公司知识联盟的知识转移层次研究》，载《科研管理》2001年第2期。

[6] 陈劲、蒋子军、陈钰芬：《开放式创新视角下企业知识吸收能力影响因素研究》，载《浙江大学学报（社会科学版）》2011年第5期。

[7] 陈劲、邱嘉铭、沈海华：《技术学习对企业创新绩效的影响因素分析》，载《科学学研究》2007年第6期。

[8] 陈涛、王铁男、朱智洺：《知识距离、环境不确定性和组织间知识共享——一个存在调节效应的实证研究》，载《科学学研究》2013年第10期。

[9] 陈晓萍、徐淑英、樊景立：《组织与管理研究的实证方法》，北京大学出版社2012年版。

[10] 陈怡安、占孙福、李中斌：《吸收能力、知识整合对组织知

识与技术转移绩效的影响——以珠三角地区为实证》，载《经济管理》2009 年第 3 期。

[11] 陈茵、徐二明：《不同外部知识环境下企业吸收能力的动态重构》，载《科学学研究》2013 年第 7 期。

[12] 党兴华、常红锦：《网络位置、地理临近性与企业创新绩效——一个交互效应模型》，载《科研管理》2013 年第 3 期。

[13] 党兴华、汤喜建：《员工知识背景差异与组织内知识转移》，载《科研管理》2007 年第 6 期。

[14] 刁丽琳、朱桂龙：《产学研合作中的契约维度、信任与知识转移——基于多案例的研究》，载《科学学研究》2014 年第 6 期。

[15] 刁丽琳、朱桂龙：《产学研联盟契约和信任对知识转移的影响研究》，载《科学学研究》2015 年第 5 期。

[16] 杜丽虹、吴先明：《吸收能力、制度环境与跨国公司逆向知识转移——基于中国海外投资企业的问卷调研》，载《科学学研究》2013 年第 4 期。

[17] 樊霞、何悦、朱桂龙：《产学研合作与企业内部研发的互补性关系研究——基于广东省部产学研合作的实证》，载《科学学研究》2011 年第 5 期。

[18] 樊霞、赵丹萍、何悦：《企业产学研合作的创新效率及其影响因素研究》，载《科研管理》2012 年第 12 期。

[19] 耿紫珍、刘新梅、杨晨辉：《战略导向、外部知识获取对组织创造力的影响》，载《南开管理评论》2012 年第 4 期。

[20] 顾兴燕：《基于能力异质性的产学研合作伙伴选择》，电子科技大学，2011 年。

[21] 郭晓林：《产业共性技术创新体系及共享机制研究》，华中科技大学，2006 年。

[22] 韩立民、赵新华：《企业自主创新环境分析及优化创新环境

的对策——以国家创新体系企业研发中心青岛试点为例》，载《科学学研究》2006年第S1期。

[23] 何郁冰：《产学研协同创新的理论模式》，载《科学学研究》2012年第2期。

[24] 侯杰、陆强、石涌江等：《基于组织生态学的企业成长演化：有关变异和生存因素的案例研究》，载《管理世界》2011年第12期。

[25] 胡恩华：《产学研合作创新中问题及对策研究》，载《研究与发展管理》2002年第1期。

[26] 胡汉辉、潘安成：《组织知识转移与学习能力的系统研究》，载《管理科学学报》2006年第3期。

[27] 胡刃锋：《产学研协同创新隐性知识共享影响因素及运行机制研究》，吉林大学，2015年。

[28] 黄振辉：《多案例与单案例研究的差异与进路安排》，载《管理案例研究与评论》2010年第2期。

[29] 江旭、高山行、李垣：《战略联盟的范围、治理与稳定性间关系的实证研究》，载《管理工程学报》2009年第2期。

[30] 鞠芳辉、谢子远、谢敏：《产业集群促进创新的边界条件解析》，载《科学学研究》2012年第1期。

[31] 康青松：《组织学习导向、知识转移和吸收能力对国际企业绩效的影响研究》，载《管理学报》2015年第1期。

[32] 雷永、徐飞：《产学研联盟问题研究综述》，载《上海管理科学》2007年第5期。

[33] 李纪珍：《共性技术供给与扩散的模式选择》，载《科学学与科学技术管理》2011年第10期。

[34] 李靖华、常晓然：《基于元分析的知识转移影响因素研究》，载《科学学研究》2013年第3期。

[35] 李培楠、赵兰香、万劲波：《产学研合作过程管理与评价研

究——美国工业/大学合作研究中心计划管理启示》，载《科学学与科学技术管理》2013年第2期。

[36] 李西垚、李垣：《外包中的知识管理——浅析中国企业如何通过外包提高创新能力》，载《科学学与科学技术管理》2008年第2期。

[37] 李贞、杨洪涛：《吸收能力、关系学习及知识整合对企业创新绩效的影响研究——来自科技型中小企业的实证研究》，载《科研管理》2012年第1期。

[38] 李梓涵昕、朱桂龙、吕凤雯、唐勇：《知识接收方视角下社会资本对知识转移的影响研究》，载《管理科学》2015年第3期。

[39] 连燕华、马晓光：《我国产学研合作发展态势评价》，载《新材料产业》2001年第3期。

[40] 梁靓：《开放式创新中合作伙伴异质性对创新绩效的影响机制研究》，浙江大学，2014年。

[41] 廖述梅、徐升华：《我国校企技术转移效率及影响因素分析》，载《科学学与科学技术管理》2009年第11期。

[42] 林枫、徐金发：《国外企业吸收能力理论研究综述》，载《情报杂志》2010年第5期。

[43] 林晶晶、周国华：《企业—大学合作中的知识转移机制研究——以某转制院所实施项目管理模式为例》，载《中国软科学》2006年第3期。

[44] 刘军、刘小禹、任兵：《员工离职：雇佣关系框架下的追踪研究》，载《管理世界》2007年第12期。

[45] 刘力：《产学研合作的历史考察及本质探讨》，载《浙江大学学报（人文社会科学版）》2002年第3期。

[46] 刘立、党兴华：《知识价值性、企业权力对知识转移的影响研究》，载《科研管理》2015年第12期。

[47] 刘炜、马文聪、樊霞：《产学研合作与企业内部研发的互动

关系研究——基于企业技术能力演化的视角》，载《科学学研究》2012年第12期。

[48] 刘炜：《基于企业技术能力演化的产学研合作创新机理研究》，华南理工大学，2013年。

[49] 刘璇华：《产学研合作中组织间学习效果的影响因素及对策分析》，载《研究与发展管理》2007年第4期。

[50] 卢兵、岳亮、廖貅武：《联盟中知识转移效果的研究》，载《科学学与科学技术管理》2006年第8期。

[51] 鲁若愚、张鹏、张红琪：《产学研合作创新模式研究——基于广东省部合作创新实践的研究》，载《科学学研究》2012年第2期。

[52] 吕海萍、龚建立、王飞绒、卫非：《产学研相结合的动力障碍机制实证分析》，载《研究与发展管理》2004年第2期。

[53] 吕源：《案例研究文献的基本风格与规范——从三篇经典文献看高质量的案例研究》，载《战略管理》2010年第2期。

[54] 马卫华、许治、肖丁丁：《基于资源整合视角的学术团队核心能力演化路径与机理》，载《科研管理》2011年第3期。

[55] 钱锡红、徐万里、杨永福：《企业网络位置、间接联系与创新绩效》，载《中国工业经济》2010年第2期。

[56] 钱锡红、杨永福、徐万里：《企业网络位置、吸收能力与创新绩效——一个交互效应模型》，载《管理世界》2010年第5期。

[57] 任丽丽：《国外组织间知识转移模型评介与扩展》，载《外国经济与管理》2010年第11期。

[58] 任宗强、吴志岩：《创新网络中的异质性、匹配度与能力动态仿真研究》，载《科学学与科学技术管理》2012年第8期。

[59] 汝鹏、苏竣：《科学家在中国科技决策中的影响力研究——以863计划为例》，载《中国软科学》2010年第10期。

[60] 邵帅、范美婷、杨莉莉：《资源产业依赖如何影响经济发展

效率？——有条件资源诅咒假说的检验及解释》，载《管理世界》2013年第2期。

[61] 施琴芬、吴祖麒、赵康：《知识管理视野下的隐性知识》，载《中国软科学》2003年第8期。

[62] 石忠国、李天柱、银路：《生物制药共性技术研发平台组织运行模式研究——基于生物制药接力创新特性》，载《研究与发展管理》2012年第3期。

[63] 苏延云：《知识转移的障碍及应对策略》，载《科技情报开发与经济》2006年第5期。

[64] 孙雷：《产学研合作中技术成果的归属与分享》，载《研究与发展管理》2011年第6期。

[65] 孙卫、王彩华、刘民婷：《产学研联盟中知识转移绩效的影响因素研究》，载《科学学与科学技术管理》2012年第8期。

[66] 孙玉肖、闫莹：《大中型工业企业技术创新效率的地区差异研究——基于产学研合作视角》，载《武汉理工大学学报：社会科学版》2013年第4期。

[67] 孙源：《高技术集群企业知识网络中知识转移效果的影响因素研究》，北京交通大学，2014年。

[68] 谭建伟、叶丽、李攀艺：《基于产学研的技术创新战略联盟运行机制研究述评与展望》，载《重庆理工大学学报：社会科学版》2012年第6期。

[69] 唐炎华、石金涛：《国外知识转移研究综述》，载《情报科学》2006年第1期。

[70] 唐炎华、石金涛：《我国企业知识型员工知识转移的影响因素实证研究》，载《管理工程学报》2007年第2期。

[71] 陶厚永、李燕萍、骆振心：《山寨模式的形成机理及其对组织创新的启示》，载《中国软科学》2010年第11期。

[72] 田志龙、田博文：《市场导向内涵与执行随企业成长阶段演变的规律——基于中兴通讯的案例研究》，载《管理学报》2011 年第 9 期。

[73] 涂振洲、顾新：《基于知识流动的产学研协同创新过程研究》，载《科学学研究》2013 年第 9 期。

[74] 屠兴勇、杨百寅、张琪：《学习目标取向、共享意愿与员工创造力：机理与路径》，载《科学学与科学技术管理》2016 年第 2 期。

[75] 万江平、曾勇华、郑楚卫：《软件过程改进中知识转移影响因素的实证研究》，载《科技管理研究》2009 年第 3 期。

[76] 万颖华：《基于社会网络分析的企业创新网络属性与创新绩效关系研究》，江苏大学，2011 年。

[77] 汪应洛、李勖：《知识的转移特性研究》，载《系统工程理论与实践》2002 年第 10 期。

[78] 王国红、邢蕊、唐丽艳：《基于知识场的产业集成创新研究》，载《中国软科学》2010 年第 9 期。

[79] 王红丽、彭正龙、谷峰等：《开放式创新模式下的知识治理绩效实证研究》，载《科学学研究》2011 年第 6 期。

[80] 王宏起、王雪原、王珊珊：《产学研联盟：黑龙江省自主创新的重要模式》，载《中国科技论坛》2006 年第 4 期。

[81] 王金红：《案例研究法及其相关学术规范》，载《同济大学学报（社会科学版）》2007 年第 3 期。

[82] 王开明、万君康：《论知识的转移与扩散》，载《外国经济与管理》2000 年第 10 期。

[83] 王培林、周燕：《对产学研隐性知识转移中的知识破损的理性思考》，载《情报理论与实践》2015 年第 2 期。

[84] 王毅、吴贵生：《产学研合作中粘滞知识的成因与转移机制研究》，载《科研管理》2001 年第 11 期。

[85] 魏江、王铜安：《个体、群组、组织间知识转移影响因素的实证研究》，载《科学学研究》2006年第1期。

[86] 邬爱其：《企业创新网络构建与演进的影响因素实证分析》，载《科学学研究》2006年第1期。

[87] 吴家喜、吴贵生：《组织整合与新产品开发绩效关系实证研究：基于吸收能力的视角》，载《科学学研究》2009年第8期。

[88] 吴洁、施琴芬：《知识创新与转移：高校学术论文产出的效率研究》，载《科学学与科学技术管理》2008年第3期。

[89] 吴晓波、彭新敏、丁树全：《我国企业外部知识源搜索策略的影响因素》，载《科学学研究》2008年第2期。

[90] 吴晓波、高忠仕、胡伊苹：《组织学习与知识转移效用的实证研究》，载《科学学研究》2009年第1期。

[91] 吴勇慧：《组织内个体层面知识转移的影响因素研究》，浙江大学，2004年。

[92] 肖丁丁、朱桂龙：《产学研合作创新效率及其影响因素的实证研究》，载《科研管理》2013年第1期。

[93] 肖小勇、文亚青：《组织间知识转移的主要影响因素》，载《情报理论与实践》2005年第4期。

[94] 肖小勇：《组织间知识转移实证研究——基于企业网络的视角》，载《科学学与科学技术管理》2009年第7期。

[95] 谢园园、梅姝娥、仲伟俊：《产学研合作行为及模式选择影响因素的实证研究》，载《科学学与科学技术管理》2011年第3期。

[96] 谢宗杰：《知识异质性特征、研发投资策略与创新联盟稳定性》，载《外国经济与管理》2015年第8期。

[97] 徐二明、徐凯：《资源互补对机会主义和战略联盟绩效的影响研究》，载《管理世界》2012年第1期。

[98] 徐海波、高祥宇：《人际信任对知识转移的影响机制：一个

整合的框架》，载《南开管理评论》2006年第5期。

［99］徐礼伯、沈坤荣：《知识经济条件下企业边界的决定：内外社会资本匹配的视角》，载《中国工业经济》2014年第10期。

［100］徐笑君、王园园：《跨国公司内部知识转移中民族文化因素影响分析——基于Hofstede民族文化维度视角》，载《科学学与科学技术管理》2008年第4期。

［101］徐欣：《技术升级投资与产品成本优势效应的实证研究——基于产品技术生命周期与工艺创新的视角》，载《科研管理》2013年第8期。

［102］徐占忱、何明升：《知识转移障碍纾解与集群企业学习能力构成研究》，载"Informationence"2005年第5期。

［103］薛卫、曹建国、易难等：《企业与大学技术合作的绩效：基于合作治理视角的实证研究》，载《中国软科学》2010年第3期。

［104］阎海峰、程鹏：《吸收能力研究评述》，载《管理评论》2009年第8期。

［105］杨东升、张永安：《冲突分析理论在产学研合作中的应用》，载《研究与发展管理》2007年第6期。

［106］姚威：《产学研合作创新的知识创造过程研究》，浙江大学，2009年。

［107］叶江峰、任浩、郝斌：《企业内外部知识异质度对创新绩效的影响——战略柔性的调节作用》，载《科学学研究》2015年第4期。

［108］叶江峰、任浩、陶晨：《知识异质度推进企业创新的机制研究——基于文献回顾与整体框架构建》，载《科学学与科学技术管理》2014年第9期。

［109］叶伟巍、梅亮、李文、王翠霞、张国平：《协同创新的动态机制与激励政策——基于复杂系统理论视角》，载《管理世界》2014年第6期。

[110] 殷华方、潘镇、鲁明泓：《它山之石能否攻玉：其他企业经验对外资企业绩效的影响》，载《管理世界》2011年第4期。

[111] 游文明、周胜、冷得彤、丛曙、张煜、杨跃峰：《产学研合作动力机制优化研究》，载《科学学与科学技术管理》2004年第10期。

[112] 于米：《个人/集体主义倾向与知识分享意愿之间的关系研究：知识活性的调节作用》，载《南开管理评论》2011年第6期。

[113] 余菲菲：《联盟组合多样性对技术创新路径的影响研究——基于科技型中小企业的跨案例分析》，载《科学学与科学技术管理》2014年第4期。

[114] 原毅军、于长宏：《产学研合作与企业内部研发：互补还是替代？——关于企业技术能力"门限"效应的分析》，载《科学学研究》2012年第12期。

[115] 韵江、刘立：《创新变迁与能力演化：企业自主创新战略——以中国路明集团为案例》，载《管理世界》2006年第12期。

[116] 詹雯婷、章熙春、胡军燕：《产学研合作对企业技术能力结构的双元性影响》，载《科学学研究》2015年第10期。

[117] 张国峰：《产学研联盟的知识转移机制及治理模式研究》，大连理工大学，2012年。

[118] 张军、许庆瑞：《企业知识积累与创新能力演化间动态关系研究——基于系统动力学仿真方法》，载《科学学与科学技术管理》2015年第1期。

[119] 张莉、齐中英、田也壮：《知识转移的影响因素及转移过程研究》，载《情报科学》2005年第11期。

[120] 张小兵：《知识吸收能力研究评述》，载《技术经济与管理研究》2010年第S1期。

[121] 张玉利、杨俊、任兵：《社会资本、先前经验与创业机会——一个交互效应模型及其启示》，载《管理世界》2008年第7期。

［122］张在群：《政府引导下的产学研协同创新机制研究》，大连理工大学，2013 年。

［123］张长征、王硕：《基于组织冗余视角的合作创新企业间知识转移研究综述》，载《研究与发展管理》2012 年第 6 期。

［124］张志学：《组织心理学研究的情境化及多层次理论》，载《心理学报》2010 年第 1 期。

［125］张志勇、刘益、卢兵：《战略联盟控制方式对知识转移效果的影响研究》，载《科学学与科学技术管理》2007 年第 11 期。

［126］章凯、李朋波、罗文豪、张庆红、曹仰锋：《组织—员工目标融合的策略——基于海尔自主经营体管理的案例研究》，载《管理世界》2014 年第 4 期。

［127］赵京波：《我国产学研合作的经济绩效研究与模式、机制分析》，吉林大学，2012 年。

［128］赵兰香：《产学研合作与制度创新》，载《科研管理》1996 年第 6 期。

［129］中国科技统计：《中国科技统计 2014 年度报告》，http：//www.stats.gov.cn/tjsj/ndsj/2014/indexch.htm.

［130］仲伟俊、梅姝娥、谢园园：《产学研合作技术创新模式分析》，载《中国软科学》2009 年第 8 期。

［131］周密、赵文红、宋红媛：《基于知识特性的知识距离对知识转移影响研究》，载《科学学研究》2015 年第 7 期。

［132］朱桂龙、彭有福：《产学研合作创新网络组织模式及其运作机制研究》，载《软科学》2003 年第 4 期。

［133］朱桂龙、张艺、陈凯华：《产学研合作国际研究的演化》，载《科学学研究》2015 年第 11 期。

［134］朱桂龙、钟自然：《从要素驱动到创新驱动——广东专业镇发展及其政策取向》，载《科学学研究》2014 年第 1 期。

[135] 朱桂龙:《产学研与企业自主创新能力提升》,载《科学学研究》2012年第12期。

[136] 朱学彦:《基于嵌入性关系和组织间学习的产学知识联盟研究》,浙江大学,2009年。

[137] 邹波、田金信、张庆普:《面向企业自主创新能力提升的校企知识转移机制与过程》,载《科学学研究》2008年第S2期。

[138] 邹艳、王晓新、叶金福:《共建模式下企业合作创新知识转移影响因素的实证研究》,载《科学学研究》2009年第4期。

[139] 左美云:《企业信息化主体间的六类知识转移》,载《计算机系统应用》2004年第8期。

[140] Abouzeid E S. An Ontology-Based Approach to Inter-organizational Knowledge Transfer [J]. *Journal of Global Information Technology Management*, 2014, 5 (3): 32 – 47.

[141] Açıkgöz A, Günsel A, Kuzey C, Seçgin G. Functional Diversity, Absorptive Capability and Product Success: The Moderating Role of Project Complexity in New Product Development Teams [J]. *Creativity & Innovation Management*, 2016, 25 (1): 90 – 109.

[142] Adler P S, Kwon S W. Social Capital: Prospects for a New Concept [J]. *Academy of Management Review*, 2002, 27 (1): 17 – 40.

[143] Aladwani A M. An Integrated Performance Model of Information Systems Projects [J]. *Journal of Management Information Systems*, 2002, 19 (1): 185 – 210.

[144] Alavi M, Leidner D E. Knowledge management and knowledge management systems: conceptual foundations and research issues [J]. *Mis Quarterly*, 2001, 25 (1): 107 – 136.

[145] Albino V, Garavelli A C, Schiuma, G. Knowledge transfer and inter-firm relationships in industrial districts: the role of the leader firm [J].

Technovation, 1999, 19 (1): 53 –54.

[146] Alia M, Park K. The mediating role of an innovative culture in the relationship between absorptive capacity and technical and non-technical innovation [J]. *Journal of Business Research*, 2016, 69 (5): 1669 – 1675.

[147] Anderson J C, Narus J A. A model of distributor firm and manufacturer firm working relationships [J]. *Journal of Marketing*, 1990, 54 (1): 42 –58.

[148] Ardichvili A, Page V, Wentling T. Motivation and barriers to participation in virtual knowledge-sharing communities of practice [J]. *Journal of Knowledge Management*, 2003, 7 (1): 64 –77.

[149] Argote L, Ingram P. Knowledge transfer: A basis for competitive advantage in firms [J]. *Organizational Behavior and Human Decision Processes*, 2000, 82 (1): 150 –169.

[150] Argote L, Ingram P, Levine J M, Moreland R. Knowledge transfer in organizations: learning from the experience of others [J]. *Organizational Behavior and Human Decision Processes*, 2000, 82 (1): 1 –8.

[151] Argote L, Mcevily B, Reagans R. Introduction to the Special Issue on Managing Knowledge in Organizations: Creating, Retaining, and Transferring Knowledge [J]. *Management Science*, 2003, 49 (4): 5 –8.

[152] Argote. *Organization Learning, Creating, Retaining and Transferring Knowledge* [M]. Massachusetts: Kluwer Academic Publishers, 1999.

[153] Azagra-Caro J M. What type of faculty member interacts with what type of firm? Some reasons for the delocalization of university-industry interaction [J]. *Technovation*, 2007, 27 (11): 704 –715.

[154] Badaracco J, Joseph L. *The knowledge link: How firms compete*

through strategic alliance [M]. Boston: Harvard Business School Press, 1991.

[155] Baraldi E, Strömsten T. Controlling and combining resources in networks—from Uppsala to Stanford, and back again: The case of a biotech innovation [J]. *Industrial Marketing Management*, 2009, 38 (5): 541 – 552.

[156] Barlow J, Bayer S, Curry R. Implementing complex innovations in fluid multi-stakeholder environments: Experiences of "telecare" [J]. *Technovation*, 2006, 26 (3): 396 – 406.

[157] Barnes T, Pashby I, Gibbons A. Effective University-Industry Interaction: A Multi-case Evaluation of Collaborative R&D Projects [J]. *European Management Journal*, 2002, 20 (3): 272 – 285.

[158] Baum J A C, Ingram P. Survival-Enhancing Learning in the Manhattan Hotel Industry, 1898 – 1980 [J]. *Management Science*, 1998, 44 (7): 996 – 1016.

[159] Baum J A C, Calabrese T, Silverman B S. Don't go it alone: alliance network composition and startups' performance in Canadian biotechnology [J]. *Strategic Management Journal*, 2000, 21 (3): 267 – 294.

[160] Becerra M, Lunnan R, Huemer L. Trustworthiness, Risk, and the Transfer of Tacit and Explicit Knowledge Between Alliance Partners [J]. *Journal of Management Studies*, 2008, 45 (4): 691 – 713.

[161] Beckman C M, Haunschild P R. Network Learning: The Effects of Partners' Heterogeneity of Experience on Corporate Acquisitions [J]. *Administrative Science Quarterly*, 2002, 47 (1): 92 – 124.

[162] Beule F D, Sels A. Do innovative emerging market cross-border acquirers create more shareholder value? Evidence from India [J]. *International Business Review*, 2016, 25 (2): 604 – 617.

[163] Birkinshaw J, Nobel R, Ridderstråle J. Knowledge as a Contingency Variable: Do the Characteristics of Knowledge Predict Organization Structure? [J]. Organization Science, 2002, 13 (3): 274 - 289.

[164] Bohlmann J D, Calantone R J, Zhao M. The Effects of Market Network Heterogeneity on Innovation Diffusion: An Agent-Based Modeling Approach [J]. Journal of Product Innovation Management, 2010, 27 (5): 741 - 760.

[165] Branzei O. Product innovation in heterogeneous R&D networks pathways to exploration and exploitation [D]. University of British Columbia, 2004.

[166] Brown J S, Duguid P. Organizational learning and communities-of-practice: Toward a unified view of working, learning, and innovation [J]. Organization Science, 1991, 2 (1): 99 - 121.

[167] Bruyaka O. *Alliance Partner Diversity and Biotech Firms' Exit: Differing Effects on Dissolution versus Divestment* [M]. Paper presented at the Academy of Management Proceedings, 2008.

[168] Bucklin L P, Sengupta S. Organizing successful co-marketing alliances [J]. Journal of Marketing, 1993, 57 (57): 32 - 46.

[169] Burt. R. S. . Structural holes: the social structure of competition [M]. Harvard University Press, Cambridge, MA, 1992.

[170] Carlile P R. A Pragmatic View of Knowledge and Boundaries: Boundary Objects in New Product Development [J]. Organization Science, 2002, 13 (4): 442 - 455.

[171] Chen J S, Tsou H T, Ching R K H. Co-production and its effects on service innovation [J]. Industrial Marketing Management, 2011, 40 (8): 1331 - 1346.

[172] Cho D S, Kim D J, Rhee D K. Latecomer Strategies: Evidence

From the Semiconductor Industry in Japan and Korea [J]. *Organization Science*, 1998, 9 (4): 489 - 505.

[173] Choi B, Lee H. Knowledge management strategy and its link to knowledge creation process [J]. *Expert Systems with Applications*, 2002, 23 (3): 173 - 187.

[174] Chrislip D D, Larson C E, Forum A L. Collaborative leadership: how citizens and civic leaders can make a difference [J]. *Review of Public Personnel Administration*, 1994 (2): 88 - 93.

[175] Cohen W M, Levinthal D A. Absorptive Capacity: A New Perspective on Learning and Innovation [J]. *Administrative Science Quarterly*, 1990, 35 (1): 128 - 152.

[176] Corsaro D, Cantù C, Tunisini A. Actors' Heterogeneity in Innovation Networks [J]. *Industrial Marketing Management*, 2012, 41 (5): 780 - 789.

[177] Corsaro D, Snehota I. Alignment and Misalignment in Business Relationships [J]. *Industrial Marketing Management*, 2011, 40 (6): 1042 - 1054.

[178] Crespo M, Dridi H. Intensification of university-industry relationships and its impact on academic research [J]. *Higher Education*, 2007, 54 (54): 61 - 84.

[179] Cui A S, O'Connor G. Alliance Portfolio Resource Diversity and Firm Innovation [J]. *Social Science Electronic Publishing*, 2012, 76 (4): 83 - 93.

[180] Cummings J L, Teng B S. Transferring R&D knowledge: the key factors affecting knowledge transfer success [J]. *Journal of Engineering & Technology Management*, 2003, 20 (s1 - 2): 39 - 68.

[181] Cyert R, Goodman P. Creating effective university-industry alli-

ances: An organizational learning perspective [J]. *Organizational Dynamics*, 1997, 5 (1): 45 - 57.

[182] D'Este P, Patel P. University-industry linkages in the UK: What are the factors underlying the variety of interactions with industry? [J]. *Research Policy*, 2007, 36 (9): 1295 - 1313.

[183] D'Este P, Perkmann M. Why do academics engage with industry? The entrepreneurial university and individual motivations [J]. *Journal of Technology Transfer*, 2011, 36 (3): 316 - 339.

[184] Darr E D, Argote L, Epple D. The Acquisition, Transfer, and Depreciation of Knowledge in Service Organizations: Productivity in Franchises [J]. *Management Science*, 1995, 41 (11): 1750 - 1762.

[185] Darr E D, Kurtzberg T R. An Investigation of Partner Similarity Dimensions on Knowledge Transfer [J]. *Organizational Behavior & Human Decision Processes*, 2000, 82 (1): 28 - 44.

[186] Das T K, Teng B S. Trust, Control, and Risk in Strategic Alliances: An Integrated Framework [J]. *Organization Studies*, 2001, 22 (2): 251 - 283.

[187] Davenport T H, Prusak L. *Working knowledge: How organizations manage what they know* [M]. Boston: Harvard Business School Press, 1998.

[188] De Propris, L. Types of innovation and inter-firm cooperation [J]. *Entrepreneurship and Regional Development*, 2002, 14 (4): 337 - 353.

[189] Debackere K, Veugelers R. The role of academic technology transfer organizations in improving industry science links [J]. *Research Policy*, 2005, 34 (3): 321 - 342.

[190] Dhanasai C, Parkhe A. Orchestrating Innovation Networks

[J]. *Academy of Management Review*, 2006, 31 (3): 659 – 669.

[191] Dixon N M. *Common Knowledge: How Companies Thrive by Sharing What They Know* [M]. Harvard College Press, 2000.

[192] Dong-Gil K, Kirsch L J, King W R. Antecedents of knowledge transfer from consultants to clients in enterprise system implementations [J]. *MIS Quarterly*, 2005, 29 (1): 59 – 85.

[193] Duffield S, Whitty S J. Developing a systemic lessons learned knowledge model for organisational learning through projects [J]. *International Journal of Project Management*, 2015, 33 (2): 311 – 324.

[194] Easterby-Smith M, Lyles M A, Tsang E W K. Inter-Organizational Knowledge Transfer: Current Themes and Future Prospects [J]. *Journal of Management Studies*, 2008, 45 (4): 677 – 690.

[195] Eisenhardt K M. Building Theories from Case Study Research [J]. *Academy of Management Review*, 1989, 14 (4): 532 – 550.

[196] Yin, R. K., 周海涛等译:《案例研究方法的应用》(第2版), 重庆大学出版社2009年版。

[197] Eisenhardt K M, Graebner M E. Theory building from cases: Opportunities and challenges [J]. *Academy of management journal*, 2007, 50 (1): 25 – 32.

[198] Eom B, Lee K. Determinants of industry-academy linkages and, their impact on firm performance: The case of Korea as a latecomer in knowledge industrialization [J]. *Research Policy*, 2010, 39 (5): 625 – 639.

[199] Escribano A, Fosfuri A, Tribó J A. Managing external knowledge flows: The moderating role of absorptive capacity [J]. *Research Policy*, 2009, 38 (1): 96 – 105.

[200] Faems D, Janssens M, Madhok A, et al. Toward an Integrative Perspective on Alliance Governance: Connecting Contract Design, Trust

Dynamics, and Contract Application [J]. *Academy of Management Journal*, 2008, 51 (6): 1053 -1078.

[201] Fontana R, Geuna A, Matt M. Factors affecting university-industry R&D projects: The importance of searching, screening and signalling [J]. *Research Policy*, 2006, 35 (2): 309 -323.

[202] Frenken K. A complexity approach to innovation networks. The case of the aircraft industry (1909 - 1997) [J]. *Research Policy*, 2000, 29 (2): 257 -272.

[203] Garcia-Vega M. Does technological diversification promote innovation? An empirical analysis for European firms [J]. *Research Policy*, 2006, 35 (2): 230 -246.

[204] Gilbert M, Cordey-Hayes, M. Understanding the Process of Knowledge Transfer to Achieve Successful Technological Innovation [J]. *Technovation*, 1996, 16 (6): 30 -31.

[205] Giovanni S, Bruno F. , Orsenigo L. Variables influencing industrial funding of academic research in Italy: An empirical analysis [J]. *International Journal of Technology Management*, 2003, 26 (2 -4): 277 -302.

[206] Giuliani E, Morrison A, Pietrobelli C, Rabellotti R. Who are the researchers that are collaborating with industry? An analysis of the wine sectors in Chile, South Africa and Italy [J]. *Research Policy*, 2010, 39 (6): 748 -761.

[207] Goerzen A, Beamish P W. The effect of alliance network diversity on multinational enterprise performance [J]. *Strategic Management Journal*, 2005, 26 (4): 333 -354.

[208] Grant Harman. University-Industry Research Partnerships in Australia: Extent, benefits and risks [J]. *Higher Education Research & Development*, 2001, 20 (3): 245 -264.

[209] Hakansson, H. , & Olsen, P. I. *Innovation in networks* [M]. Naples Service Forum, 2011.

[210] Hall B H, Mairesse J. Exploring the relationship between R&D and productivity in French manufacturing firms [J]. *Journal of Econometrics*, 1995, 65 (1): 263 -293.

[211] Hambrick D, Cho T, Chen M J. The influence of top management team heterogeneity on firms' competitive moves [J]. *Administrative Science Quarterly*, 1996, 41 (4): 659 -684.

[212] Hamel G. Competition for competence and interpartner learning within international strategic alliances [J]. *Strategic Management Journal*, 2011, 56 (23): 7761 -7762.

[213] Hansen MT. The search-transfer problem: The role of weak ties in sharing knowledge across organization subunits [J]. *Administrative Science Quarterly*, 1999, 44 (1): 82 -111.

[214] Hargadon A, Sutton R I. Technology Brokering and Innovation in a Product Development Firm [J]. *Administrative Science Quarterly*, 1997, 42 (42): 716 -749.

[215] Hargadon A B. Firms as Knowledge Brokers: Lessons in Pursuing Continuous Innovation [J]. *California Management Review*, 1998, 40 (3): 209 -227.

[216] Harris R, Li Q C, Trainor M. Is a higher rate of R&D tax credit a panacea for low levels of R&D in disadvantaged regions? [J]. *Research Policy*, 2009, 38 (1): 192 -205.

[217] Harrison J S, John C H S. Managing and partnering with external stakeholders [J]. *Academy of Management Executive*, 1996, 10 (2): 46 -60.

[218] Hedlund G, A model of knowledge management and the N-form

corporation [J], *Strategic Management Journal*, 1994 (15): 73 -90.

[219] Hendriks P. Why Share Knowledge? The influence of ICT on motivation for Knowledge sharing [J]. *Knowledge and Process Management*, 1999, 6 (2): 91 -100.

[220] Henneberg S C, Mouzas S, Naude P. Network pictures: Concepts and representations [J]. *European Journal of Marketing*, 2006, 40 (3/4): 408 -429.

[221] Herschel R T, Nemati H, Steiger D. Tacit to explicit knowledge conversion: knowledge exchange protocols [J]. *Journal of Knowledge Management*, 2001, 5 (1): 107 -116.

[222] Ho H W, Wang F. Unpacking knowledge transfer and learning paradoxes in international strategic alliances: Contextual differences matter [J]. *International Business Review*, 2014, 24 (2): 287 -297.

[223] Hohberger J, Almeida P, Parada P. The direction of firm innovation: The contrasting roles of strategic alliances and individual scientific collaborations [J]. *Research Policy*, 2015, 44 (8): 1473 -1487.

[224] Holtham C, Courtney N. Developing managerial teaming styles in the context of the strategic application of information and communications technologies [J]. *International Journal of Training & Development*, 2001, 5 (1): 23 -33.

[225] Howells J. Intermediation and the role of intermediaries in innovation [J]. *Research Policy*, 2006, 35 (3): 715 -728.

[226] Hyll W, Pippel G. Types of cooperation partners as determinants of innovation failures [J]. *Technology Analysis & Strategic Management*, 2016, 28 (4): 462 -476.

[227] Inkpen A C, Tsang E W K. Social Capital, Networks, and Knowledge Transfer [J]. *Academy of Management Review*, 2005, 30 (1):

146-165.

[228] James L R, Demaree R G, Wolf G. Estimating within group interrater reliability with and without response bias [J]. *Journal of Applied Psychology*, 1984, 69 (1): 85-98.

[229] Jiang R J, Tao Q T, Santoro M D. Alliance portfolio diversity and firm performance [J]. *Strategic Management Journal*, 2010, 31 (10): 1136-1144.

[230] Jo Rhodes, Peter Lok, Richard Hung Yuyuan, Fang Shih-chieh. An integrative model of organizational learning and social capital on effective knowledge transfer and perceived organizational performance [J]. *Journal of Workplace Learning*, 2008, 20 (4): 245-258.

[231] Johnston W J, Leach M P, Liu A H. Theory Testing Using Case Studies in Business-to-Business Research [J]. *Industrial Marketing Management*, 1999, 28 (3): 201-213.

[232] Joshi K D, Sarker S, Sarker S. Knowledge transfer within information systems development teams: Examining the role of knowledge source attributes [J]. *Decision Support Systems*, 2007, 43 (2): 322-335.

[233] Kane A A, Argote L, Levine J M. Knowledge transfer between groups via personnel rotation: Effects of social identity and knowledge quality [J]. *Organizational Behavior & Human Decision Processes*, 2005, 96 (96): 56-71.

[234] Kaplan S, Tripsas M. Thinking about technology: Applying a cognitive lens to technical change [J]. *Research Policy*, 2008, 37 (5): 790-805.

[235] Karlsen J T, Gottschalk P. Factors Affecting Knowledge Transfer in IT Projects [J]. *Engineering Management Journal*; EMJ, 2015, 16 (1): 3-11.

[236] Kash D E, Rycroft R. Emerging patterns of complex technological innovation [J]. *Technological Forecasting & Social Change*, 2002, 69 (6): 581-606.

[237] Kim B. Managing the transition of technology life cycle [J]. *Technovation*, 2003, 23 (5): 371-381.

[238] Klerkx L, Aarts N. The interaction of multiple champions in orchestrating innovation networks: Conflicts and complementarities [J]. *Technovation*, 2013, 33 (6-7): 193-210.

[239] Kogut B, Walker G. The Small World of Germany and the Durability of National Ownership Networks [J]. *American Sociological Review*, 2001, 66 (3): 317-335.

[240] Kogut B, Zander U. Knowledge of the Firm, Combinative Capabilities, and the Replication of Technology [J]. *Organization Science*, 1992, 3 (3): 383-397.

[241] Lam A. Embedded Firms, Embedded Knowledge: Problems of Collaboration and Knowledge Transfer in Global Cooperative Ventures [J]. *Organization Studies*, 1997, 18 (6): 973-996.

[242] Lau A K W, Lo W. Regional innovation system, absorptive capacity and innovation performance: An empirical study [J]. *Technological Forecasting & Social Change*, 2015, 92: 99-114.

[243] Laursen K, Salter A. Searching high and low: what types of firms use universities as a source of innovation? [J]. *Research Policy*, 2004, 33 (8): 1201-1215.

[244] Lee J, Win H N. Technology transfer between university research centers and industry in Singapore [J]. *Technovation*, 2004, 24 (5): 433-442.

[245] Lee S, Park G, Yoon B, et al. Open innovation in SMEs—An

intermediated network model [J]. *Research Policy*, 2010, 39 (2): 290-300.

[246] Leonard D. Talking with Dorothy Leonard [R]. Emst & Young's Center for Business Innovation, 1997.

[247] Levin D Z, Cross R. The Strength of Weak Ties You Can Trust: the Mediating Role of Trust in Effective Knowledge Transfer [J]. *Management Science*, 2004, 50: 1477-1490.

[248] Li J H, Chang X R, Lin L, Ma L Y. Meta-analytic comparison on the influencing factors of knowledge transfer in different cultural contexts [J]. *Journal of Knowledge Management*, 2014, 18 (2): 278-306.

[249] Li J J, Poppo L, Zhou K Z. Relational mechanisms, formal contracts, and local knowledge acquisition by international subsidiaries [J]. *Strategic Management Journal*, 2009, 31 (4): 349-370.

[250] Liao S H, Hu T C. Knowledge transfer and competitive advantage on environmental uncertainty: An empirical study of the Taiwan semiconductor industry [J]. *Technovation*, 2007, 27 (6-7): 402-411.

[251] Lin B W, Chen J S. Corporate technology portfolios and R&D performance measures: A study of technology intensive firms [J]. *R&D Management*, 2005, 35 (2): 157-170.

[252] Lin B. W. Knowledge diversity as a moderator: inter-firm relationships, R&D investment and absorptive capacity [J]. *Technology Analysis & Strategic Management*, 2011, 23 (3): 331-343.

[253] Lin C, Chang C C. The effect of technological diversification on organizational performance: An empirical study of S&P 500 manufacturing firms [J]. *Technological Forecasting & Social Change*, 2015, 90: 575-586.

[254] Lin H. Cross-sector alliances for corporate social responsibility partner heterogeneity moderates environmental strategy outcomes [J]. *Journal of business ethics*, 2012, 110 (2): 219-229.

[255] Liu X, White S. Comparing innovation systems: a framework and application to China's transitional context [J]. *Research Policy*, 2001, 30 (7): 1091-1114.

[256] Madhavan R, Koka B R, Prescott J E. Networks in transition: how industry events (re) shape interfirm relationships [J]. *Strategic Management Journal*, 1998, 19 (5): 439-459.

[257] Maietta O W. Determinants of university-firm R&D collaboration and its impact on innovation: A perspective from a low-tech industry [J]. *Research Policy*, 2015, 44 (7): 1341-1359.

[258] Mansfield E, Lee J Y. The modern university: contributor to industrial innovation and recipient of industrial R&D support [J]. *Research Policy*, 1996, 25 (7): 1047-1058.

[259] Mansfield E D, Pollins B M. The Study of Interdependence and Conflict [J]. *Journal of Conflict Resolution*, 2001, 45 (6): 834-859.

[260] Maryam Alavi, Dorothy E. Leidner, 郑文全译:《知识管理和知识管理系统：概念基础和研究课题》, 载《管理世界》2012年第5期。

[261] Maurer I, Bartsch V, Ebers M. The Value of Intra-organizational Social Capital: How it Fosters Knowledge Transfer, Innovation Performance, and Growth [J]. *Organization Studies*, 2011, 32 (2): 157-185.

[262] Meyer-Krahmer F, Schmoch U. Science-based technologies: university-industry interactions in four fields [J]. *Research Policy*, 1998, 27 (8): 835-851.

[263] Santoro M D, Gopalakrishnan S. The institutionalization of knowledge transfer activities within industry-university collaborative ventures [J]. *Journal of Engineering & Technology Management*, 2013, 17 (3): 299-319.

[264] Miller C C, Burke L M, Glick W H. Cognitive diversity among upper-echelon executives: implications for strategic decision processes [J]. *Strategic Management Journal*, 1998, 19 (1): 39 - 58.

[265] Mowery D C, Oxley J E, Silverman B S. Strategic alliances and inter-firm knowledge transfer [J]. *Strategic Management Journal*, 1996, 17 (S2): 77 - 91.

[266] Nieto M J, Santamaría L. The Importance of Diverse Collaborative Networks for the Novelty of Product Innovation [J]. *Technovation*, 2007, 27 (6 - 7): 367 - 377.

[267] Nonaka I, Konno N. The concept of "Ba": Building a foundation for knowledge creation [J]. *California Management Review*, 1998, 40 (3): 40 - 54.

[268] Nonaka I. A dynamic theory of organizational knowledge creation [J]. *Organization Science*, 1994, 5 (1): 14 - 37.

[269] Nonaka, I., Takeuchi, H. *The Knowledge Creating Company* [M]. New York: Oxford University Press, 1995.

[270] O'Dell C, Grayson Jr C J. Knowledge transfer: discover your value proposition [J]. *Strategy and Leadership*, 1999, 5 - 6: 10 - 15.

[271] OECD. The knowledge based economy [R]. Paris: OECD, 1996.

[272] Okamuro H. Determinants of successful R&D cooperation in Japanese small businesses: The impact of organizational and contractual characteristics [J]. *Research Policy*, 2007, 36 (10): 1529 - 1544.

[273] Oliver C. Determinants of inter organizational relationships: integration and future directions [J]. *Academy of Management Review*, 1990, 15 (2): 241 - 265.

[274] Osterloh M, Frey B S. Motivation, Knowledge Transfer, and

Organizational Forms [J]. *Organization Science*, 2001, 11 (5): 538 -550.

[275] Ostgaard T A, Birley S. Personal networks and firm competitive strategy—A strategic or coincidental match? [J]. *Journal of Business Venturing*, 1994, 9 (4): 281 -305.

[276] Otterson S. Transferring catastrophe risk management knowledge [J]. *Risk Management*, 2005, 52 (5): 46.

[277] Pak Y S, Park Y. A Framework of Knowledge Transfer in Cross-border Joint Ventures: An Empirical Test of the Korean Context [J]. *Management International Review*, 2004, 44 (4): 417 -434.

[278] Park B I. Knowledge transfer capacity of multinational enterprises and technology acquisition in international joint ventures [J]. *International Business Review*, 2011, 20 (1): 75 -87.

[279] Parkhe A. Inter-firm diversity, organizational learning, and longevity in global strategic alliances [J]. *Journal of international business studies*, 1991, 22 (4): 579 -601.

[280] Patriotta G, Castellano A, Wright M. Coordinating knowledge transfer: Global managers as higher-level intermediaries [J]. *Journal of World Business*, 2013, 48 (4): 515 -526.

[281] Pelled L H, Eisenhardt K M, Xin K R. Exploring the black box: An analysis of work group diversity, conflict and performance [J]. *Administrative Science Quarterly*, 1999, 44 (1): 1 -28.

[282] Pérez-Luño A, Medina C C, Lavado A C, Cuevas G. How social capital and knowledge affect innovation [J]. *Journal of Business Research*, 2011, 64 (12): 1369 -1376.

[283] Pérez-Nordtvedt L, Kedia B L, Datta D K, et al. Effectiveness and Efficiency of Cross-Border Knowledge Transfer: An Empirical Examination [J]. *Journal of Management Studies*, 2008, 45 (4): 714 -744.

[284] Perkmann M, King Z, Pavelin S. Engaging excellence? Effects of faculty quality on university engagement with industry [J]. Research Policy, 2011, 40 (4): 539-552.

[285] Perks H, Jeffery R. Global network configuration for innovation: A study of international fibre innovation [J]. R&D Management, 2006, 36 (1): 67-83.

[286] Peters L S, Fusfeld H I. University-Industry Research Relationships [R]. National Science Foundation, 1982.

[287] Phelps C C. A Longitudinal Study of the Influence of Alliance Network Structure and Composition on Firm Exploratory Innovation [J]. Academy of Management Journal, 2010, 53 (4): 890-913.

[288] Carbonell P, Rodríguez-Escudero A I. Relationships among team's organizational context, innovation speed, and technological uncertainty: An empirical analysis [J]. Journal of Engineering & Technology Management, 2009, 26 (1-2): 28-45.

[289] Powell W W, Smith-Doerr L. Interorganizational Collaboration and the Locus of Innovation: Networks of Learning in Biotechnology [J]. Administrative Science Quarterly, 1996, 41 (1): 116-145.

[290] Ramasamy B, Goh K W, Yeung M C H. Is Guanxi (relationship) an aridge to knowledge transfer [J]. Journal of Business Research, 2006, 59: 130-139.

[291] Rampersad G, Quester P, Troshani I. Managing innovation networks: Exploratory evidence from ICT, biotechnology and nanotechnology networks [J]. Industrial Marketing Management, 2010, 39 (5): 793-805.

[292] Rodan S, Galunic C. More than network structure: how knowledge heterogeneity influences managerial performance and innovativeness

[J]. *Strategic Management Journal*, 2004, 25 (6): 541-562.

[293] Roth J. Enabling knowledge creation: Learning from an R&D organization [J]. *Journal of Knowledge Management*, 2003, 7 (1): 32-48.

[294] Roy F L, Robert M, Lasch F. Choosing the Best Partner for Product Innovation [J]. *International Studies of Management & Organization*, 2016, 46 (2-3): 136-158.

[295] Ruekert R W, Jr O C W. Interactions between marketing and R&D departments in implementing different business strategies [J]. *Strategic Management Journal*, 1987, 8 (3): 233-248.

[296] Sampson R C. R&D Alliances & Firm Performance: The Impact of Technological Diversity and Alliance Organization on Innovation [J]. *Academy of Management Journal*, 2003, 50 (2): 364-386.

[297] Santoro M D, Chakrabarti A. K., Firm size and technology centrality in industry-university interactions [J]. *Research policy*, 2002, 31 (7): 1163-1180.

[298] Schultz M. The uncertain relevance of newness: organizational learning and knowledge flows [J]. *Academy of Management Journal*, 2001, 44 (4): 661-681.

[299] Liao S H, Hu T C. Knowledge transfer and competitive advantage on environmental uncertainty: An empirical study of the Taiwan semiconductor industry [J]. *Technovation*, 2007, 27 (6-7): 402-411.

[300] Siegel D S, Waldman D A, Atwater L E, et al. Commercial knowledge transfers from universities to firms: improving the effectiveness of university-industry collaboration [J]. *Journal of High Technology Management Research*, 2003, 14 (1): 111-133.

[301] Siegel D S, Waldman D, Link A. Assessing the impact of organizational practices on the relative productivity of university technology

transfer offices: an exploratory study [J]. *Nber Working Papers*, 2003, 32 (1): 27 -48.

[302] Simonin B L. Ambiguity and the process of knowledge transfer in strategic alliances [J]. *Strategic Management Journal*, 1999, 20 (7): 595 -623.

[303] Simonin B L. An Empirical Investigation of the Process of Knowledge Transfer in International Strategic Alliances [J]. *Journal of International Business Studies*, 2011, 35 (5): 407 -427.

[304] Simonin B L. Transfer of Marketing Know-how in International Strategic Alliances: an Empirical Investigation of the Role and an Tecedents of Knowledge Ambiguity [J]. *Journal of International Business Studies*, 1999, 30 (3): 463 -490.

[305] Smith E A. Applying knowledge-enabling methods in the classroom and in the workplace [J]. *Journal of Workplace Learning*, 2000, 12 (6): 236 -244.

[306] Srećković M, Windsperger J. The Impact of Trust on the Choice of Knowledge Transfer Mechanisms in Clusters [J]. *Social Science Electronic Publishing*, 2012: 73 -85.

[307] Stuart F I. The influence of organizational culture and internal politics on new service design and introduction [J]. *International Journal of Service Industry Management*, 1998, 9 (5): 469 -485.

[308] Subramaniam M, Youndt M A. The influence of intellectual capital on the types of innovative capabilities [J]. *Academy of Management Journal*, 2005, 48 (3): 450 -463.

[309] Szulanski G. Exploring internal stickiness: Impediments to the transfer of best practice within the firm [J]. *Strategic Management Journal*, 1996, 17 (S2): 27 -43.

[310] Szulanski G. The Process of Knowledge Transfer: A Diachronic Analysis of Stickiness [J]. *Organizational Behavior & Human Decision Processes*, 2000, 82 (1): 9 – 27.

[311] Szulanski G, Jensen R J. When and How Trustworthiness Matters: Knowledge Transfer and the Moderating Effect of Causal Ambiguity [J]. *Organization Science*, 2004, 15 (5): 600 – 613.

[312] Teece D J. Technology transfer by multinational firms: The resource cost of transferring technological know-how [J]. *Economic Journal*, 1977, 87 (346): 242 – 261.

[313] Teece D J. Explicating dynamic capabilities: the nature and microfoundations of (sustainable) enterprise performance [J]. *Strategic Management Journal*, 2007, 28 (13): 1319 – 1350.

[314] Teece D J. Dynamic capabilities and strategic management [J]. *Strategic Management Journal*, 1997, 18 (7): 509 – 533.

[315] Tiwana A. Does technological modularity substitute for control? A study of alliance performance in software outsourcing [J]. *Strategic Management Journal*, 2008, 29 (7): 769 – 780.

[316] Tsai W. Knowledge transfer in intra-organizational networks: Effects of network position and absorptive capacity on business unit innovation and performance [J]. *Academy of Management Journal*, 2001, 44 (5): 996 – 1004.

[317] Tsai W, Ghoshal S. Social capital and value creation: The role of intrafirm networks [J]. *Academy of Management Journal*, 1998, 41 (4): 464 – 476.

[318] Tsang E W K. Acquiring knowledge by foreign partners from international joint ventures in a transition economy: Learning-by-Doing and learning myopia [J]. *Strategic Management Journal*, 2002, 23 (9):

835 – 854.

[319] Uzzi B. Social Structure and Competition in Inter firm Networks: The Paradox of Embeddedness [J]. *Administrative Science Quarterly*, 1997, 42 (1): 35 –67.

[320] Bosch F A J V D, Volberda H W, Boer M D. Co-evolution of Firm Absorptive Capacity and Knowledge Environment: Organizational Forms and Combinative Capabilities [J]. *ERIM Top-Core Articles*, 1999, 10 (5): 551 –568.

[321] Velho L. S&T institutions in Latin America and the Caribbean: an overview [J]. *Science & Public Policy*, 2005, 32 (2): 95 –108.

[322] Veugelers R, Cassiman B. R&D cooperation between firms and universities. Some empirical evidence from Belgian manufacturing [J]. *Cepr Discussion Papers*, 2003, 23 (s 5 –6): 355 –379.

[323] Von Hippel E. "Sticky Information" and the Locus of Problem Solving: Implications for Innovation [J]. *Technical Physics Letters*, 1993, 40 (4): 429 –439.

[324] Westerlund M, Rajala R. Learning and innovation in inter-organizational network collaboration [J]. *Journal of Business & Industrial Marketing*, 2010, 25 (6): 435 –442.

[325] Wiklund J, Shepherd D. Portfolio Entrepreneurship: Habitual and Novice Founders, New Entry, and Mode of Organizing [J]. *Entrepreneurship Theory and Practice*, 2008, 32 (4): 701 –725.

[326] Wood A. Capacity rationalization and exit strategies [J]. *Strategic Management Journal*, 2009, 30 (1): 25 –44.

[327] World Economic Forum. The Global Competitiveness Report 2014 –2015 [EB/OL]. http://www.weforum.org/reports/global-competitiveness-report –2014 –2015.

[328] Wuyts S, Dutta S. Benefiting from alliance portfolio diversity: the role of past internal knowledge creation strategy [J]. *Journal of Management*, 2012, 40 (6): 1653 – 1674.

[329] Yli-Renko H, Autio E, Sapienza, H J. Social capital, knowledge acquisition, and knowledge exploitation in young technology-based firms [J]. *Strategic Management Journal*, 2001, 22 (6 – 7): 587 – 613.

[330] Yong S P, Park Y R. A framework of knowledge transfer in cross-border joint ventures: an empirical test of the Korean context [J]. *Management International Review*, 2004, 44 (4): 417 – 434.

[331] Yuko A H. Industry-university cooperation to take on here from research institute of economy [J]. *Trade and Industry*, 2002, 4: 42 – 49.

[332] Zand D E. Trust and Managerial Problem Solving [J]. *Administrative Science Quarterly*, 1972, 17 (2): 229 – 239.

[333] Zander U, Kogut B. Knowledge and the speed of the transfer and imitation of organizational capabilities: An empirical test [J]. *Organization Science*, 1995, 6 (1): 76 – 92.

[334] Zander U. Exploiting a technological edge: voluntary and involuntary dissemination of technology [J]. *International Business*, 1991, 37 (2): 233 – 246.

涉及本书内容的相关学术论文

［1］李梓涵昕、卢雅华：《非可控外部知识共享、意外知识泄漏与突破性创新绩效的关系研究》，载《科学学与科学技术管理》2019年第5期。

［2］李梓涵昕、朱桂龙：《产学研合作中的主体差异性对知识转移的影响研究》，载《科学学研究》2019年第2期。

［3］李梓涵昕、王侃、李昌文：《新产品开发视角下高管结构型社会资本对组织学习的影响——基于外部环境不确定性的调节作用研究》，载《科学学与科学技术管理》2018年第8期。

［4］李梓涵昕、朱桂龙：《忘却学习对突破性创新的影响——基于关系型社会资本与冗余资源的调节作用》，载《科学学与科学技术管理》2016年第6期。

［5］李梓涵昕、朱桂龙、吕凤雯、唐勇：《知识接收方视角下社会资本对知识转移的影响研究》，载《管理科学》2015年第3期。

［6］李梓涵昕、朱桂龙、刘奥林：《中韩两国技术创新政策对比研究——政策目标、政策工具和政策执行维度》，载《科学学与科学技术管理》2015年第4期。